Hans Jecht / Die Öffentliche Anstalt

Schriften zum Öffentlichen Recht

Band 10

Die Öffentliche Anstalt

Wandlungen und gegenwärtige Struktur

Von

Dr. Hans Jecht

DUNCKER & HUMBLOT / BERLIN

Inhalt

Drittes Kapitel

Die öffentliche Anstalt und die Einzelnen

Abkürzungen

a. E.	=	am Ende
ALR	=	Allgemeines Landrecht für die preußischen Staaten
AöR	=	Archiv des öffentlichen Rechts
ARSP	=	Archiv für Rechts- und Sozialphilosophie
BAnz	=	Bundesanzeiger
Bay BS	=	Bereinigte Sammlung des bayerischen Landesrechts
BB	=	Der Betriebsberater
BGBl	=	Bundesgesetzblatt
BGHZ	=	Bundesgerichtshof, Entscheidungen in Zivilsachen (amtliche Sammlung)
BVerfGE	=	Bundesverfassungsgericht, Entscheidungen (amtliche Sammlung)
BVerwGE	=	Bundesverwaltungsgericht, Entscheidungen (amtliche Sammlung)
CJC	=	Codex Juris Canonici
Dalloz	=	Recueil Dalloz de Doctrine de Jurisprudence et de Legislation
DGO	=	Deutsche Gemeindeordnung von 1935
DÖV	=	Die öffentliche Verwaltung
DVBl	=	Deutsches Verwaltungsblatt
EGGVG	=	Einführungsgesetz zum Gerichtsverfassungsgesetz
FAZ	=	Frankfurter Allgemeine Zeitung
G	=	Gesetz
GBl	=	Gesetzblatt
GMBl	=	Gemeinsames Ministerialblatt
GO	=	Gemeindeordnung
GS NW	=	Sammlung des bereinigten Landesrechts Nordrhein-Westfalen 1945—1956
GVBl	=	Gesetz- und Verordnungsblatt
HdSW	=	Handwörterbuch der Sozialwissenschaften
JZ	=	Juristenzeitung
N.F.	=	Neue Folge
NRW	=	Nordrhein-Westfalen
NJW	=	Neue Juristische Wochenschrift
RegBl	=	Regierungsblatt

RHO   = Reichshaushaltsordnung
VGH   = Verwaltungsgerichtshof
VOBl   = Verordnungsblatt
VVDStRL   = Veröffentlichungen der Vereinigung der deutschen
               Staatsrechtslehrer
VwGO   = Verwaltungsgerichtsordnung
WiGBl   = Gesetz- und Verordnungsblatt für die vereinigten
               Wirtschaftsgebiete
ZGB   = Schweizerisches Zivilgesetzbuch

Einleitung

Wer heute von öffentlichen Anstalten spricht, meint damit in der Regel jene besondere Art der „juristischen Personen des öffentlichen Rechts", die zusammen mit den öffentlichen Körperschaften und Stiftungen die sog. mittelbare Staatsverwaltung bilden. Offenbar soll der von der Rechtslehre entwickelte Begriff der „mittelbaren" Staatsverwaltung zum Ausdruck bringen, daß hier der Staat nicht selbst, nicht unmittelbar verwaltet, sondern daß die Verwaltungsaufgaben hier auf eigenartige Gebilde übertragen sind, die einerseits noch in den Rahmen der Staatsverwaltung gehören, denen aber auf der anderen Seite weitgehend Selbständigkeit eingeräumt ist. Die Selbständigkeit dieser Gebilde wird im Zusammenhang mit der ihnen verliehenen *Rechtsfähigkeit* gesehen, die ihr gemeinsames und wesentliches Merkmal darstellt. Wird daher vom Gesetz ausgesprochen, daß eine Einrichtung als öffentliche Anstalt — oder als „Anstalt des öffentlichen Rechts" — anzusehen sei, so liegt darin in aller Regel auch die Erhebung zu einer juristischen Person des öffentlichen Rechts[1].

Daneben aber gibt es öffentliche Anstalten noch in einem weiteren, nicht rechtstechnisch gemeinten Sinn. Wenn etwa in der Verfassung des Landes Rheinland-Pfalz[2] von „Krankenhäusern, Strafanstalten und sonstigen öffentlichen Anstalten..." die Rede ist, so liegt dem offenbar ein ganz anderer Begriff der öffentlichen Anstalt zugrunde — zumal wenn man bedenkt, daß es sich hier ausschließlich um *nichtrechtsfähige* Gebilde handelt. Das gleiche gilt schließlich, wenn zwischen Versorgungsanstalten, Bildungsanstalten, Forschungsanstalten usw. unterschieden wird. Offenbar dient der Begriff der öffentlichen Anstalt hier nicht mehr als *Rechtsform*, sondern zur Bezeichnung von Einrichtungen, deren gemeinsames Merkmal in der Erfüllung gleichartiger *Funktionen* innerhalb der öffentlichen Verwaltung liegt.

Nicht immer ist man sich dieser unterschiedlichen Verständnismöglichkeiten im Bild der öffentlichen Anstalt bewußt. Eine begriffliche

---

[1] Als Beispiel seien die vielgenannten Einfuhr- und Vorratsstellen des Bundes angeführt. So heißt es etwa im Getreidegesetz: „Es wird eine Einfuhr- und Vorratsstelle für Getreide und Futtermittel *als Anstalt des öffentlichen Rechts* errichtet", G. v. 4. 11. 1950, BGBl. S. 721, § 7 Abs. 1 (Kursiv vom Verf.).

[2] V. 18. 5. 1947, VOBl. 209, Art. 48 (betr. die Anstaltsseelsorge).

Klärung erscheint aber auch deshalb angebracht, weil der Begriff der
öffentlichen Anstalt zu jenen Grundbegriffen gehört, die am Anfang
einer eigenen Verwaltungsrechtsdogmatik in Deutschland gestanden
haben, die aber inzwischen durch eine veränderte Verwaltungswirklichkeit problematisch geworden sind. Die Beschäftigung mit der öffentlichen Anstalt könnte daher vielleicht einen Beitrag liefern zu jener
„Revision verwaltungsrechtlicher Grundbegriffe", von der heute nicht
selten gesprochen wird[3]. Um einen solchen Beitrag soll sich die folgende
Darstellung bemühen.

Im Mittelpunkt steht dabei naturgemäß die Bemühung um den Begriff der Anstalt und seine Abgrenzung gegenüber anderen „Organisationstypen" der öffentlichen Verwaltung, insbesondere der Behörde und
der sog. selbständigen Oberbehörde. In diesem Zusammenhang wird versucht, einige Gesichtspunkte für die Funktion der öffentlichen Anstalt
in der modernen Verwaltung zu entwickeln, wie sie sich unter den Bedingungen unseres industriellen Zeitalters herausgebildet hat. Aus
dem Gedanken, daß die Verwaltungsrechtslehre sich einer veränderten
sozialen Wirklichkeit anzupassen hat, soll hier die Frage nach einem
„zeitgemäßen" Anstaltsbegriff gestellt, wenn vielleicht auch noch nicht
zufriedenstellend beantwortet werden.

Steht von daher auch die begriffliche Abgrenzung im Vordergrund
der Untersuchung, so wird doch in einem eigenen Kapitel auf die Veränderungen einzugehen sein, denen auch das Verhältnis zwischen der
öffentlichen Anstalt und den einzelnen unterliegt. Dabei wird sich die
Untersuchung schließlich auch mit der Tatsache auseinanderzusetzen
haben, daß der Gesetzgeber heute einzelnen Gruppen auch auf die Verwaltung der Anstalten Einfluß gewährt, obwohl diesen — im Gegensatz
zu den Körperschaften — der Begriff der Selbstverwaltung von jeher
fremd war.

Zunächst ist jedoch nach der Entstehung eines eigenen Begriffs der
Anstalt zu fragen und zu zeigen, welchen Platz dieser noch bis zur Gegenwart in der Systematik des Verwaltungsrechts einnimmt.

---

[3] Vgl. etwa Kern, Zur heutigen Grundlagenproblematik des Verwaltungsrechts, ARSP 43. Bd. (1957), S. 505 ff.

Erstes Kapitel

Die Entstehung des Anstaltsbegriffs

> „... il faut malheureusement reconnaître que la notion de service public est une notion fonctionelle."
>
> M. Waline

§ 1. Öffentliche Anstalt und service public

Vergleicht man die Anstalt mit der Körperschaft und der Stiftung, so erweist sich historisch gesehen die Anstalt als die jüngste der drei Erscheinungen im Bereiche des öffentlichen Rechts. Waren doch Körperschaften (Corporationen) und Stiftungen den deutschen Juristen seit langem geläufig. Dagegen glaubt man noch zu Ende des letzten Jahrhunderts einen „bisher ganz verschwommenen Anstaltsbegriff" feststellen zu müssen[1]. Die Geschichte der öffentlichen Anstalt erstreckt sich daher bis heute auf einen Zeitraum von kaum mehr als einem halben Jahrhundert.

Freilich, auch vorher schon verwandte man den Ausdruck Anstalten, um damit schlechthin alle möglichen „öffentlichen" und nicht öffentlichen Tätigkeiten oder auch irgendwelche Unternehmungen zu bezeichnen. So etwa werden im Preußischen Allgemeinen Landrecht (1794) „die nötigen Anstalten zur Erhaltung der öffentlichen Ruhe, Sicherheit und Ordnung..." der Polizei übertragen (§ 10 II, 17). Aber das sind noch keine Anstalten im Sinne eines festen, technisch bestimmten Begriffs, sondern das Wort dient hier wie anderswo lediglich zur Bezeichnung einer beliebigen Aktion, die an der genannten Stelle des ALR ihre Zielsetzung unter dem Gesichtspunkt der Erhaltung der Ruhe, Sicherheit und Ordnung erfährt.

Das gilt in gleicher Weise, wenn in § 1 II 12 ALR ausgesprochen wird: „Schulen und Universitäten sind Veranstaltungen des Staates, welche den Unterricht der Jugend in nützlichen Kenntnissen und Wissenschaften zur Absicht haben." Der Zweck dieser Vorschrift liegt darin, die *staat-*

---

[1] Georg Jellinek, System der subjektiven öffentlichen Rechte, S. 244, Fußnote 2.

lichen Befugnisse für den Bereich des Schul- und Universitätsrechts bindend festzulegen[2]. Dagegen ist hier keineswegs schon eine bestimmte Organisationsform gemeint. Auch zeigt der Ausdruck „Veranstaltung" recht plastisch, daß es sich um die Bezeichnung einer bestimmten — hier eben vom Staat zu entfaltenden — Tätigkeit handelt.

Auch in der Literatur wird im 19. Jahrhundert der Anstaltsbegriff noch ganz in diesem Sinne verwandt. Neben der Bezeichnung als öffentliche Anstalten finden sich mit gleicher Bedeutung Ausdrücke wie „öffentliche Unternehmungen" und „öffentliche Anlagen"[3]. Noch kennt man einen festen Anstaltsbegriff nicht. Und es ist deshalb sehr bezeichnend, daß in Bluntschli's Staatswörterbuch (1875/76) wohl ein Stichwort „Körperschaft", nicht aber „Anstalt" aufgeführt ist. Wir müssen in Deutschland bis gegen das Ende des 19. Jahrhunderts warten, daß *Otto Mayer* einen Begriff prägt, der als der sozusagen „klassische" Anstaltsbegriff in das öffentliche Recht eingehen wird und der bis heute von der Verwaltungsrechtslehre verwandt wird. Mayer definiert die öffentliche Anstalt als einen „Bestand von Mitteln, sächlichen wie persönlichen, welche in der Hand eines Trägers öffentlicher Verwaltung einem besonderen Zwecke dauernd zu dienen bestimmt sind"[4].

1. Service public im französischen Verwaltungsrecht

Woher aber hatte *Otto Mayer* die Anregung für diesen neuen Begriff Anstalt gewonnen?

Die Frage findet ihre Antwort, wenn man in seiner „Theorie des französischen Verwaltungsrechts" nachliest. Dieses Werk *Otto Mayers* erschien im Jahre 1886, also zu einer Zeit, als er noch an der Universität Straßburg lehrte. Es ist nun wichtig zu sehen, daß *Otto Mayer* den Ausdruck „öffentliche Anstalt" wählte, um einen Begriff wiederzugeben, der damals gerade eben in Frankreich in der Rechtsprechung des *Conseil d'Etat* entwickelt worden war, nämlich den Begriff des service public[5].

„Staatliche Mittel", so sagt *Otto Mayer* wörtlich, „welche zur Erfüllung je eines gewissen öffentlichen Zwecks bestimmt und vereinigt sind,

---

[2] Durch Jahrhunderte hatten nämlich zumindest auf dem Gebiet der Schulen allein die Kirchen Wirksamkeit entfaltet. Das änderte sich erst, als durch ein Edikt von 1717 die allgemeine Schulpflicht (für Preußen) eingeführt wurde. Bornhak, Geschichte des preußischen Verwaltungsrechts III, S. 210.

[3] Vgl. etwa F. F. Mayer, Grundsätze des Verwaltungsrechts, 1862, S. 104 und 195.

[4] Deutsches Verwaltungsrecht II, zuerst 1896, § 51 = S. 318 (2. Aufl. S. 468; 3. Aufl. S. 268).

[5] Auch an diesem Beispiel erweist sich der hervorragende Anteil, der dem Conseil d'Etat an der Schaffung eines Verwaltungsrechtssystems für Europa zukommt, vgl. auch Kern, Zur heutigen Grundlagenproblematik des Verwaltungsrechts, ARSP, 43. Bd. (1957), S. 505 ff. (507).

bilden je eine öffentliche Anstalt (service public)"[6]. Man muß dabei bedenken, daß es *Otto Mayer* nach seinen eigenen Worten darum ging, „die französische Theorie des Verwaltungsrechts ins Deutsche zu übersetzen ...“[7]. In der Tat sollte diese Übersetzung von bleibender Wirkung für die Entwicklung des deutschen Verwaltungsrechts werden!

So erscheint es auch sinnvoll, schon hier auf die systematische Einordnung einzugehen, die die öffentlichen Anstalten Ende des 19. Jahrhunderts bei *Otto Mayer* erfahren haben. Man ist heute nur allzu leicht geneigt, hinter diesem Begriff alle jene einheitlich organisierten Gebilde zu vermuten, denen eine gewisse Selbständigkeit innerhalb der öffentlichen Verwaltung zukommt. Oder man sieht in der Anstalt gar eine bestimmte Organisationsform, die irgendeine Einrichtung zu einer juristischen Person des öffentlichen Rechts erhebt. Davon kann jedenfalls zu der Zeit noch nicht die Rede sein, zu der *Otto Mayer* daran geht, den Begriff der services publics „ins Deutsche zu übersetzen“.

„Den wesentlichen Kern der Verwaltungsrechtsinstitute“ — so sagt *Otto Mayer* — „bildet einseitig die *Handlung* des Staats“[8]. Als Verwaltungsrechtsinstitute nennt *O. Mayer* einmal die Polizei (police), dann die öffentlichen Anstalten (services publics) und schließlich die Vertretung des Staatsvermögens (fisc, trésor)[9]. So sagt *Mayer* über die *Anstalten:* wenn der Staat „selbst besitzend, erwerbend, arbeitend“ in das Leben der einzelnen eintritt, „neben ihnen, aber nicht ihnen gleich, sondern in allem, was er tut, mit hoheitlicher Macht die Einzelinteressen verdrängend und seinem Werke dienstbar machend“, dann „schafft und verwaltet“ er die öffentlichen Anstalten (services publics)[10].

Es fällt auf, daß dieser Begriff hier wohl neben einer anderen spezifisch öffentlich-rechtlichen Verwaltung*tätigkeit*, der Polizei, erscheint, zum anderen aber auch schon weitgehend als *Objekt* staatlichen Verwaltens verstanden wird. Damit stellt sich die Frage, ob *O. Mayer* die Anstalt sogleich institutionell oder ursprünglich vielleicht im Sinne einer eigenen staatlichen Tätigkeit verstanden hat. Allerdings hätte es dann wohl nahegelegen, service public schlechtweg als öffentlichen Dienst anzusehen und damit den Ausdruck wortwörtlich „ins Deutsche zu übersetzen“.

In diesem Sinne nämlich wurde und wird service public von der französischen Verwaltungsrechtslehre in weitem Umfang verstanden. So hat etwa *Jèze* den service public gesehen, der doch immerhin mit

---

[6] Theorie des französischen Verwaltungsrechts, S. 225.
[7] Vorwort zu dem angegebenen Werk, S. VIII.
[8] Theorie des französischen Verwaltungsrechts, S. 160 (mit Sperrung vom Verf. d. Arbeit).
[9] Theorie des französischen Verwaltungsrechts, S. 160, 161.
[10] Ebda.

zu den Begründern dieses Begriffs in der französischen Verwaltungsrechtslehre gehört.

Bei Jèze wird service public ausdrücklich als „öffentlicher Dienst" bezeichnet, der — wie er sagt — die Aufgabe hat, „die im öffentlichen
Interesse liegenden Bedürfnisse zu befriedigen"[11]. Da nun aber nicht alle
im öffentlichen Interesse liegenden Bedürfnisse von der staatlichen
Verwaltung befriedigt werden — etwa nicht die Ernährung —, dient
der Gedanke des öffentlichen Dienstes dazu, „das zum Gebiet der Verwaltung Gehörige einzuteilen in das zum öffentlichen Bereich und das
zum privaten Bereich Gehörige"[12]. Der Begriff der services publics in
diesem Sinne wird daher von gewissen *Leistungen* her verstanden, die
die Verwaltung als öffentliche Leistungen zu erbringen hat. Jèze
zitiert aus einer Schrift von Colson folgende Beispiele von services
publics: Polizei, Post, Beförderung mit Eisenbahnen, Beleuchtung und
Wasserversorgung der Städte[13]. Jèze spricht hier von der „regelmäßigen und fortgesetzten Tätigkeit des öffentlichen Dienstes". Er bezieht
sich auf ein Ereignis aus dem Jahre 1910, als in Frankreich ein Eisen-
bahnerstreik ausgebrochen war. Die Regierung — so sagt Jèze — habe
mit Recht die Hauptfrage darin gesehen, ob der *Betrieb der Eisenbahnen* öffentlicher Dienst sei oder nicht[14]. Damit wird ganz deutlich: service public ist nicht die Eisenbahn als organisierte Einrichtung, sondern
deren Betrieb als Vollzug einer bestimmten—hier im öffentlichen Interesse liegenden — Leistung.

Vergleicht man damit die Darstellung von *Otto Mayer* in seiner
„Theorie des französischen Verwaltungsrechts", so läßt sich zeigen, daß
in diesem Werk — das auch zeitlich gesehen dem von Jèze vorangeht —
der Begriff des service public (öffentliche Anstalt) beide Auslegungs-
möglichkeiten noch durchaus offenläßt. Man muß einerseits bedenken,
daß für *Otto Mayer* die Handlung des Staates im Mittelpunkt steht. Von
daher scheint sich eine Übereinstimmung mit der von Jèze vertretenen
Auffassung zu ergeben. Und damit wäre auch dem Sprachgebrauch des
19. Jahrhunderts Rechnung getragen, als man „Anstalten" vielfach im
Sinne von „Veranstaltungen" verstand. Um so mehr, als *O. Mayer*
auch einen Gottesdienst (vgl. service!) als eine öffentliche Anstalt bezeichnet[15], also einen reinen Handlungsablauf. Andererseits nennt

---

[11] Jèze, Das Verwaltungsrecht der Französischen Republik, 1913, S. 41.
[12] Jèze, a. a. O., S. 43.
[13] Jèze, a. a. O., S. 42, Fußnote 1.
[14] Die französischen Eisenbahnen waren zu dieser Zeit in der Hand von
konzessionierten Privatgesellschaften. Die Regierung nahm gleichwohl an,
daß es sich um öffentlichen Dienst handle, und bestimmte, daß das Eisen-
bahnpersonal zu „militarisieren" sei. Jèze scheint diese Entscheidung zu bil-
ligen, a. a. O., S. 42.
[15] Theorie des französischen Verwaltungsrechts, S. 232.

er aber als „Hauptbeispiele" öffentlicher Anstalten: Meeresstrand, Straßen, Flüsse, öffentliche Anlagen und Brunnen[16]. Darauf ist auch an anderer Stelle noch zurückzukommen.

Diese merkwürdige Nebeneinandersetzung von Handlungsvollzügen und reinen Sachbegriffen bestimmt noch die Theorie *Otto Mayers* über den service public in diesem Stadium seiner wissenschaftlichen Forschungstätigkeit. Sie steht in engem Zusammenhang mit der von ihm vertretenen Auffassung über das *öffentliche Eigentum* (domaine public). Die französische Verwaltungsrechtslehre — so sagt *Mayer* — sehe das öffentliche Eigentum dann als gegeben an, wenn „die Sache des Staates einer öffentlichen Anstalt gewidmet sei, affecté à un service public"[17]. Es erweist sich damit, daß der von *Otto Mayer* hier verwandte Begriff der öffentlichen Anstalt genau dem entspricht, den 25 Jahre später *Jèze* in seiner obengenannten Darstellung verwendet[18]. Aber *Otto Mayer* geht noch weiter. „Es kann nicht genügen" — meint er —, „daß die Sache einer öffentlichen Anstalt diene... es bedarf eines innigeren Zusammenhangs mit der öffentlichen Anstalt... *die Sache muß selbst die öffentliche Anstalt sein*[19]. An dieser — wohl entscheidenden — Stelle wird von *Otto Mayer* der Übergang von dem einen, als Handlungsvollzug verstandenen, zu dem anderen, rein sachlich bestimmten, Anstaltsbegriff vollzogen. Dieses Ergebnis findet dann seinen Ausdruck darin, daß *Otto Mayer* in seinem 10 Jahre später erstmals erschienenen „Deutschen Verwaltungsrecht" (1895/96) insofern eine Neuorientierung der Begriffsbestimmung vornimmt, als er nunmehr von einem *Bestand* von Mitteln spricht, eine Kennzeichnung, die in seiner Theorie des französischen Verwaltungsrechts noch fehlt[20].

Es ist nun interessant zu sehen, daß in der *französischen* Verwaltungsrechtswissenschaft die Lage auch heute von dieser Gegensätzlichkeit bei dem Begriff des service public gekennzeichnet scheint. Nach *de Laubadère* bezeichnet dieser Begriff einmal die Tätigkeit eines öffentlichen Gemeinwesens (une activité assumée par une collectivité publique), zum anderen aber auch eine Organisation, nämlich den Verwaltungsapparat zum Vollzug des service public (une organisation à savoir l'appareil administratif du service)[21]. *De Laubadère* schließt

---

[16] O. Mayer, a. a. O., S. 231.

[17] O. Mayer, a. a. O., S. 229.

[18] Wie denn auch bei Jèze noch davon die Rede ist, daß der service public die Grundlage sei „für jenes Rechtsinstitut, das man öffentliches Eigentum nennt", a. a. O., S. 43. In Deutschland hat sich aber der Gedanke des öffentlichen Eigentums nicht durchzusetzen vermocht.

[19] O. Mayer, a. a. O., S. 230 (mit Sperrung vom Verf.).

[20] Vgl. die Begriffsbestimmung oben.

[21] Traité élémentaire de droit administratif, 2. Aufl. 1957, S. 535.

daraus: „Il existe de ce fait une conception *matérielle* et une conception *organique* du service public". Aber *de Laubadère* gibt dem élément matériel den Vorzug und folgert daraus, daß es sich beim service public um eine *Tätigkeit* der Verwaltung handle, die aufgrund staatlicher Entscheidung als öffentlicher Dienst vollzogen werde[22]. Er beruft sich für diese Aussage auf *Jèze* und *Duguit* und die Rechtssprechung des Conseil d'Etat[23]. Aber auch M. *Waline* versteht den service public als Tätigkeit der Verwaltung, als activité[24].

Andererseits ist nicht zu übersehen, daß in Frankreich früh unter den services publics auch organisatorische Einheiten verstanden werden[25]. Man unterteilt dabei die services publics zunächst in drei Arten: 1. service public en régie, 2. établissement public, 3. service public concédé[26]. Die services publics werden also auch zum Oberbegriff von *Organisationsformen* der öffentlichen Verwaltung erhoben. Doch ist diese Entwicklung dadurch gestört, daß aufgrund des zunehmenden Staatsinterventionismus in Frankreich immer mehr neuartige Gebilde in den Rahmen der services publics gepreßt werden, wobei die Begriffsschärfe naturgemäß weitgehend verlorengehen muß[27].

Zudem legte auch der Conseil d'Etat in einer Entscheidung aus dem Jahre 1949 einen Begriff des service public zugrunde, dem jedes organisatorische Moment fehlt. Während des Krieges waren in einem Département die Dreschmaschinen beschlagnahmt worden, durften aber gleichwohl noch von den ehemaligen Eigentümern benutzt werden. Der Conseil d'Etat hat nun in dieser Benutzung die „Exécution d'un service public" gesehen und sich damit auf den Boden der „conception matérielle" im Sinne *de Laubadères* gestellt[28].

---

[22] Der entscheidende Satz lautet, a. a. O.: „Mais l'élément matériel a la primauté en ce sens que pour que l'on se trouve en présence d'un service public il faut et il suffit que *l'activité* assumée présente certains caractères, à savoir, comme on va le préciser, qu'elle constitue une activité d'interêt général dont les pouvoirs publics ont entendu faire un service public."

[23] De Laubadère, a. a. O., S. 535.

[24] Waline, Droit administratif, 8. Aufl. (1959), S. 620 ff., 624, 625. Im gleichen Sinne sind auch Duez-Debeyre, Traité de droit administratif, 1952, S. 535 ff. zu verstehen.

[25] Doch erscheint es zu weitgehend zu sagen, das organisatorische Moment gehöre zu dem „Begriff der services publics traditioneller Art", so Schnur, Die Krise des Begriffs der services publics im französischen Verwaltungsrecht, AöR Bd. 79 (1953/54), S. 418 ff. (419). Dem widerspricht schon das Werk von Jèze, aber auch die neueren Publikationen, die hier verwandt worden sind.

[26] Der Verfasser folgt hier Schnur, a. a. O., S. 420.

[27] Vgl. dazu unten, II. Kapitel, § 5 I 1.

[28] Entsch. v. 21. 10. 1949, Dalloz 1950 Jurisprudence S. 162. In einer Anmerkung beklagt Waline „la confusion latente, dans la jurisprudence, entre les deux notions de service public au sens organique ou formel, et de service public au sens matériel".

Diese widersprüchliche Entwicklung hat in Frankreich dazu geführt, daß eine neuere Strömung in der Verwaltungsrechtslehre, die sog. „jeune école", immer mehr zu der Ansicht neigt, daß dem Begriff der services publics keinerlei Bedeutung mehr zukomme, eine Auffassung, die sich naturgemäß besonders gegen das Werk von *Jèze* richten muß[29]. *Schnur* hat sich unter diesen Umständen veranlaßt gesehen, von einer „Krise des Begriffs der services publics im französischen Verwaltungsrecht" zu sprechen[30]. Das mag hier auf sich beruhen, da hier in erster Linie die Entwicklung in Deutschland zu verfolgen ist. Immerhin ergeben sich — wie zu zeigen sein wird — in beiden Ländern gewisse Parallelen, die auf ganz allgemeine Entwicklungstendenzen zurückzuführen sind, die dieses 20. Jahrhundert zu bestimmen scheinen.

2. Fortbildung des service public als öffentliche Anstalt bei Otto Mayer

Im Unterschied zu Frankreich zeichnet sich die Lage in *Deutschland* zunächst durch die absolute Einheitlichkeit in der Auffassung über den Begriff der öffentlichen Anstalt aus. Bleibt für *Otto Mayers* Werk über die Theorie des französischen Verwaltungsrechts vielleicht noch ein Zweifel offen, ob etwa auch eine staatliche Tätigkeit im Sinne eines öffentlichen Dienstes als „Anstalt" angesehen werden kann, so steht seit dem Erscheinen des Deutschen Verwaltungsrechts (1895/96) fest, daß nur ein *sachlich* bestimmtes Gebilde gemeint ist. Dieses Ergebnis wäre nicht unbedingt dadurch präjudiziert, daß *O. Mayer* sich entschloß, service public *nicht* als „öffentlichen Dienst", sondern als öffentliche Anstalt zu übersetzen. Immerhin war bereits damit eine Entwicklung angebahnt, die dann ihre Bestätigung darin fand, daß *O. Mayer* die Anstalt als einen *Bestand* von Mitteln verwirklicht sah. Damit blieben der deutschen Verwaltungsrechtslehre von vornherein alle jene theoretischen Auseinandersetzungen erspart, wie sie sich mit dem Begriff des service public in Frankreich verbinden[31].

---

[29] Ein Vertreter dieser Richtung ist etwa Rivero. In seinem Aufsatz „Le régime des Entreprises nationalisées et l'évolution du Droit administratif" vertritt er die Auffassung von der Nutzlosigkeit des Begriffs des service public („on l'a utilisée durant près de cinquante années, sans avoir réussi à en préciser les contours"!), Archives de Philosophie du Droit, Nouvelle Série, Paris, 1952, S. 147 ff. (156).

[30] So der Titel seines Aufsatzes im Archiv des öffentlichen Rechts, Bd. 79 (1953/54), S. 418 ff.

[31] Vor Otto Mayer hatte schon Otto von Gierke einen Anstaltsbegriff entwickelt: „Die Anstalt ist eine von außen für irgendeinen rechtlichen Verband konstituierte Einheit" Holtzendorffs Rechtslexikon Bd. II, 1881, S. 418 ff. (422). Es ist anzunehmen, daß diese Definition O. Mayer bekannt war.

Otto Mayers Erfolg bestand auch darin, daß es ihm gelang, den Anstaltsbegriff von vornherein als ein spezifisch *verwaltungsrechtliches* Institut zu begründen. Heute würde man eine Anstalt kaum mehr außerhalb des öffentlich-rechtlichen Bereichs suchen[32]. Doch wird dabei zu leicht übersehen, daß eine derartige Beschränkung dem Begriff nicht notwendig innegewohnt hätte. Der von *Otto von Gierke* entwickelte Anstaltsbegriff[33] war immerhin so allgemein gehalten, daß er ebensogut auch im Zivilrecht hätte Verwendung finden können. In der Tat kommt die Anstalt (Etablissement) in einem fremden Rechtskreis (Fürstentum Liechtenstein) als juristische Person des Privatrechts neben der Aktiengesellschaft vor[34]. Auch das Schweizer Recht kennt einen allgemeinen Anstaltsbegriff (Art. 52 ZGB), ohne jedoch im Privatrecht eine eigene Institution Anstalt auszubilden[35]. In Deutschland hat die Tatsache, daß die Anstalt nicht in die systematische Begriffsbildung des Bürgerlichen Gesetzbuches von 1900 aufgenommen worden ist, dazu geführt, daß sie heute ausschließlich als eine Erscheinung des öffentlichen Rechts angesehen wird[36].

Indem Mayer die Anstalt einen „Bestand von Mitteln, sächlichen wie persönlichen" nannte, ließen sich zunächst alle Sachinbegriffe schlechthin als „Anstalten" bezeichnen. So kann es nicht verwundern, daß etwa auch die Land- und Wasserstraßen allgemein unter die öffentlichen Anstalten gerechnet wurden[37]. Man könnte daher in diesem Zusammenhang von einem „unbürokratischen" Anstaltsbegriff sprechen, weil diesen Erscheinungen eine bürokratische Organisation fehlt. Schon oben waren andere — auch von O. Mayer verwandte — Beispiele genannt worden, wie Meeresstrand, Flüsse und Brunnen.

Doch schon bald sollte sich herausstellen, daß sich aus der *Verbindung* von sachlichem *und* persönlichem Moment ein Anstaltsbegriff ent-

---

[32] Auch das Katholische Kirchenrecht kennt Anstalten (instituta), vgl. Kanon 1489 CJC. Darunter wird hier ebenfalls allgemein der Inbegriff von Sachen verstanden, Holböck, Handbuch des Kirchenrechts, Bd. II, S. 887. Auf dem Höhepunkt päpstlicher Weltmacht haben die Kanonisten auch die Kirche selbst als Anstalt angesehen und sie der Leitung des Papstes, als des Stellvertreters Gottes, unterstellt. Diese Zusammenhänge können hier nicht weiter verfolgt werden, einige Hinweise bei Mitteis-Lieberich, Deutsches Privatrecht, 3. Aufl., S. 40.

[33] Vgl. Fußnote 31.

[34] Vgl. Art. 534 ff. des Personen- und Gesellschaftsrechts vom 20. Jänner 1926. Das Anstaltskapital wird nicht in Aktien, sondern in Gründerrechte zerlegt. Es braucht nur ein Gründer vorhanden zu sein.

[35] Als „privatrechtliche Anstalt" wird vielmehr die Stiftung angesehen, Tuor, Das schweizerische Zivilgesetzbuch, S. 97.

[36] H. J. Wolff, Verwaltungsrecht II, § 98 I (S. 256).

[37] Vgl. Urteil d. Preuß. OVG v. 18. 4. 1901, Amtl. Samml. Bd. 39, S. 216: „... Die öffentlichen Wege sind polizeiliche Anstalten" (219). Ebenso auch Grotefend, Lehrbuch des preußischen Verwaltungsrechts, Bd. III, S. 509; Thoma, Der Polizeibefehl im badischen Recht, S. 144.

wickelte, der *organisationsrechtlich* bestimmt war und der für das deutsche Verwaltungsrecht typisch geworden ist. Heute verbindet sich mit der Anstalt in der Regel auch die Vorstellung von einer bürokratischen Organisation[38]. An dieser von Otto Mayer begründeten Begriffsbestimmung hat nicht nur die Verwaltungsrechtswissenschaft unverändert festgehalten. Auch in die Judikatur hat dieselbe Eingang gefunden und wird bis heute dort vielfach verwandt. Nur in der Gesetzgebung ist es niemals zu einer ausdrücklichen Festlegung gekommen — so häufig sich der Gesetzgeber auch veranlaßt sah, sich des Anstaltsbegriffs zu bedienen. Nur in dem Entwurf zu einer *Verwaltungsrechtsordnung für Württemberg* ist einmal der Versuch gemacht worden, das gesamte Anstaltsrecht zu kodifizieren[39]. Die dort niedergelegten Vorschläge sind schon historisch von hohem Wert. Der Entwurf enthält in seinem zweiten Buch Vorschriften über die Körperschaften, Anstalten und Stiftungen. Er unterscheidet zwischen „öffentlichen Anstalten ohne Rechtsfähigkeit" (Art. 140 bis 153) und „rechtsfähigen öffentlichen Anstalten" (Art. 154 bis 159). Im Art. 139 gibt der Entwurf einen *allgemein* geltenden Begriff: öffentliche Anstalten sind danach *„dauernde Einrichtungen des Staats oder einer Körperschaft des öffentlichen Rechts, die einem zu den Aufgaben der öffentlichen Verwaltung gehörenden Zweck dienen, hierfür mit einem besonderen Vermögensbestand ausgestattet sind und nach den Vorschriften einer bestimmten Ordnung von jedermann oder von einzelnen Personenkreisen benutzt werden können oder müssen"*[40].

Bei dieser Begriffsbestimmung fällt ein Element auf, das sowohl bei dem Verständnis der Anstalt als einer beliebigen Aktivität wie auch bei der Behandlung als Bestand von Mitteln noch nicht unbedingt gegeben ist: es ist dies die besondere Beziehung *zwischen der Anstalt und den einzelnen*, den Bürgern, als Benutzern. Dieses Verhältnis hat schon früh eine Rolle für den Anstaltsbegriff gespielt. Seine Bedeutung liegt darin, daß man die Anstalt auch als Bezugspunkt eigenen Handelns ansieht, daß man also unter der Anstalt ein Gebilde versteht, dem eigene Rechtsmacht zukommt. Wie dieser Vorgang zur Ausbildung der Anstalt als

---

[38] Es gibt auch Gegenbeispiele, vgl. etwa eine Bekanntmachung des Senators für Wirtschaft, Häfen und Verkehr in Bremen v. 17. 8. 1946, GBl. Bremen, S. 89, die die „Anstalten, einschließlich der unbebauten Kajestrecken und Plätze" betrifft.

[39] S. „Ergänzungsband zur Verwaltungsrechtsordnung für Württemberg, Entwurf eines Gesetzes mit Begründung", mit Ermächtigung des württemb. Staatsministeriums hrsg. von Hegelmaier, 1936.

[40] Dieser Definition entsprechen ihrem wesentlichen Inhalt nach auch alle anderen Quellen, in denen Anstalten normativ behandelt werden, vgl. Art. 534 Abs. 2 Personen- und Gesellschaftsrecht Liechtenstein (für die öffentlichrechtlichen Anstalten), ferner Kanon 1489 § 2 CJC (für die Institute der Kirche).

einer Institution des öffentlichen Rechts führte, wird nunmehr darzulegen sein.

§ 2. Entwicklung in Deutschland
Ausbildung der Anstaltsgewalt

Otto Mayer hat die Anstalt nicht nur als einen Bestand von Mitteln beschrieben und damit gewisse Erscheinungen der Verwaltungs*organisation* schärfer abgrenzen können. Es gelang ihm auch, die Anstalt in Beziehung zu setzen zu der Systematik, die die Theorie des liberalen *Rechtsstaats* des 19. Jahrhunderts für das Verhältnis des einzelnen zur öffentlichen Gewalt entwickelt hatte.

Mit der Begriffsbestimmung der Anstalt als solcher ist nämlich noch nicht ohne weiteres auch schon eine Rechtswirkung verbunden. Diese ergibt sich erst aus der *Anstaltsgewalt*, mit der die öffentliche Anstalt ausgestattet wird. *Otto Mayer,* der seinen deutschen Lesern „jenen großartigen Zug von Achtung vor der hoheitlichen Natur der Tätigkeit des Staates" zur Nachahmung empfiehlt[1], der den Geist des französischen Verwaltungsrechts bestimme, legitimiert mit der Anstaltsgewalt ein „besonderes Gewaltverhältnis", in dem der einzelne sich in einem eigentümlichen Zustand „verminderter Freiheit" befindet[2]. Das bedeutet eine Art „Ausnahmezustand" gegenüber dem ohnehin bestehenden *allgemeinen* Gewaltverhältnis, mit dem Otto Mayer jeden einzelnen als Untertan in eine „umfassende rechtliche Abhängigkeit" zum Staat stellt[3].

1. Anstalt und Rechtsstaatsbegriff

Um diese Abstufung zu erkennen, muß man sich das Wesen des Rechtsstaats wieder vergegenwärtigen. Geht man davon aus, daß das Ideal dieses Rechtsstaats darin besteht, „restlos alle staatlichen Handlungsmöglichkeiten in einem System von Normierungen zu erfassen und dadurch den Staat zu binden"[4], so beschränkt sich die Verwirklichung dieses „Ideals" auf das allgemeine Verhältnis zwischen Bürger und **Staat,** und es wird durchbrochen, sobald der Bürger in ein *besonderes* Gewaltverhältnis eintritt. So gilt es auch nicht im Bereich der öffentlichen Anstalt: *die dort herrschende Anstaltsgewalt hat zur Folge, daß die öffentliche Verwaltung für Eingriffe in Freiheit und Eigentum des einzelnen*

---

[1] Theorie des französischen Verwaltungsrechts, Vorwort, S. VIII.

[2] Deutsches Verwaltungsrecht, § 52 I (Bd. II, 2. Aufl., S. 496; 3. Aufl., S. 285).

[3] Ebda., § 9 II (Bd. I, 2. Aufl., S. 104; 3. Aufl., S. 101); ferner Thoma, Der Polizeibefehl im badischen Recht, S. 17.

[4] Carl Schmitt, Verfassungslehre, S. 150.

eines tragenden Rechtssatzes nicht bedarf. Ernst *Forsthoff* hat diesen Vorgang neuerdings zutreffend dadurch charakterisiert, daß er in dem Begriff der Anstalt eine Formel sieht, mit der es gelang, alle Akte der Verwaltung, für die es an einer gesetzlichen Grundlage fehlte, „im rechtsstaatlichen Sinne als gerechtfertigt erscheinen zu lassen"[5].

Das aber bedeutet, daß mit der öffentlichen Anstalt zugleich eine Enklave geschaffen wurde, die den obrigkeitlichen Staatsbegriff in das System des bürgerlichen Rechtsstaates wieder mit einbezieht[6]. Damit bekommt die Institution der öffentlich-rechtlichen Anstalt einen durchaus politischen Sinn. Mit ihr wird der Versuch gemacht, einen Raum auszusparen gegenüber den Bestrebungen des liberalen Bürgertums, die vor allem in den Grundrechten und im rechtsstaatlichen Gesetzesbegriff ihren Ausdruck gefunden haben. Sieht man im Gesetz eine Regelung über die „Modalitäten, unter denen die Verwaltung in Freiheit und Eigentum eingreifen darf"[7], so scheint die Abgrenzung der Rechtssphäre des einzelnen gegenüber der Verwaltung bereits vollständig gelungen zu sein. Der Monarch ist zu Eingriffen in Freiheit und Eigentum nicht ohne die Mitwirkung des Parlaments befugt[8]. Aber nun kommt Otto *Mayer* diesem Monarchen und seiner Verwaltung mit dem von ihm entwickelten Anstaltsbegriff sozusagen zu Hilfe[9]. Nichts kennzeichnet das deutlicher als seine eigene Bemerkung, daß die Anstaltsordnung „mit voller Absichtlichkeit *nicht* das Gepräge des Rechtsstaats" trage: „Sie verneint Rechtssatz und Gesetz"[10]. Der mühsam entwickelte und erkämpfte Gesetzesbegriff wird also wieder in Frage gestellt, der Gesetzesvorbehalt „kommt nicht mehr in Betracht", sobald der einzelne in den

---

[5] Lehrbuch des Verwaltungsrechts, § 3 (8. Aufl., S. 51); im Folgenden, sofern nicht besonders angegeben, nach der 8. Aufl. (1961) zitiert: „Verwaltungsrecht".

[6] Das wird von Otto Mayer in aller Klarheit zum Ausdruck gebracht, wenn er sagt, die Anweisung im besonderen Gewaltverhältnis wirke „wie der obrigkeitliche Akt im Polizeistaat", a. a. O., Bd. I, 2. Aufl., S. 105.

[7] Forsthoff, Die Umbildung des Verfassungsgesetzes, Festschrift für Carl Schmitt, S. 35; Werner, Das Problem des Richterstaates, S. 15. Näheres über die Entstehung dieser „klassischen" Definition und über ihre Entwicklung im 19. Jahrhundert s. bei Böckenförde, Gesetz und gesetzgebende Gewalt, insb. S. 76 ff.

[8] Forsthoff, Verwaltungsrecht, § 22, 2a (S. 378), dort (vgl. Fußnote 1) auch Nachweisungen der einschlägigen Bestimmungen in den damaligen Landesverfassungen.

[9] Forsthoff hat Otto Mayer mit vollem Recht als einen Etatisten „aus dem Geiste Hegels" bezeichnet, wenn auch — wie er hinzufügt — einen Etatisten, der von den Gegebenheiten des Rechtsstaats aus dachte. Forsthoff, Rechtsfragen der leistenden Verwaltung, S. 47. Über den Einfluß Hegels auf O. Mayer vgl. dessen Autobiographie in „Die Rechtswissenschaft der Gegenwart in Selbstdarstellungen" (hrsg. von Hans Planitz), Leipzig, 1924, S. 155.

[10] Dt. Verwaltungsrecht, § 52 (Bd. II, 2. Aufl., S. 494; 3. Aufl., S. 284) (mit Kursiv vom Verf.).

Bereich der Anstalt (oder in ein anderes sog. besonderes Gewaltverhältnis) eintritt[11]. Das für den Rechtsstaat kennzeichnende Prinzip der Gesetzmäßigkeit der Verwaltung wird mit Hilfe der Anstaltsgewalt durchbrochen, diese wird damit zu einer Art „außergesetzlicher Hausmacht
der Verwaltung"[12].

Auf diese Weise wird eine *Trennung von Innen und Außen* erreicht
und die Anstalt damit zu einer echten Institution des öffentlichen Rechts
erhoben. Die von *O. Mayer* als besonderes Gewaltverhältnis ausgestaltete Anstaltsgewalt bewirkt, daß der Bürger aus der *Gesellschaft*
heraus und in die anstaltliche Staatsorganisation eintritt[13]. Damit findet auch der Anstaltsbegriff seine Einordnung in den Dualismus von
Staat und Gesellschaft, der für die Staatstheoretiker liberalistischer Prägung im 19. Jahrhundert im Vordergrund des Interesses steht[14].

2. Ausbildung der Selbstverwaltung

Die öffentlich-rechtliche Anstalt tritt damit neben die Institution der
öffentlich-rechtlichen *Körperschaft*, die bereits früher ausgebildet worden war. Beide Erscheinungen sind aus dem politischen Spannungsver-
hältnis des 19. Jahrhunderts zu begreifen, sie werden aber zu dieser
Zeit durch einen tiefen Gegensatz ihrer Funktionen gekennzeichnet. Das
läßt sich leicht an der Entwicklung der Körperschaft ablesen.

Die Ausbildung der Körperschaft zu einer Institution des öffentlichen
Rechts ist im Zusammenhang zu sehen mit dem Begriff der *Selbstverwaltung*, wie er seit Beginn des 19. Jahrhunderts für den Bereich der
Gemeindeverwaltung aufkommt[15]. Die Selbstverwaltung findet ihre
eigentliche Zielsetzung zunächst in den Bestrebungen des Bürgertums,
„in den monarchischen Obrigkeitsstaat eine Bresche zu schlagen"[16]. Es
geht also darum, dem neuen sog. Dritten Stand eine Teilhabe an der

---

[11] Otto Mayer, ebda., § 52 (Bd. II, 2. Aufl., S. 496; nicht mehr mit gleicher
Schärfe in der 3. Aufl., S. 286/287).

[12] Forsthoff, Können Angehörige schlagender Verbände vom Studium an
westdeutschen Hochschulen ausgeschlossen werden? S. 1 (Kursiv vom Verf.).

[13] H. J. Wolff, Verwaltungsrecht I, § 9 I 1 (3. Aufl., S. 34). — In diesem
Sinne versteht Otto Mayer auch den Staat als Ganzes als *Anstalt* und wendet
sich damit gegen den körperschaftlichen (genossenschaftlichen) Staatsbegriff,
vgl. seinen Beitrag „Die juristische Person und ihre Verwertbarkeit im öffentlichen Recht", in Festgabe für Laband I (1908), S. 1 ff. (S. 53 ff.).

[14] S. etwa Robert v. Mohl, Geschichte und Literatur der Staatswissenschaften, 1855—1858, Bd. I, S. 71 ff., der von einer „Notwendigkeit der Trennung
von Staat und Gesellschaft" spricht.

[15] Hier ist vor allem auf die Einführung der Preußischen Städteordnung
von 1808 zu verweisen, die auf Bestrebungen des Freiherrn vom Stein zurückzuführen ist. — Für die Entwicklung des Körperschaftsbegriffs im Mittel-
alter vgl. Mitteis-Lieberich, Deutsches Privatrecht, 3. Aufl., S. 36 ff.

[16] W. Weber, Staats- und Selbstverwaltung in der Gegenwart, S. 32/33.

öffentlichen Verwaltung zu sichern[17]. Damit bildet sich auch die Körperschaft an dem Gegensatz zwischen Staat und Gesellschaft aus; denn „der ganze Begriff der Gesellschaft im sozialen und politischen Sinne findet seine natürliche Grundlage in den Sitten und Anschauungen des dritten Standes..."[18].

Dabei sollte sich bald zeigen, daß die Erscheinung der Körperschaft nicht lange nur auf den gemeindlichen Sektor beschränkt blieb. Im Verlauf des 19. Jahrhunderts erweist sich nämlich, daß die Körperschaft sich überall dort anbietet, wo sich überhaupt gesellschaftliche Kräfte zu regen beginnen und zu organisieren suchen. Damit wird aber auch klar, daß die Körperschaft von ihrer ganzen Entwicklung her in einem gerade entgegengesetzten Sinne ausgerichtet ist wie die Anstalt. Sie gerät notwendigerweise in Gegensatz zum Staat, zu einem Staat, von dem noch Lorenz *von Stein* sagt: „... der Staat ist allmächtig, die Gesellschaftsordnung ist willens- und rechtlos..."[19]. Aber dieses Wort, das nach L. v. Stein „niemals wahrer" gewesen sei als zu seiner Zeit, wird doch bereits damals in Frage gestellt durch einen neu erwachenden „Assoziationsgeist", „der von unten alle öffentlichen Verbände mit einem selbständigen Gemeinleben zu erfüllen strebt" und der von Otto *von Gierke* als „das gestaltgebende Prinzip der neuen Epoche" gefeiert wird[20].

Diese Zusammenhänge sind von Ernst *Forsthoff* in seiner Schrift „Die öffentliche Körperschaft im Bundesstaat" (1931) eindringlich beleuchtet worden. Er schildert die öffentliche Körperschaft als das Ergebnis *politischer* Auseinandersetzungen zwischen Bürgertum und Staat[21]. Doch ist dem in einer Untersuchung, deren Gegenstand die öffentliche Anstalt bildet, nicht weiter nachzugehen. Jedenfalls hatte die Körperschaft zu Ende des 19. Jahrhunderts bereits festen Bestand neben der eigentlichen Staatsverwaltung erlangt. Ihr wichtigster Gehalt blieb die Selbstverwaltung ihrer *Mitglieder,* während die Verbindung zum Staat durch das Institut der sog. Staatsaufsicht hergestellt wurde[22]. Später führen die starke Bevölkerungsvermehrung und die daneben hergehende wirtschaftliche Entwicklung dazu, daß sich die Körperschaft zu einem Gebilde entwickelt, dem der Staat von sich aus mehr und mehr Verwaltungsaufgaben

---

[17] Forsthoff, Verwaltungsrecht, § 24 a) (S. 413).
[18] Bluntschlis Staatswörterbuch, 1875/76, Bd. II, S. 33 (Stichwort: „Gesellschaft", Verf. Bluntschli).
[19] Verwaltungslehre Bd. I, S. 213 (1869 erschienen).
[20] Genossenschaftsrecht, Bd. I, S. 652. Dieses Werk erschien im Jahre 1868.
[21] s. insbesondere S. 22 der genannten Abhandlung.
[22] W. Weber, Staats- und Selbstverwaltung in der Gegenwart, S. 61/62. In diesem Sinne bezeichnet Gönnenwein, Die Kommunalaufsicht als Rechtsaufsicht (Gedächtnisschrift für Jellinek, 1955), S. 511, daher Staatsaufsicht und Selbstverwaltung als „korrespondierende Begriffe".

überträgt[23]. Man spricht schließlich von einer körperschaftlichen Verbandsverwaltung und weist diese in den Bereich der sog. *mittelbaren Staatsverwaltung*, womit schon rein terminologisch zum Ausdruck kommt, daß der politische Spannungsgehalt aus diesem Bereich inzwischen entfallen ist[24].

So zeigt sich im Ergebnis, daß sowohl Anstalt wie auch Körperschaft im Ausgang des 19. Jahrhunderts zu festen Institutionen des öffentlichen Rechts geworden sind, daß andererseits aber dieses Jahrhundert auch durch eine tiefe Kluft zwischen beiden Institutionen gekennzeichnet ist[25]. Denn während die Anstalten zu einer Zone verminderter Freiheit ausgestaltet und damit betont gesellschaftsfeindlich ausgerichtet werden, werden die Körperschaften zum Vehikel für die Beteiligung der Gesellschaft an den Aufgaben des Staates. Nahmen diese damit ihren Ausgang in der Selbstverwaltung der Bürger *gegen den Staat*, so stellten andererseits die Anstalten die tragende Grundlage für eine außergesetzliche Hausmacht der Verwaltung *gegen den Bürger* dar[26].

Das bedeutet nun allerdings nicht, daß Otto Mayer nicht auch schon Anstalten gekannt hätte, die — etwa als Forschungsanstalten — Aufgaben erfüllten, die ausschließlich nach rein sachlichen, technischen Gesichtspunkten bestimmt waren und die deshalb zur Ausbildung sog. besonderer Gewaltverhältnisse nicht ohne weiteres einen Anlaß bildeten[27]. Mögen auch diese Gebilde vielleicht sogar einmal mit am Ausgangspunkt für Otto Mayers wissenschaftliche Forschungen gestanden haben[28], so kann doch kein Zweifel daran bestehen, daß seine Vorstellung von der öffentlichen Anstalt nicht an diesen Erscheinungen ausgerichtet

---

[23] Forsthoff, Verwaltungsrecht, § 24 a) (S. 415 f.).

[24] Daß diese Entwicklung inzwischen längst ihr Endstadium erreicht hat, läßt sich etwa auch daran ablesen, daß die Begriffe nunmehr sogar verfassungsrechtlich einzementiert sind: „Die unmittelbare Staatsverwaltung erfolgt durch die Landesbehörden, die mittelbare Staatsverwaltung durch die Behörden der Selbstverwaltung". Verfassung des Landes Baden v. 22. 5. 1947 (RegBl. S. 129), Art. 98 Abs. 1.

[25] Vgl. dazu Köttgen, Die rechtsfähige Verwaltungseinheit, in: Verwaltungsarchiv Bd. 44 (1939), S. 69.

[26] Ein Vertreter der politischen Wissenschaft weist mit Recht darauf hin, daß von der Verwaltung die wirksamsten Widerstände gegen das Prinzip der Publizität ausgegangen seien, weil die Bürokratie neben der Armee das einzige Machtmittel in der Hand des Fürsten gegen die Interessen der bürgerlichen Gesellschaft darstellte. Habermas, Strukturwandel der Öffentlichkeit, 1962, S. 99.

[27] Wobei auf keinen Fall zu übersehen ist, daß ein eigener Bereich der öffentlichen Verwaltung im Sinne unseres Begriffs der Leistungsverwaltung dieser Zeit noch durchaus fremd war, dazu Forsthoff, Rechtsfragen der leistenden Verwaltung, S. 53. (Darauf ist noch zurückzukommen, vgl. insbesondere im II. Kapitel.).

[28] Das läßt sich allenfalls für seine „Theorie des französischen Verwaltungsrechts" sagen.

ist, sondern daß die Anstalt bei ihm von dem Begriff des besonderen Gewaltverhältnisses getragen wird. So wird für die Anstalt die Ausübung „ungesetzlicher" (nämlich durch keinen Gesetzesvorbehalt beschränkter) obrigkeitlicher Gewalt wesensbestimmend[29].

Wenn demnach — wie hier nur angedeutet werden konnte — die öffentliche Anstalt ihre Entstehung einer bestimmten politischen Situation in Deutschland verdankt, so mag man darin einen Umstand erblikken, der bis heute noch diesem Begriff anhaftet. Anders als bei der Körperschaft vermittelt der Ausdruck „Anstalt" für gewöhnlich den Gedanken an eine vom normalen Lebensbereich abgesonderte Zone, in der Unfreiheit und Zwang herrschen. In diesem Sinne wird denn auch das Wort heute nicht selten noch verwandt und verstanden[30]. Wieweit ein solches Vorurteil gegenüber der Anstalt allerdings heute noch gerechtfertigt ist, nachdem auch ihr Bild durch die Umstände von Grund auf verändert worden ist, wird sich im Laufe dieser Untersuchung erweisen müssen. Eine Annäherung von Körperschaften und Anstalten ergab sich jedenfalls schon aus ihrer gemeinsamen Einordnung als juristische Personen des öffentlichen Rechts, wovon nunmehr zunächst zu sprechen sein wird.

§ 3. Juristische Personen des öffentlichen Rechts

I. Die mittelbare Staatsverwaltung

Für die öffentlich-rechtliche Anstalt gilt dasselbe, was schon im Hinblick auf die Körperschaft ausgeführt worden war. Je mehr sich der Dualismus zwischen Staat und Gesellschaft abschwächte, um so mehr verlor sich auch bei der Anstalt ein politischer Spannungsgehalt. Für die deutsche Verwaltungsrechtslehre ist dafür in neuerer Zeit ein Gesichtspunkt in den Vordergrund getreten, der es ermöglichte, Körperschaften und Anstalten auf einen gemeinsamen Nenner zu bringen, so verschieden beide Erscheinungen auch nach ihrer Entwicklung anzusehen sind. Man ordnet die öffentlich-rechtlichen Anstalten (ebenso wie die öffentlich-rechtlichen Stiftungen) dem Begriff der juristischen Personen des öffentlichen Rechts unter und begreift diese als die sog. mittelbare Staatsverwaltung.

---

[29] Habermas definiert daher die öffentliche Anstalt für diese Zeit als „Anstalt der Obrigkeit", a. a. O., S. 23.

[30] Als Beleg sei auf zwei Artikel von Dolf Sternberger verwiesen: „Ekel an der Freiheit?", FAZ vom 17. 1. 1959 (Nr. 14), S. 1, und „Obrigkeit, Untertan, Bürgerstaat und Nächstenliebe", FAZ vom 11. 11. 1959 (Nr. 262), S. 1 (In beiden Fällen verwendet Sternberger den Anstaltsbegriff zur — politisch verstandenen — Kennzeichnung totalitärer Regime!), ferner auf den Aufsatz von Fink „Rettung vor der Anstalt", die „Zeit" vom 12. 10. 1962 (Nr. 41) S. 40.

1. Öffentlich-rechtliche Körperschaften

Im Falle der öffentlich-rechtlichen Körperschaften konnte die Rechtslehre dabei an eine Rechtsfigur anschließen, die ihr schon lange geläufig war, nämlich die der „privilegierten Corporation". Werden doch noch im Preußischen Allgemeinen Landrecht privilegierte Corporation und Körperschaft als synonyme Ausdrücke gebraucht[1]. Erst im Verlauf des 19. Jahrhunderts hat sich dann jener — politisch verstandene — Körperschaftsbegriff entwickelt, von dem soeben die Rede war.

Zur Zeit der Entstehung des Allgemeinen Landrechts aber hat der vielfach verwandte Begriff der privilegierten Corporation lediglich die Bedeutung, einem bestimmten Gebilde „die Stellung privatrechtlicher Persönlichkeit" zu verleihen[2]. Schon die Terminologie dieses Ausdrucks läßt deutlich werden, daß die Rechtsfähigkeit hier ihren Grund in einem Privilegium des Landesherrn findet. Hauptbeispiel im Allgemeinen Landrecht sind die Universitäten (§ 67 II 12 ALR: „Universitäten haben alle Rechte privilegierter Corporationen")[3]. In denselben Zusammenhang gehören jedoch auch zahlreiche Unternehmen, deren Rechtsfähigkeit schon deshalb auf einem Privileg des Landesherrn beruhen mußte, weil die Privatrechtsordnung eine Gründung mit konstitutivem Erwerb der Rechtsfähigkeit — wie heute im Recht der Aktiengesellschaft oder der GmbH — zu jener Zeit noch nicht kannte[4].

Unter den hier genannten Erscheinungen befinden sich vielfach auch Gebilde, die man heute unter den Begriff der öffentlichen Anstalt einordnen würde[5]. Sie wurden aber seinerzeit gleichwohl als privilegierte „Corporationen" bezeichnet, um auf diese Weise ihre Eigenschaft als *juristische Personen* zum Ausdruck zu bringen.

Diese Form der Verwendung des Körperschaftsbegriffs hat bis in die Gegenwart hinein insofern ihre Wirkungen gezeigt, als die Körperschaft auch heute noch nicht selten nur für die Kennzeichnung einer Einrichtung als einer juristischen Person des öffentlichen Rechts stehen

---

[1] Dernburg, Preuß. Privatrecht Bd. I, S. 95 Note 1.

[2] F. F. Mayer, Grundsätze des Verwaltungsrechts. S. 25.

[3] Dazu Bornhak, Grundriß des Verwaltungsrechts in Preußen und im Deutschen Reich, S. 190; ferner Thieme, Hochschulrecht, S. 103.

[4] Hierher sind zu rechnen die Ostindische Handelskompanie auf Aktien (1751), die Heringskompanie (1769), die Seehandlungsgesellschaft (1772). Näheres bei Bornhak, Geschichte des Preußischen Verwaltungsrechts, Bd. II, S. 229; ferner Meyer-Dochow, Lehrbuch des deutschen Verwaltungsrechts, S. 636.

[5] So vor allem die eben erwähnte Preußische Seehandlung, die durch eine Verordnung von 1820 zu einem *unabhängigen* Geld- und Handelsinstitut gemacht wurde, das allerdings seit 1848 dem preußischen Finanzminister wieder unmittelbar unterstand. Einzelheiten bei Bornhak, Grundriß des Verwaltungsrechts, S. 151.

muß — ein Sprachgebrauch, der in der Verwaltungsrechtswissenschaft nur vereinzelt Beifall gefunden hat[6], im allgemeinen aber mit Recht abgelehnt wird[7].

Immerhin sind in der *Gesetzgebung* die Folgen der Gleichsetzung von Körperschaft und juristischer Person des öffentlichen Rechts noch vielfach zu beobachten. Das gilt in erster Linie zunächst für Gesetze aus früherer Zeit, etwa die Zivilprozeßordnung (1877), die in § 171 Abs. 2 „Behörden, Gemeinden und Korporationen" nebeneinanderreiht. Aber auch die Gesetzgebung der Gegenwart leidet teilweise unter dieser unzutreffenden Ausdrucksweise. So läßt Art. 34 GG „grundsätzlich den Staat oder die Körperschaft, in deren Dienst er steht", für ihren Beamten haften[8]. Auch in Art. 87 Abs. 2 GG ist „das Wort ‚Körperschaft'... im Sinne der juristischen Person des öffentlichen Rechts zu verstehen und umfaßt sowohl Personenkörperschaften als auch Anstalten des öffentlichen Rechts"[9]. In Art. 87 Abs. 3 GG wurde der Begriff „Anstalten" erst in der 36. Sitzung des Hauptausschusses des Parlamentarischen Rates zu dem von vornherein vorgesehenen Begriff „Körperschaften" hinzugefügt[10]. In allen diesen Fällen stand oder steht das Wort „Körperschaften" stellvertretend für alle drei Erscheinungsformen, Körperschaften, Anstalten und Stiftungen des öffentlichen Rechts[11]. Dagegen handelt das Landesorganisationsgesetz Nordrhein-Westfalen[12] in seinem Abschnitt IV aus-

---

[6] Maunz, Der Streit um die Körperschaft des öffentlichen Rechts, D. Verwaltungsblätter 1936, S. 2; derselbe, Verwaltung, S. 55.

[7] W. Weber, Die Körperschaften, Anstalten und Stiftungen des öffentlichen Rechts, 2. Aufl., S. 16.

[8] Dabei soll nicht verkannt werden, daß diese Bestimmung dem Art. 131 der WRV nachgebildet ist. Diese Vorschrift ist aber ohnehin nicht in wörtlicher Fassung in das Grundgesetz übernommen worden, so daß es auch möglich gewesen wäre, neben der Körperschaft zur Klarstellung auch noch „Anstalt oder Stiftung" einzusetzen.

[9] Parlamentarischer Rat, Schriftl. Bericht zum Entwurf des Grundgesetzes für die Bundesrepublik Deutschland (Anlage zum Stenographischen Bericht der 9. Sitzung, am 6. Mai 1949), S. 41.

[10] Die Anregung zu dieser redaktionellen Änderung ging von dem Abg. Laforet aus, der meinte, man müsse die „Anstalten" in den Text aufnehmen, „sonst muß man sagen, daß juristische Personen des öffentlichen Rechts gemeint sind (sic!). Theoretisch sind aber sowohl Personenvereinigungen wie Anstalten möglich...", Stenographische Protokolle, S. 445.

[11] In Art. 87 Abs. 3 GG fehlen noch heute die Stiftungen, die doch gleichfalls hierher gehören. Die endgültige Regelung über den preußischen Kulturbesitz, für den eine eigene Stiftung errichtet wurde, ist durch *Gesetz* erfolgt (v. 25. 7. 1957, BGBl. I, S. 841); allerdings war Art. 87 Abs. 3 GG hier wegen Art. 135 GG nicht einschlägig. Das BVerfG ist aber in seinem Urteil v. 14. 7. 1959 mit Recht davon ausgegangen, daß der Bund auch bei der Errichtung einer öffentlich-rechtlichen Stiftung grundsätzlich an die Voraussetzungen in Art. 87 Abs. 3 S. 1 GG gebunden ist, NJW 1959, S. 1531 (1532).

[12] Gesetz über die Organisation der Landesverwaltung vom 10. 7. 1962, GVBl. NRW 421.

drücklich von den Körperschaften, Anstalten und Stiftungen des öffentlichen Rechts[13].

Besonders häufig findet sich aber auch in Gesetzen über neue Verwaltungsträger der Ausspruch, das neu geschaffene Gebilde werde als „Körperschaft des öffentlichen Rechts" errichtet. Der Gesetzgeber will auch hier wiederum nur festlegen, daß dieser Einrichtung eigene Rechtsfähigkeit zukommen soll[14]. Dem entspricht auch der Sprachgebrauch in der Praxis, etwa wenn sich die Deutsche Pfandbriefanstalt als „Körperschaft des öffentlichen Rechts" bezeichnet. So oft eine derartige Ausdrucksweise auch schon beklagt worden ist[15], so wenig hat sich doch bisher an der Praxis in Gesetzgebung und Verwaltung etwas geändert[16].

Für die vorliegende Untersuchung ergibt sich daraus, daß die Benennung als „Körperschaft des öffentlichen Rechts" keineswegs als verbindlich angesehen werden kann[17]. Man muß auch hier die gleichen Grundsätze heranziehen, die für den Fall der Benennung eines Staatsaktes angewandt werden. Auch diese kann keineswegs als verbindlich anerkannt werden[18]. Ebensowenig kann es für die Qualifikation als Körperschaft auf die Ausdrucksweise des Gesetzgebers ankommen, sondern bleibt es der Wissenschaft und Rechtsprechung überlassen, wie das einzelne Gebilde jeweils systematisch einzuordnen ist. Stehen dabei doch gewisse sachliche Gesichtspunkte im Vordergrund, deren Beachtung gerade das „gesetzgeberische Gesamtbild" nur allzu oft vermissen läßt[19].

---

[13] Nach der Systematik des Gesetzes werden zunächst die „Körperschaften des öffentlichen Rechts mit eigener Rechtspersönlichkeit" (§§ 18 ff.) behandelt und die hierzu geltenden Vorschriften sodann für die Anstalten und Stiftungen für entsprechend anwendbar erklärt (§ 21).

[14] s. die Übersicht über zahlreiche Fälle aus der neueren Gesetzgebungspraxis bei Hildegard Krüger, Juristische Personen des öffentlichen Rechts, DÖV 1951, S. 263 ff.

[15] W. Weber, Die Körperschaften, Anstalten und Stiftungen, 2. Aufl., S. 36/37; Haueisen, Juristische Personen des öffentlichen Rechts, „Die Verwaltungspraxis" 1952, S. 147 ff.

[16] Besonders bezeichnend die Satzung der staatlichen Kreditanstalt Oldenburg-Bremen v. 25. 5. 1959 (GBl. Bremen 80): „Die Anstalt führt den Namen ‚Staatl. Kreditanstalt...'. Sie hat ihren Sitz in Bremen. Sie ist eine Staatsbank und Körperschaft des öffentlichen Rechts. Die Anstalt ist mündelsicher." (§ 1 Abs. 1).

[17] Das gilt nicht in gleicher Weise für die Stiftungen, weil diese in der Regel auch als solche bezeichnet sind, vgl. Forsthoff, Verwaltungsrecht, § 24 III 4 (S. 447). Darauf ist sogleich zurückzukommen.

[18] So Forsthoff, Norm und Verwaltungsakt im geltenden und künftigen Baurecht, DVBl. 1957, S. 113 ff. (115), Fußnote 2; ebenso Brohm, Rechtsschutz im Bauplanungsrecht, S. 34 f.

[19] W. Weber, Die Körperschaften, Anstalten und Stiftungen des öffentlichen Rechts, 2. Aufl., S. 35, Fußnote 2 a. E.

2. Öffentlich-rechtliche Anstalten

Läßt sich also für die Körperschaften sagen, daß bei ihnen die Eigenschaft als juristische Person von vornherein begrifflich vorgegeben war, so gilt das keineswegs in gleicher Weise für die öffentlichen Anstalten. Wenn die Anstalt von *Otto Mayer* als ein Bestand von Mitteln in der Hand eines Trägers öffentlicher Verwaltung beschrieben wird, so ist vielmehr die Frage der Rechtsfähigkeit bewußt noch offengeblieben.

Otto Mayer hat sich mit der Problematik der Rechtsfähigkeit in seinem Aufsatz über „die juristische Person und ihre Verwertbarkeit im öffentlichen Recht" (Festgabe für Laband, 1908) beschäftigt. Er setzt sich hier vor allem mit der unter Führung von *Laband* vertretenen Auffassung vom *Staat* als einer juristischen Person auseinander („Die deutschen Professoren haben, ohne alle Beihilfe, den Staat zur juristischen Person ernannt", sagt Mayer, a. a. O., S. 59). Otto Mayer, obwohl er den Staat als anstaltliche Organisation ansieht, tritt dieser Auffassung seinerseits nachdrücklich entgegen. Er sieht es jedoch andererseits als durchaus möglich an, daß öffentlich-rechtliche Anstalten juristische Personen sein *können*. Doch schwebt ihm dabei in erster Linie das Bild einer *Wohltätigkeitsanstalt vor*. Deren Rechtsfähigkeit führt er darauf zurück, daß es sich hierbei um eine Einrichtung handle, „die darauf rechnet, durch freigebige Zuwendungen der Leute genährt zu werden"[20]. Für Otto Mayer ist daher die Rechtsfähigkeit der Anstalt mit Rücksicht auf die wohltätigen Absichten Dritter, der „Beschenker", verliehen[21]. Damit steht bei ihm ein Gesichtspunkt im Vordergrund, dem in unserer heutigen Situation praktisch keine Bedeutung mehr zukommt. Gleichzeitig aber betont O. Mayer in dem genannten Aufsatz, daß die Rechtsfähigkeit der Anstalt ohne Bedeutung sei für die „Gewährungen" an Dritte. Für diesen wichtigsten Bereich, nämlich für die Rechtsbeziehungen zu den Leistungsempfängern, kommt es ihm auf die Rechtsfähigkeit gar nicht an („daß es eine juristische Person ist, mit welcher sie bestehen, ist für sie gleichgültig")[22]. Demnach wäre die Eigenschaft einer juristischen Person keineswegs begriffsnotwendig mit dem Begriff der öffentlich-rechtlichen Anstalt verbunden.

---

[20] Die juristische Person und ihre Verwertbarkeit, a. a. O., S. 73; „also zieht das Gemeinwesen zu seinem eigenen Nutz und Frommen zwischen sich und seinen Unternehmen die rechtliche Trennungslinie, die die juristische Sonderpersönlichkeit bedeutet".

[21] Die juristische Person und ihre Verwertbarkeit, a. a. O., S. 81. Freilich nennt er hier auch die „Einleger der öffentlichen Rentenbanken". Bei ihnen beruht die Rechtsfähigkeit für Otto Mayer auf Erwägungen der Zweckmäßigkeit, a. a. O., S. 74, weil diese Anstalten dem Publikum dann angeblich vertrauenswürdiger erscheinen.

[22] Die juristische Person und ihre Verwertbarkeit, a. a. O., S. 94.

Otto Mayer sieht nämlich in der Anstalt in erster Linie jenen Bestand von persönlichen und sachlichen Mitteln, von dem in der Verwaltungsrechtslehre auch heute noch etwas formelhaft die Rede ist. „Es kommt eben darauf an" — so sagt er —, „daß der Schwerpunkt der Anstalt in der *Sache* liegt…"[23]. Auch später noch, in dem Lehrbuch eines jüngeren Autors, werden die öffentlichen Anstalten im Zusammenhang mit den öffentlichen Wegen und Wasserläufen behandelt[24]. Genau wie bei Otto Mayer wird auch hier der Anstaltsbegriff im wesentlichen unter dem Gesichtspunkt eines „sachlichen Substrats" gesehen, dem gegenüber die Frage der Rechtsfähigkeit zurücktritt[25].

Eine Änderung ergibt sich dann aber aus der Einführung des Begriffs der „mittelbaren Staatsverwaltung" durch die deutsche Verwaltungsrechtslehre. Jetzt rückt der Charakter einer juristischen Person des öffentlichen Rechts auch für die Anstalt, die insoweit der Körperschaft gleichgestellt wird, in den Vordergrund. Damit folgt die Verwaltungsrechtslehre einer Begriffsbildung, wie sie uns aus dem *Bürgerlichen Gesetzbuch* (§ 89) geläufig ist, obgleich diese doch — wie hinzuzufügen wäre — keineswegs als verbindlich gelten kann. Immerhin hat sich diese Auffassung über die juristischen Personen des öffentlichen Rechts heute ganz allgemein durchgesetzt. Sie findet sich sehr prägnant vertreten etwa von *Werner Weber* in seiner Schrift über „die Körperschaften, Anstalten und Stiftungen des öffentlichen Rechts" (1940)[26]. Damit ist der gegenwärtige Bestand der Verwaltungsrechtslehre in den Grundlagen gekennzeichnet[27].

3. Stiftungen des öffentlichen Rechts

Das Bürgerliche Gesetzbuch nennt als dritte Art der juristischen Personen des öffentlichen Rechts schließlich die Stiftungen[28]. Obwohl sie

---

[23] Theorie des französischen Verwaltungsrechts, S. 230 (Kursiv vom Verf.).

[24] Hatschek, Lehrbuch des deutschen und preußischen Verwaltungsrechts, 2. Aufl., 1922, VIII. Abschnitt: „Die öffentlichen Sachen und Anstalten", S. 414 ff.

[25] Hatschek, a. a. O., S. 432 ff.

[26] 2. Aufl. 1943 (danach im Folgenden zitiert).

[27] Vgl. auch die Systematik in Forsthoffs Lehrbuch des Verwaltungsrechts, Bd. I, Allg. Teil, § 24, Die mittelbare Staatsverwaltung und ihre Gliederung. I. Die allgemeinen Begriffe, II. Die juristischen Personen des öffentlichen Rechts. 1. Vorbemerkung, 2. die Körperschaft des öffentlichen Rechts, 3. die öffentliche Anstalt, 4. die rechtsfähige Stiftung des öffentlichen Rechts, 5. Sonstige Rechtsformen.

[28] Zur Terminologie: Während öffentliche Anstalt, öffentlich-rechtliche Anstalt und Anstalt des öffentlichen Rechts synonym verwandt werden, läßt sich Gleiches für die Stiftungen nicht sagen. Zwar haben die Ausdrücke öffentlich-rechtliche Stiftung und Stiftung des öffentlichen Rechts dieselbe Bedeutung, aber die „öffentliche Stiftung" soll eine nach *bürgerlichem Recht* zu be-

heute nur noch selten vorkommen, werden die öffentlich-rechtlichen Stiftungen als eigene Art der juristischen Personen des öffentlichen Rechts noch allgemein anerkannt[29]. Die Gründe dafür liegen vornehmlich im historischen Bereich.

Lange Zeit hindurch hat nämlich die Stiftung Aufgaben erfüllt, die heute der öffentlichen Anstalt zugefallen sind[30]. So dienten häufig Stiftungen als Schulen, Krankenhäuser oder dergleichen, insbesondere in der Gemeindeverwaltung[31, 32]. Neben der Körperschaft wurde daher als „zweite Gattung" der juristischen Personen des öffentlichen Rechts lange Zeit hindurch ausschließlich die Stiftung angesehen[33]. Sie ist in vieler Beziehung zu einer Vorgängerin der Anstalt geworden, der sie schon deshalb verwandt ist, weil sie wie diese keine Mitglieder kennt.

Man hat daher auch in neuerer Zeit die Unterschiede zwischen Anstalt und Stiftung überhaupt in Abrede gestellt oder hat die Stiftung als einen Unterfall der Anstalt angesehen[34]. Immerhin liegt gerade aus den letzten Jahren in dem Bayerischen Stiftungsgesetz v. 26. 11. 1954 (GVBl. S. 301) eine eingehende Regelung des Rechts der Stiftungen vor. Dort werden als „Stiftungen des öffentlichen Rechts" alle diejenigen Stiftungen definiert, „die ausschließlich öffentliche Zwecke verfolgen und mit dem Staat, einer Gemeinde, einem Gemeindeverband oder einer sonstigen Körperschaft oder Anstalt des öffentlichen Rechts in einem organisatorischen Zusammenhang stehen, der die Stiftung selbst zu einer öffentlichen Einrichtung macht" (Art. 1 Abs. 2)[35]. Damit ist allerdings für die Abgrenzung gegenüber der Anstalt nichts gewonnen; denn die gegebene Begriffsbestimmung ließe sich ebenso wie für die

---

urteilende Stiftung mit öffentlicher Zwecksetzung sein, so die Definition in Art. 1 Abs. 3 Bayer. Stiftungsgesetz v. 26. 11. 1954 (GVBl. S. 301). Damit hat das Gesetz eine Klassifizierung aufgenommen, die früher sehr umstritten war, u. a. auch von Otto Mayer nachdrücklich abgelehnt wurde, vgl. seinen Aufsatz „Die juristische Person und ihre Verwertbarkeit im öffentlichen Recht", a. a. O., S. 43 Note 1.

[29] Vgl. zuletzt die Darstellung von Harry Ebersbach, Die Stiftung des öffentlichen Rechts, Göttingen, 1961.

[30] Vgl. insbes. Ebersbach, a. a. O., S. 5 ff., S. 21 ff.

[31] F. F. Mayer, Grundsätze des Verwaltungsrechts, 1862, S. 271.

[32] In einer ähnlichen Verwendung finden sich Stiftungen heute nur noch sehr selten. Ein Beispiel ist die „rechtsfähige Stiftung Hamburger Gartenbauversuchsanstalt Fünfhausen — Laboratorium für Erdaufbereitung" (entnommen der Verordnung über die Eigenunfallversicherung der Freien und Hansestadt Hamburg v. 12. 2. 1957, GVBl. S. 43). Weitere Beispiele bei Ebersbach, a. a. O., S. 22.

[33] Leuthold, Das königlich sächsische Verwaltungsrecht, 1878, S. 81.

[34] Fleiner, Institutionen des deutschen Verwaltungsrechts, 8. Aufl., § 7 II 1 (S. 107 Note 26). Neuerdings ebenso Heymann, Wesen und Notwendigkeit der öffentlichen Anstalt, S. 93.

[35] Dagegen beschränkt sich das Berliner Stiftungsgesetz v. 11. 3. 1960 (GVBl. S. 228) auf die rechtsfähigen Stiftungen des *bürgerlichen* Rechts.

Stiftung ohne weiteres auch für die Anstalt verwenden. Die Trennung von Stiftung und Anstalt rechtfertigt sich vor allem im Hinblick auf ihre unterschiedlichen Funktionen: für die Stiftung ist die Verwaltung einer vorhandenen Vermögensmasse nach der Zweckbindung durch den Stiftungsakt wesentlich, wobei das vorgegebene Stiftungsvermögen eindeutig im Vordergrund steht[36]. Anderes gilt für die öffentliche Anstalt, für die die dauernde Erbringung von Sachleistungen bestimmend ist. Davon wird alsbald ausführlich zu handeln sein.

Daß die Anstalt ihre Aufgaben ebenfalls nicht ohne Vermögensgrundlage erfüllen kann, soll damit nicht geleugnet werden. Doch ist hier Folge, was dort Ausgangspunkt ist. Das verbindende Element liegt darin, daß es sich in beiden Fällen um die Erfüllung eines öffentlichen Zwecks handelt[37].

Auch die öffentlich-rechtliche Stiftung wird als juristische Person des öffentlichen Rechts zu der sog. mittelbaren Staatsverwaltung gerechnet. Mit der Körperschaft und der Anstalt ist ihr daher gemeinsam, daß sie der *Staatsaufsicht* unterstellt ist[38]. Diese tritt allerdings nur in Erscheinung, soweit die Stiftung über eine eigene Verwaltungsorganisation verfügt. Das gilt etwa für die wohl wichtigste Stiftung aus neuerer Zeit, die 1957 errichtete Stiftung „Preußischer Kulturbesitz"[39]. Einige andere Stiftungen gehen auf die Zeit vor 1945 zurück[40].

II. Rechtsfähigkeit und Selbständigkeit

Wenn demnach die drei verschiedenen juristischen Personen des öffentlichen Rechts unter dem gemeinsamen Oberbegriff der *mittelbaren Staatsverwaltung* vereinigt werden, so findet darin offensichtlich die Vorstellung eines bestimmten Verhältnisses dieser Gebilde zu Staat und

---

[36] W. Weber, Die Körperschaften, Anstalten und Stiftungen des öffentlichen Rechts, S. 41; Forsthoff, Verwaltungsrecht, § 24 II 4 (S. 446, 447). Etwa im gleichen Sinne auch Ebersbach, S. 67 ff., der die „Mittelbarkeit der Vermögensverwendung" bei der Stiftung als wesentlich ansieht (S. 69).

[37] Dazu das Bayer. Stiftungsgesetz v. 26. 11. 1954 (GVBl. S. 301), Art. 1 Abs. 3 Satz 2, wo verschiedene Zweckarten als öffentliche konkretisiert werden (Religion, Wissenschaft, Forschung usw. „... oder sonst dem Gemeinwohl dienende Zwecke").

[38] Forsthoff, Verwaltungsrecht § 24 II 4 (S. 448), Wolff, Verwaltungsrecht II, § 103 IV (S. 302), Ebersbach, Die Stiftung des öffentlichen Rechts, S. 19.

[39] Gesetz über die Errichtung einer Stiftung „Preußischer Kulturbesitz" und zur Übertragung von Vermögenswerten des ehemaligen Landes Preußen auf die Stiftung v. 25. 7. 1957 (BGBl. I, S. 841), ferner die Satzung der Stiftung in BGBl. 1961 I, S. 1709.

[40] s. dazu die Zusammenstellung bei W. Weber, Die Körperschaften, Anstalten und Stiftungen, S. 40; ferner Hildegard Krüger, Juristische Personen des öffentlichen Rechts, DÖV 1951, S. 263 ff.

Gesellschaft ihren Ausdruck. Diese Auffassung erhält von dem Begriff der „Dezentralisation" her einen zunächst rein verwaltungspolitisch zu verstehenden Sinn. Denn die Dezentralisation läßt sich am besten durch die Idee von der selbständigen Verwaltung und Entscheidung der an den Staatsaufgaben beteiligten Bürger charakterisieren[41]. Daher paßt dieser Begriff in erster Linie für die Selbstverwaltung in den öffentlichen *Körperschaften*, während den Anstalten und Stiftungen die Selbstverwaltung von jeher fremd ist[42]. Daran wird auch dadurch nichts geändert, daß einige neue Gesetze versuchen, den Begriff der Selbstverwaltung mit dem Anstaltsbegriff in Verbindung zu bringen[43]. In diesen Fällen soll vielmehr die Unabhängigkeit von staatlichen Einwirkungen besonders hervorgehoben werden[44]. Immerhin deutet die Ausweitung des Begriffs der Selbstverwaltung auch auf die Anstalten auf eine neuere Entwicklung bei den Anstalten hin, die im einzelnen noch zu untersuchen sein wird.

Das verbindende Element für alle drei Erscheinungen ergibt sich zunächst aus der ihnen gemeinsamen Rechtsfähigkeit, die sie zu „Trägern dezentralistischer Tendenzen" macht[45]. Durch ihre Eigenschaft als juristische Personen des öffentlichen Rechts — nur so läßt sich dieses Begriffsschema verstehen — unterscheiden sich diese drei Gebilde der sog. mittelbaren Staatsverwaltung von den Behörden der unmittelbaren Staatsverwaltung[46]. Gleichzeitig liegt aber nun dem „Lehrbegriff" der mittelbaren Staatsverwaltung der Gedanke zugrunde, innerhalb der Gesamtorganisation der öffentlichen Verwaltung eine Einteilung in die — abhängigen — *Behörden* einerseits und die — relativ selbständigen — Gebilde *Körperschaft, Anstalt und Stiftung* andererseits zu ermög-

---

[41] Drews, Probleme der Verwaltungsreform, in: Recht und Staat im neuen Deutschland, Bd. II, 1929, S. 46.

[42] W. Weber, Die Körperschaften, Anstalten und Stiftungen, S. 88; Köttgen, Die rechtsfähige Verwaltungseinheit, Verwaltungsarchiv Bd. 44, 1939, S. 71; ferner Becker, Anstalten des öffentlichen Rechts, HdSW, Bd. 1 (1956), S. 209. Anders (für die gegenwärtige Situation) Forsthoff, Verwaltungsrecht, § 24 I a (S. 419).

[43] Besonders auf dem Gebiete des Rundfunkwesens, vgl. etwa das Gesetz über den Hessischen Rundfunk v. 2. 10. 1948, GVBl. S. 123, § 1 Abs. 1 S. 1. Darauf ist auch bei der Behandlung der Rundfunkanstalten zurückzukommen.

[44] Dazu W. Weber, Spannungen und Kräfte im westdeutschen Verfassungssystem, S. 52.

[45] Peters, Zentralisation und Dezentralisation, S. 70; ferner Bachof, Teilrechtsfähige Verbände des öffentlichen Rechts, AöR, Bd. 83 (1958), S. 208 ff. (232).

[46] Man kann von daher dann den Begriff der Anstalt auch ganz auf die Rechtsfähigkeit reduzieren, indem man die Anstalt dazu verwendet, „reine Verwaltungsbehörden mit den Rechten einer juristischen Person auszustatten", so W. Weber, Juristische Personen des öffentlichen Rechts, HdSW, Bd. 5 (1956), S. 450. Darauf wird noch kritisch zurückzukommen sein.

lichen[47]. Die Verwaltungsrechtslehre vollzieht hier also einen wichtigen Schritt, indem sie die juristischen Personen des öffentlichen Rechts verwaltungsorganisatorisch durch das Moment der *Selbständigkeit* qualifiziert — ein Gedanke, der auch der Umkehrung fähig ist: selbständig ist immer jenes Gebilde, dem eigene Rechtsfähigkeit zukommt[48].

Bei den Anstalten gewinnt diese Feststellung deshalb besondere Bedeutung, weil diese von ihrer Funktion her die größte Ähnlichkeit mit den Behörden der allgemeinen (unmittelbaren) Staatsverwaltung aufweisen. Gerade hier können daher leicht Abgrenzungsprobleme entstehen. Das erweist sich besonders deutlich etwa bei einer Entscheidung des *Reichsgerichts* v. 30. 10. 1930 (RGZ Band 130, S. 169 ff.): das Gericht untersucht hier die Frage, ob die damals bestehenden sog. Außenhandelsstellen als juristische Personen des öffentlichen Rechts anzusehen seien. Diese Fragestellung erscheint zunächst überraschend, wenn man bedenkt, daß den Außenhandelsstellen ausdrücklich Rechtsfähigkeit verliehen worden war. Gleichwohl ist damit die Frage für das Reichsgericht noch nicht positiv beantwortet, es prüft vielmehr darüber hinaus, „ob die Außenhandelsstellen *vermöge ihrer Organisation* in ihrer Willensbildung vom Reiche *unabhängig*" sind (S. 172), d. h. es untersucht nunmehr, ob sich mit der verliehenen Rechtsfähigkeit der Außenhandelsstellen auch eine Selbständigkeit verbindet[49]. Hier gerät das Gericht aber in sehr ernste Schwierigkeiten, weil die Außenhandelsstellen einem Reichskommissar gegenüber direkt weisungsgebunden waren[50]. Gleichwohl entscheidet es sich schließlich doch für eine Einordnung als juristische Personen des öffentlichen Rechts und damit für die Zurechnung zur mittelbaren Staatsverwaltung, allerdings erst, nachdem es sich entschlossen hat, „etwaige Zweifel... durch eine verständnisvolle Gesetzesauslegung zu beseitigen" (S. 175). Das Urteil läßt insoweit deutlich das Bestreben erkennen, in einer einmal mit Rechtsfähigkeit ausgestatteten Einrichtung der Verwaltung wenn irgend möglich auch ein *selbständiges* Gebilde zu erkennen — selbst wenn das, wie in dem geschilderten Fall, auf eine bloße Fiktion hinausläuft.

In der herrschenden Verwaltungsrechtslehre wird dementsprechend die rechtsfähige öffentlich-rechtliche Anstalt auch als „selbstän-

---

[47] W. Weber, Die Körperschaften, Anstalten und Stiftungen, S. 27; Rietdorf, Zum staatsrechtlichen Lehrbegriff der „mittelbaren Staatsverwaltung", DÖV 1959, S. 671.

[48] Demgemäß wird oft von „selbständigen, das heißt (sic!) rechtsfähigen Trägern" öffentlicher Verwaltung gesprochen, Forsthoff, Verwaltungsrecht § 24 I a) (S. 412). Ebenso W. Weber, Juristische Personen des öffentlichen Rechts, HdSW Bd. 5 (1956), S. 449.

[49] Die Hervorhebungen im Zitat vom Verf. der Arbeit.

[50] Sie ähneln in ihrer Stellung daher den heute bestehenden Einfuhr- und Vorratsstellen, auf die noch ausführlich einzugehen sein wird.

dige öffentliche Anstalt" bezeichnet und als eine Organisationsform spezifisch öffentlich-rechtlicher Prägung aufgefaßt. Davon werden alle jene Prägungen unterschieden, die zwar auch unter der Bezeichnung als öffentliche Anstalten in Erscheinung treten, denen aber eigene Rechtsfähigkeit nicht gegeben ist[51]. Bei der Behandlung der öffentlichen Anstalten befaßt sich die Verwaltungsrechtslehre ausschließlich mit den *rechtsfähigen* öffentlichen Anstalten als Gliedern der mittelbaren Staatsverwaltung[52]. Die nicht rechtsfähigen Anstalten werden dagegen konsequent als „unselbständige Anstalten" bezeichnet und in den Bereich der allgemeinen (unmittelbaren) Staatsverwaltung verwiesen. Das wird damit begründet, daß sie nur „*interne Ausgliederungen* ihres Muttergemeinwesens" darstellten und damit als dessen organisatorischer Teil anzusehen seien[53].

Damit wird klargestellt, daß die nichtrechtsfähige, die unselbständige öffentliche Anstalt von der herrschenden Lehre funktional der unmittelbaren Staats-*Behörde* durchaus gleichgestellt wird[54]. Eine gewisse Abschwächung erfährt dieses Ergebnis zwar bei *Köttgen*, indem dieser als neuen Begriff die „Verwaltungseinheit" einführt, die auf einer „mehr oder minder starken Umgrenzung" innerhalb der Verwaltung beruhen könne. Aber auch für diesen Autor behält die Rechtsfähigkeit

---

[51] W. Jellinek will deshalb diese „Verbindungen von sachlicher Unterlage und planmäßiger Tätigkeit" als bloße „Einrichtungen" bezeichnen, während für „Anstalten" die eigene Rechtsfähigkeit wesensbestimmend sein soll, Jellinek, Verwaltungsrecht, S. 173. Diese Ausdrucksweise hat sich aber nicht durchgesetzt.

[52] Der schon erwähnte Entwurf einer Verwaltungsrechtsordnung legt dagegen eine *allgemeine* Begriffsbestimmung für alle Anstalten zugrunde und regelt daran anschließend zunächst das Recht der „öffentlichen Anstalten ohne Rechtsfähigkeit" (in 14 Artikeln) und sodann das Recht der „rechtsfähigen öffentlichen Anstalten" (unter Verweis auf die Bestimmungen über die Anstalten ohne Rechtsfähigkeit), s. Ergänzungsband zur Verwaltungsrechtsordnung für Württemberg, S. 157 ff.

[53] W. Weber, Die Körperschaften, Anstalten und Stiftungen, S. 17 (mit Sperrung vom Verf.); Forsthoff, Verwaltungsrecht, § 24 II 3 (S. 441). Auch H. J. Wolff hält in seinem Verwaltungsrecht II (1962) an der Auffassung von der Anstalt als einer Organisationsform fest (§ 98 I, S. 256), ordnet ihr nunmehr aber auch die unselbständigen Anstalten unter, die er als nicht-rechtsfähige „Funktionseinheiten" (!) einer Hoheitsperson bezeichnet, „von der sie trotz ihres eigenen Namens im Außenverhältnis rechtlich nicht unterschieden sind". Hier wird — wenn auch unbewußt — der sehr viel weniger formale als vielmehr funktionale Charakter des Anstaltsbegriffs evident.

[54] So etwa Forsthoff, Verwaltungsrecht, § 21 I a. E. (S. 359), der im Falle der unselbständigen Anstalt ausdrücklich von der Verwaltung „durch die zuständige Instanz unmittelbar" spricht. Auch H. J. Wolff, Verwaltungsrecht II, § 98 II (S. 259) spricht von „nur transitorischen Zuordnungseinheiten". Aus der Gesetzgebung vgl. das Gesetz über die Zuständigkeiten in der allgemeinen Berliner Verwaltung v. 2. 10. 1958 (GVBl. 947), § 2: „Die Hauptverwaltung umfaßt die ... nachgeordneten Behörden und nichtrechtsfähigen Anstalten sowie die Eigenbetriebe" (Abs. 2) und „Die Bezirksverwaltungen umfassen auch die ihnen nachgeordneten nichtrechtsfähigen Anstalten" (Abs. 3).

gleichfalls entscheidende Bedeutung, weil nämlich eine „Sonderung der Bereiche" auch nach seiner Meinung erst durch die „rechtsfähige Verwaltungseinheit" erreicht wird[55].

Die Einführung dieses ganz formalen Kriteriums der Rechtsfähigkeit birgt aber schon deshalb Schwierigkeiten in sich, weil der Begriff der Rechtsfähigkeit keineswegs ein einheitlicher ist. Gerade in neuerer Zeit hat sich diese Erkenntnis mehr und mehr durchgesetzt. Eine brauchbare Formel für die Abgrenzung zwischen mittelbarer und unmittelbarer Verwaltung könnte die Rechtsfähigkeit jedenfalls *nur dann* bieten, wenn man sagen könnte, daß sie in allen möglichen Fällen immer die gleiche ist, weil sie schon „ihrer Natur nach keine Beschränkung duldet"[56]. Doch wird diese Auffassung dem Wesen der Rechtsfähigkeit keineswegs gerecht[57]. Wenn man dem Staat das Vermögen einräumt, Rechtsfähigkeit als *Vollrecht* zu verleihen, so wird man ihm die Möglichkeit nicht vorenthalten dürfen, die Verleihung auch auf gewisse Ausübungsmöglichkeiten zu *beschränken,* die gemeinhin unter den Begriff der Rechtsfähigkeit gerechnet werden[58]. D. h. die Entscheidung über die Frage, *inwieweit* ein künstlich geschaffenes Gebilde am Rechtsverkehr teilnehmen kann, bleibt eine Frage der jeweiligen staatlichen Entscheidung, zumal sich verbindliche Grundsätze für eine Rechtsfähigkeit schlechthin aus den Vorschriften, die die natürlichen Personen für rechtsfähig erklären, nicht ergeben. Bestimmt etwa der Gesetzgeber, daß ein Gebilde — obwohl es von ihm ausdrücklich als „nicht rechtsfähig" bezeichnet wird — „klagen und verklagt werden" könne[59], so verleiht er ihm dadurch Fähigkeiten, die sonst nur einem „rechtsfähigen" Gebilde zukommen (vgl. § 50 ZPO).

Man wird deshalb *nicht ohne weiteres* von einer „unselbständigen" Anstalt sprechen können, nur weil ihr „die" Rechtsfähigkeit nicht verliehen ist, und wird sie nicht aus *diesem* Grunde systematisch sogleich

---

[55] Köttgen, Die rechtsfähige Verwaltungseinheit, Verwaltungsarchiv Bd. 44, 1939, vgl. insb. S. 11, 15; ebenso Ebersbach, Die Stiftung des öffentlichen Rechts, S. 15 ff.

[56] Konsequenterweise wird diese Meinung denn auch von *Forsthoff* in seinem Lehrbuch des Verwaltungsrechts (bis zur 6. Aufl., § 24 II 1 = S. 403) vertreten. Sie hat Kritik hervorgerufen, so bei Wolf-Naujoks, Anfang und Ende der Rechtsfähigkeit des Menschen, S. 210 Note 3. — Forsthoff hat nun seit der 7. Aufl. seines Lehrbuchs die entscheidenden Absätze gestrichen (s. S. 425). Die Frage bleibt, ob sich damit nicht auch Folgerungen für die systematische Einordnung der selbständigen bzw. der unselbständigen Anstalten und damit für den Begriff der mittelbaren Staatsverwaltung ergeben. Damit wird sich diese Untersuchung eingehend zu beschäftigen haben.

[57] Das Recht der natürlichen Personen sei dabei an dieser Stelle ausdrücklich ausgeklammert.

[58] Westermann, Person und Persönlichkeit im Zivilrecht, S. 12/13.

[59] Bundesbahngesetz v. 13. 12. 1951, BGBl. I, S. 955, § 2 Abs. 1.

in den Bereich der unmittelbaren Staatsverwaltung zu verweisen haben. Will man an der Unterscheidung zwischen unmittelbarer und mittelbarer Staatsverwaltung überhaupt festhalten, so ist eine Neuorientierung dringend geboten: der Gegensatz von „selbständig" und „unselbständig" sollte dabei nicht mehr nach dem Gesichtspunkt der, verliehenen oder fehlenden, Rechtsfähigkeit bestimmt werden[60]. Damit sind jedoch bereits Zusammenhänge berührt, die nunmehr — im zweiten Kapitel dieser Darstellung — im einzelnen zu behandeln sein werden.

Zusammenfassung

Im ersten Kapitel unserer Untersuchung ist versucht worden zu zeigen, wie sich die öffentliche Anstalt von einem neutral verstandenen Begriff (etwa im Sprachgebrauch des Preußischen Allgemeinen Landrechts) zu einer festen Institution des öffentlichen Rechts entwickelt hat. Dieser Vorgang fällt historisch gesehen in die zweite Hälfte des 19. Jahrhunderts.

1. Um diese Zeit wird im französischen Verwaltungsrecht, besonders durch die Rechtsprechung des Conseil d'Etat, der Begriff der *services publics* ausgebildet, der von Otto Mayer als „öffentliche Anstalten" ins Deutsche übersetzt wird. Während aber die französischen Juristen sich bis heute nicht einig darüber sind, ob die services publics als Staatstätigkeit (activité) oder als Organisation dieser Staatstätigkeit aufzufassen sind (conception organique), steht in der deutschen Verwaltungsrechtslehre sehr bald fest, daß unter Anstalten nur Sachinbegriffe zu verstehen sind. O. Mayer spricht in diesem Sinne von der Anstalt als von einem „*Bestand an Mitteln,* sachlichen wie persönlichen".

Zunächst werden hierher auch Straßen, Flüsse, Brunnen, der Meeresstrand u. dgl. gerechnet („unbürokratischer" Anstaltsbegriff). Doch hat sich inzwischen allgemein die Anschauung durchgesetzt, daß für die Anstalt die Verbindung von sachlichen *und* persönlichen Elementen wesensbestimmend ist. Damit tritt das organisatorische Moment in den Vordergrund.

2. Als Otto Mayer zu Ende des 19. Jahrhunderts den Anstaltsbegriff formulierte, schuf er in der öffentlichen Anstalt gleichzeitig ein „*besonderes Gewaltverhältnis*", eine eigenartige Zone „verminderter Freiheit", die auf der sog. Anstaltsgewalt beruht, mit der Otto Mayer die

---

[60] Im gleichen Sinne Bachof, Teilrechtsfähige Verbände des öffentlichen Rechts, AöR, Bd. 83, 1958, S. 278; ferner Schlüter, Behörde und Anstalt, Diss. Münster, 1960, S. 61. Anders für die öffentlich-rechtlichen Stiftungen Ebersbach, Die Stiftung des öffentlichen Rechts, S. 47, der aber auch einräumen muß, daß sich auch bei der sog. selbständigen Stiftung ein Unterschied gegenüber der unselbständigen Stiftung „kaum noch aufspüren läßt" (sic).

öffentliche Anstalt ausstattete: wer in die Anstalt und damit in *staatlichen* Einflußbereich eintritt, verläßt zugleich seine Stellung als Bürger und begibt sich damit eines Teils jener Rechte, die die Gesellschaft für ihn erkämpft hat: der sog. Vorbehalt des Gesetzes für Eingriffe in Freiheit und Eigentum gilt nach dem Eintritt in die Anstalt nicht mehr. Damit findet Otto Mayer in der öffentlichen Anstalt in dem streng dualistisch ausgerichteten System des liberalen Rechtsstaats des 19. Jahrhunderts eine „juristische Formel" für dem Gesetzgeber entzogene Beziehungen zwischen Staat und Bürger als Gewaltunterworfenem[1].

Durch diese Ausrichtung gegen die bürgerliche Gesellschaft unterscheidet sich die Anstalt von der Körperschaft, in der sich die Selbstverwaltung der Bürger und ihre Beteiligung an den Verwaltungsaufgaben verwirklichen läßt.

3. Neben diesem — aus der politischen Situation zu verstehenden — Körperschafts- und Anstaltsbegriff werden beide Erscheinungen zusammen mit der öffentlich-rechtlichen Stiftung als *juristische Personen* des öffentlichen Rechts in das System des Verwaltungsrechts eingeordnet (vgl. auch § 89 BGB). Von daher ist der Begriff der mittelbaren Staatsverwaltung zu verstehen. Ihm liegt der Gedanke zugrunde, daß die rechtsfähigen Gebilde innerhalb der öffentlichen Verwaltung relativ selbständig sind und sich darin funktional von den *Behörden* der allgemeinen Verwaltung unterscheiden (unmittelbare Staatsverwaltung). In diesen Bereich werden auch die sog. unselbständigen Anstalten gerechnet, die dadurch gekennzeichnet werden, daß ihnen eigene Rechtsfähigkeit fehlt.

Damit ist der Stand der Verwaltungsrechtslehre bezeichnet, wie er heute in Deutschland als herrschend anzusehen ist. Die weitere Aufgabe dieser Untersuchung wird nun darin bestehen, die Stellung und Funktion der Anstalt in der Gegenwart zu untersuchen und zu den eben aufgezeigten Ergebnissen in Beziehung zu setzen. Daraus wird eine eigene These vom Wesen der Anstalt unter den Bedingungen moderner Verwaltungstätigkeit zu entwickeln sein. Zunächst ist dazu eine kurze „Bestandsaufnahme" aus der Zeit nach dem zweiten Weltkrieg angebracht.

---

[1] Köttgen, Das Verwaltungsrecht der öffentlichen Anstalt, VVDStRL, Heft 6 (1929), S. 108/109.

Zweites Kapitel

Die öffentliche Anstalt in der modernen Verwaltung

„Die öffentliche Anstalt arbeitet mit der Sicherheit
und Regelmäßigkeit einer großen Maschine..."

Otto Mayer

§ 4. Überblick über die Entwicklung seit 1945

I. Allgemeines

Eine einheitliche gesetzliche Regelung — das wurde schon betont —
kennen wir für das Recht der öffentlichen Anstalt nicht. Wer sich mit
dem Begriff der Anstalt auseinandersetzen will, ist daher auf Material
angewiesen, das sich in zahlreichen Einzelgesetzen, Organisationserlas-
sen, Beschlüssen, Satzungen u. a. findet, die zwar alle von dem Begriff
der Anstalt ausgehen, diesen selbst jedoch nicht näher definieren[1].
Erst eine Analyse dieser unterschiedlichen, teilweise auch nur schwer
zugänglichen Bestimmungen bietet einen Ansatzpunkt für den Versuch,
ein Bild von der heutigen Gestalt der öffentlichen Anstalt und ihrer
Funktion zu gewinnen.

Aus neuerer Zeit liegen auch bereits mehrere Untersuchungen vor, die
sich eingehend mit der Lage der Anstalt beschäftigen. Neben den Arbeiten von Arnold *Köttgen*[2] ist vor allem die schon erwähnte Schrift von
Werner Weber über „Die Körperschaften, Anstalten und Stiftungen des
öffentlichen Rechts" zu nennen (1943 in zweiter Auflage erschienen). Hier
findet sich auch eine Übersicht über die zu dieser Zeit bestehenden
öffentlichen Anstalten. Schließlich sei noch aus der Nachkriegszeit auf
eine Arbeit von Wilhelm *Heymann* (1950) verwiesen[3].

Bei der hier vorliegenden Untersuchung ist als Ausgangspunkt die
Zeit *nach 1945* gewählt worden. Das bedeutet weniger eine Beschrän-

---

[1] Hans J. Wolff, Verwaltungsrecht II, § 98 I 4 (S. 255).

[2] Das Verwaltungsrecht der öffentlichen Anstalt, VVDStRL Heft 6 (1929);
Die rechtsfähige Verwaltungseinheit, „Verwaltungsarchiv" Bd. 44 (1939),
S. 1 ff.

[3] Heymann, Wesen und Notwendigkeit der öffentlichen Anstalt, Berlin,
1950.

kung von der Sache her als eine Beschränkung im Hinblick auf das umfangreiche Material in Gesetzgebung und Verwaltungspraxis. Denn das Ende des zweiten Weltkrieges markiert keineswegs einen Einbruch in eine oft beschriebene und nicht selten auch beklagte Entwicklung, die sich in einem stetigen Anwachsen des Verwaltungsapparates ausdrückt — ein Vorgang, der in erster Linie auf die Übernahme von *Leistungsaufgaben* durch die öffentliche Verwaltung zurückzuführen ist. Dabei ist gerade der öffentlichen Anstalt eine hervorragende Rolle zugefallen, weil die Befriedigung der vitalen Bedürfnisse (Wasser, Energie, Verkehr) durch Versorgungsapparaturen der Leistungsverwaltung erfolgt, die verwaltungsrechtlich als öffentliche Anstalten in Erscheinung treten. Die Notzeit in den Jahren nach dem Kriege hat auch dem einzelnen besonders deutlich werden lassen, in welchem eminenten Sinn er heute bei der Gestaltung seiner persönlichen Existenz auf öffentliche Vorsorge aller Art angewiesen ist.

Schon rein äußerlich läßt sich eine beträchtliche Zunahme der öffentlichen Anstalten in den Jahren nach dem Krieg feststellen. Davon zeugen auch die Haushaltspläne des Bundes, der Länder und der Gemeinden. Wenn sich ein derartiger Vorgang zahlenmäßig auch kaum ausdrücken läßt, so muß es doch auffallen, wenn etwa der Bundeshaushaltsplan 1950 insgesamt 15 Einrichtungen enthält, die ausdrücklich als „Anstalten" bezeichnet werden, während im Haushaltsplan für 1956 immerhin schon 25 „Anstalten" des Bundes verzeichnet werden[4]. Hinzukommen noch andere Anstalten, die nur im Haushaltsplan nicht als solche bezeichnet sind, z. B. eine Einrichtung wie der „Deutsche Wetterdienst".

Auf Bundes- und Länderebene gibt es daneben zahlreiche rechtsfähige Anstalten, die in den Haushaltsplänen nicht erscheinen. Diese führen nämlich, da sie nur Einnahmen und Ausgaben des Bundes bzw. der Länder selbst ausweisen, alle öffentlichen Anstalten mit *eigener* Wirtschafts- und Rechnungsführung nicht an[5]. Die öffentlichen Anstalten mit eigener Rechtsfähigkeit haben daher eigene Haushaltspläne aufzustellen (§ 9 b RHO). Das gilt auch für die sog. Sondervermögen, denen eigene Rechtsfähigkeit in der Regel nicht gegeben ist; auch sie werden nicht im Haushaltsplan des Bundes (bzw. der Länder) veranschlagt (§ 9 a RHO)[6].

Es ist ferner zu bedenken, daß die Zahl der rechtsfähigen Anstalten von den *Anstalten ohne Rechtsfähigkeit* bei weitem übertroffen wird. Zu deren eigentlichem Herrschaftsgebiet ist der Kommunalbereich

---

[4] Dabei handelt es sich im wesentlichen um Forschungsanstalten.

[5] Näheres darüber bei Vialon, Haushaltsrecht, § 9 RHO Anm. 3 (S. 153).

[6] Wichtigste Beispiele: die Deutsche Bundesbahn, G. v. 13. 12. 1951, BGBl. I, 955, und die Deutsche Bundespost, G. v. 21. 5. 1953, BGBl. I, 225.

geworden. Gerade die Gemeinden sind durch die steigenden Anforderungen an öffentliche Versorgungsleistungen vor oft nicht leicht zu lösende Aufgaben gestellt. Immerhin läßt jedenfalls auch die im ganzen festzustellende zahlenmäßige Vermehrung der Anstalten einen allgemeinen Trend zu einer fortschreitenden „Veranstaltung" der Verwaltung erkennen, dessen Gründe zu untersuchen sein werden.

II. Übersicht über die Anstalten

Bei den nachfolgenden Zusammenstellungen sind zunächst ausschließlich *äußere* Merkmale zugrunde gelegt, indem nur Gebilde aufgeführt werden, die ausdrücklich als Anstalten bezeichnet sind. Deshalb fehlen so wichtige Gebilde wie Bundesbahn und Bundespost. In der Regel handelt es sich bei den angeführten Anstalten um rechtsfähige Anstalten, nur wo dies besonders vermerkt ist, sind auch Anstalten ohne Rechtsfähigkeit mit in die Übersicht aufgenommen.

1. Anstalten des Bundes

1. *Kreditanstalt für Wiederaufbau* — G v. 5. 11. 1948, WiGBl. 123 — Neufassung v. 18. 10. 1961, BGBl. I, 1878.
2. *Deutsche Genossenschaftskasse* — G v. 11. 5. 1949, WiGBl. 75.
3. *Landwirtschaftliche Rentenbank* — G v. 11. 5. 1949, WiGBl. 77.
4. *Einfuhr- und Vorratsstelle für Getreide und Futtermittel* — GetreideG v. 4. 11. 1950, BGBl. 721.
5. *Mühlenstelle* — GetreideG v. 4. 11. 1950, BGBl. 721.
6. *Einfuhrstelle für Zucker* — ZuckerG v. 5. 1. 1951, BGBl. I, 47.
7. *Einfuhr- und Vorratsstelle für Fette* — Milch- und FettG v. 28. 2. 1951, BGBl. I, 135.
8. *Einfuhr- und Vorratsstelle für Schlachtvieh, Fleisch und Fleischerzeugnisse* — Vieh- und FleischG v. 25. 4. 1951, BGBl. I, 272.
9. *Bundesanstalt für den Güterfernverkehr* — GüterkraftverkehrsG v. 17. 10. 1952, BGBl. I, 697.
10. *Deutscher Wetterdienst* — G v. 11. 11. 1952, BGBl. I, 738 (nicht rechtsfähig).
11. *Bundeszentrale für Heimatdienst* — Erlaß v. 25. 11. 1952, GMBl. 318 (nicht rechtsf.).
12. *Bundesanstalt für Flugsicherung* — G v. 23. 3. 1953, BGBl. I, 70 (nicht rechtsf.).
13. *Technisches Hilfswerk* — Erlaß v. 25. 8. 1953, GMBl. 507 (nicht rechtsf.).
14. *Bundesanstalt für zivilen Luftschutz* — Erlaß v. 11. 12. 1953, GMBl. 577 (nicht rechtsfähig).
15. *Bundesanstalt für Landeskunde und Raumforschung* — Erlaß v. 26. 5. 1959, GMBl. 250 (nicht rechtsf.).
16. *Deutsche Welle* — G über die Errichtung von Rundfunkanstalten des Bundesrechts v. 29. 11. 1960, BGBl. I, 862.

17. *Deutschlandfunk* — G v. 29. 11. 1960, BGBl. I, 862.

18. *Kindergeldkasse* — G v. 18. 7. 1961, BGBl. I, 1001.

19. *Stabilisierungsfonds für Wein* — G über Maßnahmen auf dem Gebiete der Weinwirtschaft v. 29. 8. 1961, BGBl. I, 1622.

a) In dieser Aufstellung sind einige Gebilde nicht berücksichtigt, die zwar nach außen gleichfalls als „Anstalten" auftreten, die aber — soviel läßt sich schon jetzt sagen — in Wirklichkeit öffentliche Körperschaften darstellen, weil bei ihnen echte Mitgliedschaftsverhältnisse vorhanden sind. Hierher gehören insbesondere die Träger der *Sozialversicherung*. Sie sind „mit Selbstverwaltung ausgestattete Körperschaften des öffentlichen Rechts"[7], auch wenn sie sich Anstalten nennen. Das gilt jedenfalls für die gegenwärtige Situation, seitdem das Gesetz vom 22. Februar 1951 die Selbstverwaltung in der Sozialversicherung eingeführt hat[8]. Deshalb sind die Bundesversicherungsanstalt für Angestellte[9] und die Landesversicherungsanstalten, ebenso auch die Allgemeinen Ortskrankenkassen und die ihnen gleichgestellten Krankenkassen für eine Übersicht über die öffentlichen Anstalten ohne Interesse[10].

Einen eigenartigen Fall stellt die Bundesanstalt für *Arbeitsvermittlung und Arbeitslosenversicherung* dar, die sich in die Hauptstelle, die Landesarbeitsämter und die Arbeitsämter gliedert[11]. Ihre Sonderstellung beruht darauf, daß sie nur bei einem Teilbereich ihrer Funktionen — nämlich in der Arbeitslosenversicherung — eigene Mitglieder, ihre Versicherten, kennt. Daneben dient sie zugleich auch der Arbeitsvermittlung und der Berufsberatung und erfüllt damit besondere sachliche Verwaltungsfunktionen. Immerhin sind in ihrem Aufbau Organe vorgesehen (Verwaltungsausschüsse und Verwaltungsrat), die Selbstverwaltungsaufgaben erfüllen sollen und damit ihren Charakter entscheidend mitbestimmen[12]. Man wird daher auch diese „Bundesanstalt"

---

[7] So die zutreffende Formulierung des Bundesgerichtshofes im Urteil v. 27. 5. 1957, NJW 1957, 1235.

[8] G. über die Selbstverwaltung und über Änderungen von Vorschriften auf dem Gebiete der Sozialversicherung v. 22. 2. 1951, BGBl. I, 124, in Verb. m. der „Wahlordnung für die Sozialversicherung" v. 9. 1. 1958, BGBl. I, 11, Neufassung v. 23. 2. 1962, BGBl. I, 104.

[9] G. (v. 7. 8. 1953, BGBl. I, 857) über die Errichtung der Bundesversicherungsanstalt für Angestellte, die in § 1 Abs. 2 ausdrücklich als „Körperschaft des öffentlichen Rechts" bezeichnet wird.

[10] Entgegenstehende Meinungen, etwa bei Jellinek, Verwaltungsrecht, S. 178, dürften inzwischen überholt sein.

[11] G. über Arbeitsvermittlung und Arbeitslosenversicherung v. 10. 3. 1952, BGBl. I, 123, i. d. F. v. 3. 4. 1957, BGBl. I, 322. Nach § 2 Abs. 1 ist die Bundesanstalt eine „Körperschaft des öffentlichen Rechts".

[12] Das wird in § 4 Abs. 1 des eben genannten Gesetzes ausdrücklich hervorgehoben: „Die Verwaltungsausschüsse haben ... die Aufgaben der Selbstverwaltung wahrzunehmen."

als echte Körperschaft anzusehen haben[13], so daß auch sie in der hier gegebenen Aufstellung nicht enthalten ist.

b) Sowohl die Bundesversicherungsanstalt für Angestellte wie auch die Bundesanstalt für Arbeitsvermittlung und Arbeitslosenversicherung gehören zu den „sozialen Versicherungsträgern", die in Art. 87 Abs. 2 GG als „bundesunmittelbare Körperschaften des öffentlichen Rechts" genannt sind. Wie sich schon aus der Entstehungsgeschichte dieser Bestimmung ergibt[14], sind damit auch hier wiederum generell juristische Personen des öffentlichen Rechts gemeint. Das gilt aber ebenso auch für die Auslegung von Art. 87 *Abs. 3* GG, soweit dort von Körperschaften und Anstalten die Rede ist, zumal auch hier zunächst ebenfalls nur Körperschaften — im Sinne von juristischen Personen — genannt waren und die Anstalten erst nachträglich in den Text eingefügt worden sind[14]. Öffentliche Anstalten *ohne Rechtsfähigkeit* sind demnach *nicht* unter Art. 87 Abs. 3 GG unterzuordnen. Diese Auslegung würde durch den Gesetzestext an sich nicht gefordert werden; denn auch die Bezeichnung als „Anstalt des öffentlichen Rechts" stellt noch keineswegs ein sicheres Indiz für vorhandene Rechtsfähigkeit dar, solange auch nichtrechtsfähige „Anstalten des öffentlichen Rechts" vorkommen[15].

Eine verfassungsrechtliche Grundlage für diese nichtrechtsfähigen Prägungen stellt nach Hans *Schneider* Art. 86 Satz 2 GG dar, durch den der Bundesregierung im Bereich der bundeseigenen Verwaltung „die volle Organisationshoheit" verliehen worden ist[16]. Die demgegenüber vertretene Auffassung, daß sich das Grundgesetz für die bundeseigene Verwaltung nur insoweit interessiere, „als die Verwaltungsaufgabe in die Form des Gesetzesvollzuges gekleidet" sei[17], ist vom Bundesverfassungsgericht in seiner Entscheidung zum sog. Fernsehstreit ausdrücklich abgelehnt worden[18]. Regeln die Art. 83 ff. GG aber auch die nicht ge-

---

[13] Ebenso Köttgen, Der Einfluß des Bundes auf die deutsche Verwaltung, Jahrbuch d. ö. R. N. F., Bd. 3 (1954), S. 74 ff. (131); vgl. ferner Drewes, Die Gewerkschaften in der Verwaltungsordnung, S. 31 ff. (34). Anderer Ansicht Hans J. Wolff, Verwaltungsrecht II, § 98 I (S. 256) und Krebs, G. über die Arbeitsvermittlung und Arbeitslosenversicherung (Kommentar), § 2 Anm. A.

[14] s. darüber oben, I. Kap., § 3 I 1.

[15] So heißt es in dem Beschluß der Bundesregierung über die Errichtung des Bundesinstituts für Arbeitsschutz v. 17. 9. 1951, BAnz. 188, das Institut sei eine „nichtrechtsfähige Anstalt des öffentlichen Rechts".

[16] Schneider, Körperschaftliche Verbundverwaltung, AöR Bd. 83 (1958), S. 1 ff. (18).

[17] Köttgen, Der Einfluß des Bundes auf die deutsche Verwaltung und die Organisation der bundeseigenen Verwaltung, Jahrbuch d. ö. R. N. F., Bd. 3, 1954, S. 73.

[18] Urteil v. 28. 2. 1961, BVerfGE 12, 205 (247).

setzesausführende Verwaltung, so erübrigt es sich, auf „ungeschriebene" Zuständigkeiten des Bundes zurückzugreifen[19].

Auch in diesem Zusammenhang spielt wieder die Unterscheidung von sog. mittelbarer und unmittelbarer Staatsverwaltung eine Rolle. Nach Art. 87 Abs. 3 GG ist als Grundlage für die Errichtung öffentlicher Anstalten ausdrücklich ein *Gesetz* vorgesehen. Es läßt sich nun an Hand der Übersicht auch nachweisen, daß in der Tat sämtliche rechtsfähigen Anstalten des Bundes stets auf der Grundlage eines Gesetzes errichtet worden sind. Diese Praxis des Gesetzgebers entspricht einem auch von der Rechtslehre vertretenen Grundsatz, wonach die Erhebung zur juristischen Person des öffentlichen Rechts nur auf Grund eines Staatshoheitsaktes erfolgen darf, also durch ein Gesetz oder aber wenigstens auf Grund einer besonderen gesetzlichen Ermächtigung[20].

Offensichtlich liegt diesem Grundsatz der Gedanke zugrunde, daß die Träger der mittelbaren Staatsverwaltung wegen der ihnen zukommenden relativ selbständigen Stellung innerhalb der Gesamtverwaltung nicht einfach im Verwaltungsverfahren, sondern nur durch oberste Gesetzgebungs- und Organisationsakte, d. h. grundsätzlich *unter Mitwirkung des Parlaments*, eingesetzt werden sollen[21]. Sind aber die selbständigen Anstalten (bzw. Körperschaften und Stiftungen) durch die ihnen zukommende Rechtsfähigkeit zu qualifizieren, so ergäbe sich daraus in der Tat auch der Schluß, daß es immer dort eines gesetzgeberischen Aktes bedarf, wo ein Träger mittelbarer Staatsverwaltung eingerichtet werden soll. Darauf ist sogleich zurückzukommen.

2. Anstalten der Länder

1. *Betriebsvereinigung der südwestdeutschen Eisenbahnen* — G v. 1. 8. 1947, RegBl. Württemberg-Hohenzollern 1948 Seite 49 (auf der Grundlage eines Abkommens zwischen den südwestdeutschen Ländern) (heute zur Deutschen Bundesbahn gehörig).
2. *Akademie für Gemeinwirtschaft* — G v. 12. 7. 1948, GVBl. Hamburg 1948, 59.
3. *Bayerischer Rundfunk* — G v. 10. 8. 1948, GVBl. 135, Neufassung v. 22. 12. 1959, GVBl. 314.
4. *Radio Stuttgart* — G v. 13. 8. 1948, RegBl. Württemberg-Baden 124 (jetzt „Süddeutscher Rundfunk", s. Ziff. 12).
5. *Süddeutsche Klassenlotterie in der U. S. Zone* — Staatsvertrag v. 6. 9./ 9. 9./17. 9. 1948, GVBl. Bayern 201.

---

[19] Wie Köttgen, Die Organisationsgewalt, VVDStRL Heft 16 (1958), S. 154 ff. (170) vorschlägt.

[20] W. Weber, Die Körperschaften, Anstalten und Stiftungen des öffentlichen Rechts, S. 28; Forsthoff, Verwaltungsrecht, § 24 II 3 (S. 442); Hans J. Wolff, Verwaltungsrecht II, § 98 III (S. 264); Haueisen, Juristische Personen des öffentlichen Rechts, „Verwaltungspraxis" 1952, S. 147.

[21] In diesem Sinne wird man etwa Werner Weber, a. a. O., zu verstehen haben.

6. *Hessischer Rundfunk* — G v. 2. 10. 1948, GVBl. 123.

7. *Radio Bremen* — G v. 22. 11. 1948, GBl. 225.

8. *Forschungsanstalt für Landwirtschaft* — Beschluß des Nieders. Staatsministeriums v. 15. 3. 1949, Amtsbl. 371.

9. *Sondervermögen für Wiedergutmachung nationalsozialist. Unrechts* — LVO v. 15. 7. 1949, GVBl. Rheinland-Pfalz 281.

10. *Hochschule für Musik* — G v. 14. 9. 1949, GVBl. Hamburg 221 (nicht rechtsf.) (jetzt „Staatliche Hochschule für Musik, s. Ziff. 24).

11. *Hochschule für Verwaltungswissenschaften* — G v. 30. 8. 1950, GVBl. Rheinland-Pfalz 265.

12. *Süddeutscher Rundfunk* — RundfunkG v. 21. 11. 1950, RegBl. Württemberg-Baden 1951 S. 1 (zuvor „Radio Stuttgart", s. Ziff. 4).

13. *Bayerische Landesanstalt für Aufbaufinanzierung* — G v. 7. 12. 1950, GVBl. 1951 S. 4.

14. *Südwestfunk* — G v. 18. 3. 1952, GVBl. Baden 40 (auf der Grundlage eines Staatsvertrages zwischen den Ländern Baden, Rheinland-Pfalz und Württemberg-Hohenzollern; verlängert durch Staatsvertrag v. 27. 2./16. 3. 1959, GVBl. Rheinland-Pfalz 109).

15. *Hamburgische Wohnungsbaukasse* — G v. 8. 7. 1952, GVBl. 142, Neufassung v. 19. 2. 1960, GVBl. 104.

16. *Öffentliche Bausparkasse Württemberg* — G v. 16. 12. 1954, GBl. 177.

17. *Norddeutscher Rundfunk* — Staatsvertrag v. 16. 2. 1955 zwischen den Ländern Schleswig-Holstein, Niedersachsen und der Freien u. Hansestadt Hamburg, GVBl. Schleswig-Holstein 1955 S. 93.

18. *Westdeutscher Rundfunk* — G v. 25. 5. 1954, GVBl. NRW 1951.

19. *Landeswohlfahrtswerk Baden-Württemberg* — Bekanntmachung des Innenministeriums v. 30. 4. 1956, GBl. 93.

20. *Pfandkreditanstalt Berlin* (West-Berlin) — G v. 17. 10. 1957, GVBl. 1636 (nicht rechtsf.).

21. *Pädagogische Hochschule Berlin* (West-Berlin) — G v. 13. 11. 1958, GVBl. 1073.

22. *Deutsche Klassenlotterie Berlin* (West-Berlin) — G v. 5. 12. 1958, GVBl. 1287.

23. *Zweites Deutsches Fernsehen* — Staatsvertrag v. 6. 6. 1961 zw. den Ländern der Bundesrepublik, s. etwa GVBl. NRW 269.

24. *Staatliche Hochschule für Musik* — G v. 3. 10. 1961, GVBl. Hamburg 314 (nicht rechtsf.) (früher „Hochschule für Musik", s. Ziff. 10).

25. *Akademie für Wirtschaft und Politik* — G v. 30. 10. 1961, GVBl. Hamburg 331.

Während dem Bund die Möglichkeit zur Errichtung von öffentlichen Anstalten nur im Rahmen der bundeseigenen Verwaltung und nur auf Grund der besonderen Ermächtigung in Art. 87 Abs. 3 GG gegeben ist, obliegt die Errichtung von Anstalten im übrigen grundsätzlich den *Ländern*, vgl. Art. 30 GG[22]. Überblickt man die Gesetzgebungs- und Verwal-

---

[22] Art. 87 GG stellt sich insoweit nur als Ausnahme von diesem Prinzip dar. Vgl. dazu schon das Urteil des BVerfG v. 30. 6. 1953, BVerfGE Bd. 2, 347 ff.: „... denn die Errichtung von Körperschaften des öffentlichen Rechts ist, abgesehen von den Fällen des Art. 87 GG, Landessache" (S. 376).

tungspraxis der Länder, so werden die für die Errichtung von Anstalten auf Bundesebene getroffenen Feststellungen im wesentlichen auch in ihrem Bereich bestätigt. Immerhin finden sich auf Länderebene auch einige wenige rechtsfähige öffentliche Anstalten, die ohne gesetzliche Grundlage begründet worden sind[23]. So beruht die Errichtung der Forschungsanstalt für Landwirtschaft in Braunschweig-Völkenrode auf einem Beschluß des niedersächsischen Staatsministeriums[24]. In Rheinland-Pfalz sind das „Sondervermögen für Wiedergutmachung nationalsozialistischen Unrechts"[25], eine rechtsfähige Anstalt des öffentlichen Rechts, und ebenso auch das Institut für Wirtschaftsforschung[26] ohne gesetzliche Grundlage eingerichtet worden. Auch dem Landeswohlfahrtswerk für Baden-Württemberg liegt nur eine einfache ministerielle Bekanntmachung zugrunde[27].

Andererseits weist auch die Gesetzgebung der Länder Beispiele für Anstalten ohne Rechtsfähigkeit auf, denen ein Gesetz zugrunde liegt[28]. Einige Anstalten sind auch durch einfache Verwaltungsabkommen zwischen den Ländern ins Leben gerufen worden, so etwa die Wasserschutzpolizeischule[29] und die Akademie für Staatsmedizin[30] in Hamburg. Der weitaus größte Teil der nichtrechtsfähigen Anstalten beruht aber auch hier wiederum auf nicht gesetzgeberischen Akten. Öffentliche Anstalten ohne Rechtsfähigkeit lassen sich daher nur in Ausnahmefällen in den Spalten der Gesetz- und Verordnungsblätter finden.

3. Anstalten der Gemeinden

Das gilt erst recht für den Bereich des Kommunalrechts. Rechtsfähige öffentliche Anstalten sind hier ohnehin eine Ausnahme geblieben, und zwar gerade deshalb, weil es an *Modellgesetzen* für derartige Anstalten fehlt, die es den Gemeinden erlauben würden, in einem bestimmten Bereich eine rechtsfähige Anstalt auf Grund besonderer gesetzlicher Er-

---

[23] Dabei gehen die Länder offenbar davon aus, daß auch ein einfacher Organisationsakt der Regierung zur Errichtung einer Anstalt ausreiche, vgl. W. Weber, Die juristischen Personen des öffentlichen Rechts, HdSW Bd. 5, 1956, S. 451.

[24] v. 15. 3. 1949, Amtsbl. Niedersachsen 371. Der Finanzbedarf der Anstalt wird durch Bundesmittel gedeckt.

[25] LVO v. 15. 7. 1949, GVBl. 281 und LVO v. 22. 12. 1951, GVBl. 1952 S. 1.

[26] Landesverfügung v. 15. 5. 1947, VOBl. 350.

[27] v. 30. 4. 1956, GBl. 93.

[28] Zu nennen ist die Hochschule für Musik in Hamburg, G. v. 14. 9. 1949, GVBl. 221, ferner die Pfandkreditanstalt in Berlin, G. v. 17. 10. 1957, GVBl. 1636. Beide Einrichtungen werden bei ihrer Errichtung ausdrücklich als nichtrechtsfähige Anstalten bezeichnet.

[29] Abkommen v. 20. 12. 1954/10. 2. 1955 usf., s. GVBl. NRW 1956 S. 115.

[30] Vereinbarung gem. G. v. 4. 7. 1953, GVBl. Hamburg 125.

mächtigung zu errichten[31]. Nur für den Bereich des *Sparkassenwesens*
gilt insofern eine Ausnahme. Hier haben die Länder vielfach ausführ-
liche Regelungen getroffen. Dazu gehört etwa das Hessische Sparkassen-
gesetz[32] und die Bayerische Sparkassenordnung[33]. Danach sind die
Sparkassen als rechtsfähige Anstalten anzusehen[34]. Dem entspricht auch
die rechtliche Ausgestaltung der „Städtischen Sparkasse zu Bremerhaven", die auf Grund der besonderen Situation des Stadtstaates Bremen eine eigene gesetzliche Regelung gefunden hat[35].

Im übrigen ist gerade der kommunale Bereich reich an *Anstalten
ohne Rechtsfähigkeit.* Sie werden in den Gemeindeordnungen der Länder in dem Abschnitt „Wirtschaftliche Betätigung der Gemeinden" erwähnt[36]. Die dort aufgenommenen Bestimmungen entsprechen im wesentlichen den Vorschriften der alten Deutschen Gemeindeordnung vom
30. 1. 1935 (RGBl. I, 49, §§ 67 ff.). Nicht unter den Begriff der „wirtschaftlichen Unternehmen" sind danach die „Einrichtungen des Unterrichts-,
Erziehungs- und Bildungswesens, der körperlichen Ertüchtigung, der
Kranken-, Gesundheits- und Wohlfahrtspflege" zu rechnen, immerhin
sind auch sie „nach wirtschaftlichen Gesichtspunkten zu verwalten" und
können „entsprechend den Vorschriften über die Eigenbetriebe geführt
werden" (§ 69 Abs. 2 GO NRW). Zu diesen Einrichtungen gehören u. a.
die Theater, Museen, Volkshochschulen, Schwimmbäder, Krankenhäuser und Friedhöfe. An Einzelregelungen fehlt es aber so gut wie ganz[37].
Im übrigen finden sich gerade hier auch sehr zahlreiche Einrichtungen in
privatrechtlicher Form[38], auf die noch in anderem Zusammenhang einzugehen sein wird.

Die eigentlichen „wirtschaftlichen Unternehmen" der Gemeinden bilden jedoch die *Versorgungsanstalten,* die gleichfalls öffentliche Anstalten ohne Rechtsfähigkeit darstellen. Sie sind nach der Entwicklung der

---

[31] Köttgen, Die Organisationsgewalt, VVDStRL Heft 16, 1958, S. 154 ff. (172).

[32] G. v. 10. 11. 1954, GVBl. 197.

[33] (Neufassung) v. 11. 7. 1960, GVBl. 149.

[34] So auch das SparkassenG Schleswig-Holstein v. 6. 5. 1958, GVBl. 191,
SparkassenG NRW v. 7. 1. 1958, GVBl. 5, Berliner SparkassenG v. 13. 7. 1960,
GVBl. 662.

[35] „Die von der Stadt Bremerhaven errichtete Städtische Sparkasse ist
eine rechtsfähige Anstalt des öffentlichen Rechts", § 1 G über die Neuordnung
des Sparkassenrechts im Gebiet der Stadt Bremerhaven v. 22. 4. 1955, GBl. 68.

[36] Beispiel: Gemeindeordnung NRW v. 21. 10. 1952, GVBl. 269 (Neufassung
GS NW 167), §§ 69 ff.

[37] Vgl. aber das Hamburgische G über die Gemeindefriedhöfe v. 1. 11. 1948,
GVBl. 127. Die Friedhöfe werden dort als „öffentliche Einrichtungen" bezeichnet.

[38] Z. B.: „Neue Schauspielhaus GmbH", „Verein Hamburger Jugendpark
Langenhorn, E. V.", beide in Hamburg, vgl. die VO über die Eigenunfallversicherung der Freien und Hansestadt Hamburg v. 12. 2. 1957, GVBl. 43.

letzten Jahrzehnte zu ihrem Hauptanwendungsbeispiel geworden. Es handelt sich dabei um „die Betriebe, die der Versorgung der Bevölkerung mit Wasser, Gas, Elektrizität oder Wärme, dem öffentlichen Verkehr oder dem Hafenbetrieb dienen"[39]. Die Grundlage für diese Prägungen bildete die Eigenbetriebsverordnung vom 21. 11. 1938 (RGBl. I, 1650). Durch diese Verordnung erfolgte damit zum ersten Male — wenigstens auf einem Teilgebiet — eine wenn auch beschränkte Ordnung für öffentliche Anstalten. Zusammen mit der Deutschen Gemeindeordnung von 1935 bildete daher die Eigenbetriebsverordnung einen wichtigen Fortschritt, da sie einen in seiner Bedeutung ständig wachsenden Bereich öffentlicher Leistungsverwaltung erfaßte und in die Systematik des Verwaltungsrechts einzuordnen suchte. Deshalb ist auch hier immer wieder auf die Eigenbetriebsverordnung zurückzugreifen, die allerdings inzwischen in einigen Ländern der Bundesrepublik durch eigene Neuregelungen ersetzt worden ist[40]. Auch im Bereich der Versorgungsanstalten kommen jedoch neben den Eigenbetrieben zahlreiche Erscheinungen in *privater Rechtsform* vor, die die gleichen Funktionen erfüllen.

Wenn diese Angaben über die tatsächliche Lage und Entwicklung öffentlicher Anstalten in den Jahren nach 1945 auch nur einen Hinweis auf die Gesamtsituation darstellen können, so lassen sie doch ganz allgemein den Schluß zu, daß Anstalten in allen Bereichen der öffentlichen Verwaltung, d. h. auf Bundes-, Landes- und Kommunalebene, auch in der Gegenwart sehr häufig vorkommen, ja, man kann sogar sagen, daß ihre Bedeutung gegenüber früher noch gestiegen ist[41]. Diese Feststellung mag überraschend erscheinen, wenn man sich erinnert, unter welchen Vorzeichen der Anstaltsbegriff von *Otto Mayer* einmal entworfen und in das von ihm geschaffene System des Verwaltungsrechts aufgenommen worden ist. Davon war bereits im I. Kapitel dieser Untersuchung die Rede. Man ist danach vielleicht versucht zu fragen, wie es möglich sei, daß die öffentliche Anstalt auch heute noch — wie gezeigt worden ist — so umfangreiche Aufgaben zu erfüllen vermag, nachdem sich die politischen und wirtschaftlichen Umstände von Grund auf geändert haben. Damit wendet sich die Untersuchung der eigentlichen Problematik des Anstaltsbegriffes zu, die nunmehr in den Mittelpunkt des Interesses zu rücken sein wird.

---

[39] So die Begriffsbestimmung in § 2 der Körperschaftsteuer-DurchführungsVO i. d. F. v. 6. 6. 1962, BGBl. I, 412.

[40] Vgl. für NRW die Eigenbetriebsverordnung v. 22. 12. 1953, GVBl. 435 (GS NW 181); für das Saarland die Eigenbetriebsverordnung v. 11. 11. 1954, Amtsbl. 1415; für Hessen das Eigenbetriebsgesetz v. 9. 3. 1957, GVBl. 19; für West-Berlin das Eigenbetriebsgesetz v. 11. 12. 1959, GVBl. 1229.

[41] So Köttgen, Subventionen als Mittel der Verwaltung, DVBl. 1953, 485.

§ 5. Die Anstalt als Organisationstyp
der leistenden Verwaltung

Man kann den Ausspruch von Otto Mayer, wonach die öffentliche Anstalt mit der Sicherheit und Regelmäßigkeit einer großen Maschine arbeite, „um die Dienste zu leisten, für welche sie da ist", in seiner Präzision gar nicht genug bewundern, wenn man bedenkt, daß er von O. Mayer vor mehr als einem halben Jahrhundert formuliert worden ist[1]. Erst die Zeit, die seither vergangen ist, hat diesen Satz zu seiner vollen Geltung gelangen lassen, die ihn heute als höchst aktuell erscheinen läßt. Denn die letzten Jahrzehnte werden durch einen Vorgang bestimmt, den man schlagwortartig als den Einzug der Technik in den Bereich der öffentlichen Verwaltung kennzeichnen könnte. Das industrielle Zeitalter hat zu einer derartigen Wandlung der sozialen Umwelt geführt, daß auch die Struktur der Verwaltung nicht unberührt bleiben konnte[2].

Mag sich diese Entwicklung auch in vieler Beziehung wohl fast unbemerkt vollzogen haben, so ist sie heute doch in ein Stadium getreten, in dem die Verwaltung — aber auch die Art des Verwaltungsvollzuges — entscheidend durch sie geprägt werden. Diese veränderte Verwaltungswirklichkeit auch verwaltungsrechtlich zu berücksichtigen und sich an sie anzupassen, ist damit zu einer vordringlichen Aufgabe auch für die Verwaltungsrechtswissenschaft geworden[3]. Sonst würden sich die Vertreter des öffentlichen Rechts allzu leicht dem Vorwurf aussetzen, sie achteten nicht mehr auf die Wirklichkeitsbezogenheit ihrer Dogmatik[4]. Allerdings wäre es falsch, wollte man die Erscheinungen isoliert betrachten, liegen ihnen doch ganz *allgemeine* Sachzusammenhänge zugrunde, die gerade in den letzten Jahren als solche erkannt und eindringlich beschrieben worden sind[5].

---

[1] Deutsches Verwaltungsrecht, § 52 I 1. (2. Aufl. Bd. II, S. 496 u. 497; nicht in der 3. Aufl. des Werkes).

[2] Dazu einige Hinweise aus der neueren Literatur: Forsthoff, Rechtsfragen der leistenden Verwaltung, S. 58 ff.; Kern, Aspekte des Verwaltungsrechts im Industriezeitalter, Festschrift für Carl Schmitt, S. 81 ff.; Peters, die Wandlungen der öffentlichen Verwaltung in der neuesten Zeit, S. 10 ff.; Zeidler, Über die Technisierung der Verwaltung, dessen Betrachtung sich aber — wie ausdrücklich eingeschränkt wird — nur auf den engen Bereich der vollziehenden Verwaltung bezieht, also auf die sog. *hoheitliche* Verwaltung, s. dort S. 20. Vgl. dazu die Besprechung des Verfassers in ARSP 1962, S. 245 (246).

[3] Vgl. Ballweg, Zu einer Lehre von der Natur der Sache, S. 61, der die Technik als „Stoff des Rechts" in der Einstufung der „Sachen" an die erste Stelle setzt.

[4] Ein solcher Vorwurf wird von Kern, Zur heutigen Grundlagenproblematik des Verwaltungsrechts, ARSP Bd. 43 (1957), S. 505 ff. (510), recht unverblümt erhoben. Ballweg, a. a. O., S. 35, rückt daher die „Wirklichkeit als Gestaltungsfaktor des Rechts" in den Vordergrund.

[5] Vgl. Hans Freyer, Theorie des gegenwärtigen Zeitalters, insbes. S. 165 f.

Schon in der *Gesetzgebung* läßt sich die Beobachtung machen, daß sachlich-technische Fragestellungen die Arbeit des Parlaments in weitem Umfang bestimmen. Indem feste Daten der Arbeit des Gesetzgebers bereits vorgegeben sind, werden die Möglichkeiten zu einer echten Diskussion über Gesetzentwürfe mehr und mehr eingeschränkt[6]. Politische Gegnerschaftsverhältnisse verlieren aber an Bedeutung, wenn den Parlamentariern abverlangt wird zu entscheiden, was die Sache ohnehin zu tun erfordert[7]. Ernst *Forsthoff* hat dies bereits 1931 mit aller Klarheit gesehen, als er feststellte, daß der Gesetzesinhalt „durch die Erfordernisse des zu regelnden Sachverhalts" bestimmt werde[8]. Damit wird einmal der Maßnahme-Charakter der modernen Gesetzgebung hervorgehoben, zugleich aber auch ein Prozeß deutlich gemacht, der in dem oft schlagwortartig benutzten Begriff der „Versachlichung" seinen bezeichnenden Ausdruck gefunden hat[9].

Davon ist nun auch der Staatsbegriff nicht verschont geblieben: im Jahre 1962 stellt Ernst *Forsthoff* fest, der moderne Staat (d. h. der Staat der Zeit nach 1945) habe keine eigene Würde, sondern sei „sachliches Instrument der Daseinsbewältigung"[10]. „Es gibt heute eine Entideologisierung von der *Sache* her. Sie ist heute eine Realität...."[11]. Helmut *Schelsky* geht daher so weit, bereits von der „fiktiven Entscheidungstätigkeit der Politiker im technischen Staat" zu sprechen[12]. „Die Heilmittel sind weder links noch rechts. Sie haben keine parlamentarische Etikette. Es sind *technische* Maßnahmen, die in einem Klima *politischen Waffenstillstandes* getroffen werden müssen..."[13].

---

und passim; ders., Das soziale Ganze und die Freiheit der Einzelnen unter den Bedingungen des industriellen Zeitalters; Gehlen, Soziologische Voraussetzungen im gegenwärtigen Staat, Staatszeitung Rheinland-Pfalz 1956 Beilage Nr. 1.

[6] Vgl. dazu insbes. „Sachverstand und Politik in der Demokratie" (10. Europ. Gespräch), hrsg. von Heinz Küppers, Düsseldorf, 1962. — Nur im Bereich der Außenpolitik mag heute vielleicht noch anderes gelten, vgl. dazu Carl J. Friedrich, Foreign policy in the making.

[7] Lübbe, Zur politischen Theorie der Technokratie, in „Der Staat" 1962, S. 19 ff. (20).

[8] Forsthoff, Die öffentliche Körperschaft im Bundesstaat, S. 44.

[9] Eine wissenschaftliche Analyse hierfür liefert die bereits erwähnte Schrift von Ballweg, Zu einer Lehre von der Natur der Sache (Basel, 1960), vgl. insbes. S. 39. (Der Verf. ist Jurist!)

[10] Nach einer in DÖV 1962, S. 499 wiedergegebenen Äußerung.

[11] Forsthoff, Zur Problematik der Verfassungsauslegung, 1961, S. 16 (mit Kursiv vom Verf.) und schon vorher in dem Beitrag „Die Bundesrepublik Deutschland", Umrisse einer Realanalyse, MERKUR 1960 S. 808 ff., vgl. insbes. S. 812 und S. 816.

[12] Schelsky, Demokratischer Staat und moderne Technik, in der Zeitschrift „atomzeitalter" 1961, S. 99 ff. (101).

[13] Äußerung des französischen Ministerpräsidenten Antoine Pinay bei seiner Investitur in der französischen Kammer (1952), nach Lüthy, Frankreichs

In der öffentlichen *Verwaltung* zeigt sich diese Entwicklung zunächst in einer ganz allgemein zu bewertenden Erscheinung, nämlich in der Art und Weise, wie technische Mittel zur Erledigung aller möglichen Verwaltungsgeschäfte in Dienst genommen werden. Voller Stolz spricht man heute von einer „Technisierung der Verwaltung"[14] und meint damit z. B. die Verwendung von mechanischen Rechenmaschinen, aber auch von Großapparaturen, die in kürzester Zeit komplizierte Rentenberechnungen durchführen und die Rentenbescheide vollautomatisch ausfüllen können. Indem dadurch die Verwaltung als ein Arbeitsvorgang qualifiziert wird, wie er auch andere Sozialbereiche kennzeichnet, ist die Gegenwart durch eine starke Relativierung öffentlicher und privater Organisationen geprägt[15]. Deshalb haben auch im Rahmen der Verwaltung *betriebswirtschaftliche* Grundsätze „eine noch vor kurzem unvorstellbar große Bedeutung" erlangt[16].

Das entscheidende Moment aber ergibt sich daraus, daß auch die Aufgaben, die der Verwaltung obliegen, in steigendem Umfang *Sachaufgaben* darstellen, d. h. sachlich-technisch, aber nicht mehr hoheitlich zu bestimmen sind[17]. Das gilt zunächst überall dort, wo wir heute die öffentliche Verwaltung als sog. *leistende Verwaltung*[18] verstehen. Indem die Verwaltung in dem hiermit angedeuteten Bereich neue Funktionen übernommen hat, wird aber das überkommene Gefüge des Verwaltungsrechts, wie es an dem Gesetzesbegriff des 19. Jahrhunderts ausgerichtet ist[19], grundsätzlich in Frage gestellt. Wo ein Wasserwerk dem angeschlossenen Abnehmer Wasser „liefert" oder ein Gaswerk Gas, wo Rundfunk und Fernsehen dem Hörer oder Zuschauer die Möglichkeit, sich zu unterrichten und sich zu unterhalten, eröffnen, handelt es sich um Erscheinungen, die sich schwerlich noch in das Begriffsschema der Sicherung vor Eingriffen in Freiheit und Eigentum einordnen lassen[20].

_____

Uhren gehen anders, S. 153. (Hervorhebungen vom Verf. d. Arbeit). Das Zitat zeigt aber, daß Frankreichs Uhren nicht so ganz anders gehen als die Uhren irgendeines Landes auf vergleichbarer wirtschaftlicher Entwicklungsstufe, nur gehen Frankreichs Uhren manchmal vielleicht ein wenig nach.

[14] So der Titel der Schrift von Karl Zeidler (1959).

[15] Forsthoff, Verwaltungsrecht, § 22, 2 a (S. 384). Habermas, Strukturwandel der Öffentlichkeit, S. 170, zitiert den für diese Zusammenhänge sehr bezeichnenden Ausspruch Walther Rathenaus, wonach sich auch die großen Unternehmen zu „Anstalten" entwickeln.

[16] Köttgen, Die Organisationsgewalt, VVDStRL Heft 16 (1958), S. 154 ff. (155).

[17] Lübbe, Zur politischen Theorie der Technokratie, in „Der Staat" 1962, S. 19 ff. (28, 29).

[18] Zur Begriffsbildung: Von Ernst Forsthoff erschien im Jahre 1938 eine Darstellung mit dem Titel „Die Verwaltung als Leistungsträger", nunmehr liegt seine Schrift über „Rechtsfragen der leistenden Verwaltung" (1959) vor.

[19] Darüber vgl. im I. Kapitel.

[20] Über die anthropologischen Aspekte dieser Entwicklung vgl. Günther Anders, Die Antiquiertheit des Menschen, 2. Aufl., insbes. S. 110 ff.

Man kann sagen, daß die Verwaltung als leistende Verwaltung zu einem öffentlichen „Lieferanten" geworden ist[21], dessen Einrichtungen zur Erbringung der Leistungen nicht anders arbeiten als ein moderner Produktionsbetrieb, der durch den regelmäßigen Ablauf bestimmter gleichartiger Prozesse zu charakterisieren ist[22]. Soweit die Verwaltung derartige Leistungen erbringt, wird sie durch Arbeitsvorgänge bestimmt, die auf dem immer wiederkehrenden Konsumbedürfnis der Abnehmer beruhen[23]. Das läßt sich etwa am Beispiel der deutschen Bundesbahn — einer öffentlichen Anstalt — deutlich zeigen, gilt aber grundsätzlich ebenso für den „Betrieb" einer Krankenanstalt oder für Sendungen einer Rundfunkanstalt.

Mit der Einrichtung von Anstalten antwortet daher die Verwaltung auf die ständig steigende Nachfrage nach öffentlichen Leistungen in einer „Gesellschaft von Konsumenten"[24]. Eine Behörde — die im Rahmen staatlicher Hoheitsverwaltung Ordnungsfunktionen erfüllt — stellt unter diesen Umständen eher ein Element der Störung in dieser Gesellschaft dar. Nach dem Vollzug ihrer Aufgaben besteht keine Nachfrage[25].

Genau wie der uns bekannte Industrie-Betrieb ist daher die Anstalt durch eine Eigengesetzlichkeit ausgezeichnet, die auf dem dauernd wiederholten, regelmäßigen Ablauf sachlich-technischer Vorgänge beruht[26]. Ernst *Forsthoff* hat daher sicher recht, wenn er in diesem Zusammenhang von einer „Assimilation an den Betrieb" spricht und diese als notwendige Folge einer Entwicklung bezeichnet, die zur Herausbildung einer leistenden Verwaltung in moderner Zeit geführt hat[27].

---

[21] Habermas, Strukturwandel der Öffentlichkeit, S. 168.

[22] Auf dieses — wohl entscheidende — Moment stellt auch Zeidler, Über die Technisierung der Verwaltung, S. 21, bei der Frage nach der Aufnahmebereitschaft für moderne technische Geräte ab. Sie lassen sich dort einsetzen, „wo Arbeitsvorgänge in großer Zahl im wesentlichen gleichartig wiederkehren".

[23] Nicht hierher gehören aber die sehr zahlreichen *Geld*-Leistungen der Verwaltung (etwa im Fürsorge-, Lastenausgleichs- und sonstigen Kriegsfolgenrecht), bei denen es sich keineswegs um echte Leistungen, sondern ausschließlich um die Umverteilung von Kaufkraft handelt, die nichts mit „Daseinsvorsorge" zu tun hat, sondern einer breiten Streuung der Wohlstandsentwicklung dient, Forsthoff, Die Bundesrepublik Deutschland, MERKUR 1960, S. 807 ff. (811, 812). Man sollte daher bei allen Geld-„Leistungen" besser von *gewährender* (nämlich Unterstützung, Entschädigung usw. gewährender) Verwaltung, nicht aber von leistender Verwaltung sprechen.

[24] Eine anschauliche Darstellung der tatsächlich zu bewältigenden Aufgaben gibt anhand umfangreichen Zahlenmaterials Koeck, Existenzfragen der Industriegesellschaft, 1962.

[25] Man denke nur an die Standesämter, die nichts zu tun haben als eine institutionell bestimmte Lebensform im öffentlichen Sinne (und im öffentlichen Recht) zu legalisieren (eine vom Standpunkt der Konsumgesellschaft sicher höchst überflüssige Funktion!).

[26] Zur Institution des Betriebes vgl. Gottl-Ottlilienfeld, Wirtschaft und Technik, S. 26, ferner Gehlen, Urmensch und Spätkultur, S. 39.

[27] Forsthoff, Verwaltungsrecht, § 2, 4 (S. 35).

Nach außen hin ist dieser Vorgang zum erstenmal erkennbar geworden, als der Gesetzgeber eine Reihe der „wirtschaftlichen Unternehmen
der Gemeinde" als sog. *Eigenbetriebe* klassifizierte und in der Eigenbetriebsverordnung vom 21. 11. 1938 (RGBl. I, 1650) eine eigene gesetzliche Grundlage für sie schuf. Bei den Eigenbetrieben aber handelt es
sich um Erscheinungen, die in die Systematik des Verwaltungsrechts
als — nicht rechtsfähige (unselbständige) — öffentliche Anstalten einzuordnen sind[28]. Dieselben Erscheinungen fallen im Steuerrecht unter
den Begriff der „Versorgungsbetriebe", nämlich alle jene, „die der Versorgung der Bevölkerung mit Wasser, Gas, Elektrizität oder Wärme,
dem öffentlichen Verkehr oder dem Hafenbetriebe dienen"[29].

Damit erweist sich, daß die durch den Betriebsbegriff charakteri-
sierten Erscheinungen für den großen Bereich der „Daseinsvorsorge"
typisch sind, wie die von *Forsthoff* vorgeschlagene und inzwischen all-
seits aufgenommene Bezeichnung dieses Bereichs öffentlicher Verwaltungstätigkeit lautet. Wenn Forsthoff in diesem Zusammenhang betont,
daß die hierher zu rechnenden Verwaltungszweige im Laufe der letzten
80 Jahre „den Charakter öffentlicher Anstalten annahmen"[30], so zeigt
auch diese Bemerkung wiederum, daß die öffentliche Anstalt eine Entwicklung aufgenommen hat, die man — wenn dieser Ausdruck aus-
nahmsweise einmal erlaubt ist — als die fortschreitende „Verbetrieb-
lichung" der öffentlichen Verwaltung bezeichnen könnte.

Dieser Vorgang bleibt jedoch nicht beschränkt auf den Sektor der
reinen Versorgungsbetriebe, er gilt ganz allgemein für den Bereich der
Daseinsvorsorge, d. h. überall dort, wo der „Allgemeinheit oder nach
objektiven Merkmalen bestimmten Personenkreisen" „nützliche Leistungen" erbracht werden[31]. Hierher gehören daher auch die Theater, die Forschungsanstalten des Bundes und der Länder, ferner auch
die Universitäten[32]. Damit wird die öffentliche Anstalt zum *Organisationstypus der leistenden Verwaltung*[33]. Auch das ist von Ernst *Forsthoff* bereits mit aller Klarheit ausgesprochen worden, wenn er den grund-
legenden Gedanken für die Konzeption der Anstaltsverwaltung darin
sieht, den „*Verwaltungstypus* zu erweisen, der den spezifisch moder-

---

[28] Forsthoff, Verwaltungsrecht, § 24 II 3 (S. 441 Fußnote 3), Heymann,
Wesen und Notwendigkeit der öffentlichen Anstalt, S. 41. Dementsprechend
bezeichnet das EigenbetriebsG Berlin v. 11. 12. 1959 (GVBl. 1229) die Eigenbetriebe als „nichtrechtsfähige Unternehmen" (§ 1 Abs. 1).

[29] § 2 Körperschaftsteuer-DurchfVO i. d. F. v. 6. 6. 1962 (BGBl. I, 412).

[30] Forsthoff, Verwaltungsrecht, § 7 A 1 (S. 118).

[31] Forsthoff, Verwaltungsrecht, vor § 19 (S. 322).

[32] Darauf ist unten (§ 6 Ziff. 4 dieser Arbeit) zurückzukommen.

[33] Zuerst hat Arnold Köttgen die Anstalt als verwaltungsrechtlichen Organisations*typus* gekennzeichnet, vgl. Köttgen, Das Verwaltungsrecht der öffentlichen Anstalt, VVDStRL Heft 6 (1929), S. 109.

nen Anforderungen an die Verwaltung (nämlich *Leistungsträger* zu
sein) gewachsen ist . . ."[34].

I. Öffentliche Verwaltung und erwerbswirtschaftliche Betätigung der öffentlichen Hand

Mit der zunehmenden Inanspruchnahme der leistenden Verwaltung
muß daher naturgemäß auch die Bedeutung der Anstalt wachsen. Dies
gilt um so mehr, als in der Gegenwart *neuartige Aufgabenbereiche* er-
schlossen werden, die sich mit den Mitteln der freien Unternehmens-
wirtschaft nicht mehr bewältigen lassen[35]. Die Wahrnehmung neu
entstehender Aufgaben durch den Staat ist aber vielfach schon deshalb
geboten, weil ihre Übernahme im öffentlichen Interesse liegt[36]. Daneben aber eröffnet sich noch das weite Feld der „*erwerbswirtschaftlichen Betätigung* der öffentlichen Hand": diese stellt sich materiell
nicht mehr als öffentliche Verwaltung dar und bietet daher für die Verwendung des spezifisch öffentlich-rechtlichen Organisationstypus Anstalt keinen Raum[37].

Nach der Entwicklung in Deutschland ist — um nur ein Beispiel zu
geben — die Veranstaltung von Rundfunk- und Fernsehaufnahmen
eine *öffentliche* Aufgabe. Das stellt das Bundesverfassungsgericht in
seinem Urteil vom 28. 2. 1961 (Fernsehstreit) mit Recht fest[38]. Im Bereich des Rundfunkwesens sind daher in den letzten Jahrzehnten zahlreiche neue öffentliche Anstalten entstanden (vgl. auch die Übersicht

---

[34] Forsthoff, Verwaltungsrecht, § 24 II 3 (S. 437, mit Kursiv vom Verf.).
Forsthoff bezeichnet Körperschaft, Anstalt und Stiftung als „allgemeine Organisationstypen des öffentlichen Rechts", a. a. O., § 24 II 2 (S. 431). Dagegen
bezeichnet H. J. Wolff die Anstalt als Organisations*form* (und auch Rechtsform), Verwaltungsrecht II, § 98 I (S. 256). Andererseits sagt er (an gleicher
Stelle), die Anstalt sei eine „von einer Hoheitsperson . . . getragene . . . rechtlich subjektivierte Organisation" (!). Darauf ist sogleich zurückzukommen.

[35] In diesem Sinne äußert sich z. B. Bullinger, Die Mineralölfernleitungen,
S. 17, zu dem Problem einer „volkswirtschaftlich vernünftigen Koordinierung
zwischen Rohrleitungsunternehmen und den herkömmlichen Verkehrs-
trägern".

[36] Hierbei ist insbesondere an Aufgaben gedacht, die sich im Zusammenhang mit der Entwicklung der Atomenergie ergeben. Dieses Gebiet, das einer
eigenen Untersuchung wert wäre, kann an dieser Stelle nicht weiter vertieft
werden, vgl. aber Reimann, Neue Organisationsformen bei Kernreaktorbetrieben, Ruperto-Carola, XII. Jg. (27. Bd.), S. 226.

[37] Dabei bleibt die Frage, *inwieweit* dem Staate eine derartige erwerbswirtschaftliche Betätigung gestattet sein soll, hier bewußt unerörtert, da es
sich insoweit um eine ausschließlich wirtschafts*politische* Problematik handelt.

[38] BVerfGE 12, 205 (243).

über die Anstalten der Länder)[39]. Die Verhältnisse in anderen Ländern zeigen, daß die Entwicklung auch anders hätte verlaufen können[40]. Nachdem Rundfunk und Fernsehen aber zur öffentlichen Verwaltung gehören, ist in der Tat die öffentliche Anstalt der gegebene Organisationstyp.

1. Abgrenzungsfragen

Spricht man dagegen von erwerbswirtschaftlicher Betätigung, so trifft man damit den Tatbestand, daß Bund, Länder und Gemeinden als Eigentümer von Unternehmen auftreten, die sich im Bereich der sog. *freien Wirtschaft*, d. h. *außerhalb* der öffentlichen Verwaltung, betätigen. Dabei kommt ein Gesichtspunkt ins Spiel, der innerhalb der öffentlichen Verwaltung nicht gilt, die Tatsache nämlich, daß das Verhalten der von der „öffentlichen Hand" getragenen Unternehmen von dem der anderen, nämlich der konkurrierenden Unternehmen privater Eigentümer, mit beeinflußt und bestimmt wird (Preisgestaltung). So ist etwa für den Kommunalbereich nach einer Entscheidung des Bayerischen Verfassungsgerichtshofes[41] zwischen den Versorgungsbetrieben, „die nicht an bloßen Erwerbschancen orientiert sind" (S. 217) und solchen Unternehmen zu unterscheiden, „deren Zweck in erster Linie darauf gerichtet ist, an dem vom Wettbewerb beherrschten Wirtschaftsleben teilzunehmen" (S. 218)[42].

Der entscheidende Unterschied zwischen öffentlichen und privaten Unternehmen innerhalb des erwerbswirtschaftlichen Bereichs beruht mithin allein auf den unterschiedlichen *Eigentumsverhältnissen*. Das bringt etwa Forsthoff[43] dadurch zum Ausdruck, daß er bei der Bestimmung des Begriffs der öffentlichen Unternehmung davon ausgeht, daß diese von der Verwaltung — wie er sagt — „getragen" wird[44]. Es kommt

---

[39] Diese Rundfunkanstalten erwirtschaften, wie die von ihnen vorgelegten Bilanzen beweisen, bekanntlich teilweise erhebliche Überschüsse, die meist kulturellen Aufgaben zugute kommen.

[40] In Deutschland ist das Rundfunkwesen — worauf das BVerfG abstellt — „herkömmlich" eine öffentliche Aufgabe.

[41] v. 23. 12. 1957, DÖV 1958, 216 ff.

[42] Daher ist auch eine dem Staat gehörige Brauerei — selbst wenn sie sich „Anstalt" nennt — ein erwerbswirtschaftliches Unternehmen, aber nicht öffentlich-rechtliche Anstalt (jedenfalls solange nicht, als das Bierbrauen nicht in den Aufgabenbereich öffentlicher Verwaltung gerechnet wird). Anderer Ansicht ist hier H. J. Wolff, Verwaltungsrecht II, § 98 II f 1) (S. 262), der Brauereien und Hotels zu den öffentlichen Anstalten rechnet, sofern sie nur im Eigentum des Staates stehen.

[43] Verwaltungsrecht, § 24 II 5 (S. 454).

[44] Für die Klarstellung der hier unterschiedenen Zusammenhänge erscheint die Benennung als öffentliche bzw. als private Unternehmung wenig günstig. Um die Eigentumsverhältnisse nach der Zuordnungslage besser hervortreten zu lassen, spricht man zweckmäßiger von „Staatsunternehmen" und „Privatunternehmen".

also — wie Forsthoff weiter darlegt — auf das „Verwaltungs*kapital*"
an, das eine Unternehmung zur öffentlichen Unternehmung (Staatsunternehmung) macht[45]. Dem ist uneingeschränkt zuzustimmen[46]. Allerdings wird man dann nicht mehr sagen können, die Tätigkeit der öffentlichen Unternehmung — d. h. also einer Unternehmung, die sich im
Eigentum der „öffentlichen Hand" befindet — sei auch „Verwaltung
im funktionellen Sinne"[47]. Der Grund für die Ablehnung dieser Auffassung liegt darin, daß die Eigentumsverteilung in private und öffentliche Hand mit den materiell bestimmten Grenzen der Verwaltung, für
die allein öffentliches Recht Anwendung findet, keineswegs überein-
stimmt[48]. Die Anerkennung staatlicher Brauereien und Hotels als
öffentliche Anstalten (vgl. die von H. J. *Wolff* gegebenen Beispiele,
oben) würde praktisch auf eine Rückkehr zu dem einst von *Otto Mayer*
geforderten Institut des öffentlichen Eigentums hinauslaufen[49]. Denn
das in Staatshand befindliche Eigentum wäre wirklich das einzige
Öffentlich-rechtliche an diesen und ähnlichen Erscheinungen. Aber gerade von einem spezifisch öffentlich-rechtlichen Eigentumsbegriff ist
man längst abgekommen, so daß also auch von daher einer Einrichtung nicht der Charakter als einer öffentlich-rechtlichen verliehen werden kann[50]. Der Begriff der öffentlichen Anstalt ist aber — wie auch
der der Behörde — ein solcher des öffentlichen Rechts, und zwar ausschließlich des öffentlichen Rechts[51].

So wird man auch die früher im Eigentum des deutschen Reiches ge-
führten Holding-Gesellschaften „Preussag" und „Viag" unter die öffentlichen Unternehmen (besser: Staatsunternehmungen) rechnen[52], sie

---

[45] Hervorhebung vom Verf. d. Arbeit.

[46] Auch *Keller*, Die Eigenwirtschaft öffentlicher Gemeinwesen, Handbuch
der Finanzwissenschaft, 2. Aufl., Bd. II, stellt unter dem Titel „Die gegenwärtige Lage der öffentlichen *Unternehmung*" auf den Stand der „staats- und
gemeinde*eigenen* Wirtschaftstätigkeit" ab, wobei er je nach der Lage in den
einzelnen Ländern danach unterscheidet, ob sich „ein mehr oder minder
großer Teil der *Produktionsmittel* noch im *Privateigentum befindet*" (S. 173,
mit Hervorhebungen vom Verf. d. Arbeit).

[47] *Forsthoff*, Verwaltungsrecht, § 24 II 5 b (S. 452).

[48] Denn die Unterscheidung zwischen öffentlichem und privatem Recht ist
eine „rechtssystematische des objektiven Rechts", *H. J. Wolff*, AöR, 76. Bd.,
S. 207, und richtet sich daher — wie noch hinzuzufügen wäre — nicht nach
dem Eigentum an den Sachen.

[49] Vgl. oben, I. Kapitel, § 1, 1.

[50] Ein öffentliches Eigentum wird neuerdings wieder von dem hamburgi-
schen WegeG v. 4. 4. 1961, GVBl. S. 117, für die öffentlichen Wege anerkannt
(§ 4). Diese — im übrigen umstrittene — Regelung knüpft aber öffentliches
Eigentum nur als Folge an eine bereits vorher erfolgte öffentlich-rechtliche
Widmung des Weges. Das sog. öffentliche Eigentum am Weg ist also auch
hier nicht ausschlaggebend für die öffentlich-rechtliche Einordnung.

[51] Eine Voraussetzung, von der auch Hans J. *Wolff*, Verwaltungsrecht II,
§ 98 I 5 (S. 256) ausgeht.

[52] Das tut denn auch *Forsthoff*, Verwaltungsrecht, § 24 II 5 b (S. 456).

aber keineswegs als Anstalten ansehen dürfen[53]. Sie gehören nicht zur öffentlichen Verwaltung[54]. Dagegen nimmt ein Energieversorgungsunternehmen keine Funktionen des Marktes wahr[55]. Als Teilglied der öffentlichen Daseinsvorsorge ist es zur Verwaltung zu rechnen und daher als öffentliche Anstalt anzusehen[56].

Die damit nur angedeutete Problematik der Staatstätigkeit läßt sich auch dadurch kennzeichnen, daß man sagt, der Begriff der öffentlichen Unternehmung (Staatsunternehmung) sei primär privatrechtlich bestimmt (weil er auf die Eigentumslage verweist). Dagegen wäre der Begriff der öffentlichen Anstalt schon deshalb öffentlich-rechtlich zu klassifizieren, weil in ihm *nur* der Vollzug von Aufgaben der öffentlichen Verwaltung seinen Ausdruck findet (wohingegen die Eigentumslage — worauf noch einzugehen sein wird — zurücktritt)[57]. Beide Begriffe haben mithin verschiedene Bezugspunkte: durch das öffentliche Unternehmen tritt der Staat als Privatunternehmer an den Markt — in der Anstalt vollzieht der Staat (im weiteren Sinne, also unter Einschluß der Kommunen) Leistungsaufgaben, soweit diese in den Bereich der öffentlichen Verwaltung fallen.

2. Der sog. Wirkungskreis der öffentlichen Anstalt

Daraus ergibt sich für die öffentliche Anstalt eine besondere Situation: sie unterliegt — anders als eine, gegebenenfalls gleichfalls staatliche — Unternehmung im Bereich der (Erwerbs-)Wirtschaft — in ihrem Handeln nach außen gewissen *Beschränkungen,* die darauf zurückzuführen sind, daß jeder Organisationstyp der Verwaltung die Grenzen

[53] Sonst wäre auch eine sog. Privatisierung — d. h. Übertragung des Eigentums an Privatleute — nicht ohne weiteres möglich, der aber doch beide Staatsunternehmen unterliegen, vgl. Lenz, „Privatisierung wird fortgeführt", Bulletin der Bundesregierung v. 1. 12. 1962, Nr. 222, S. 1890.

[54] Welche Schwierigkeiten sich ergeben können, wenn man die Begriffe nicht reinlich auseinanderhält, zeigt die Entwicklung in Frankreich, wo nach den umfangreichen Verstaatlichungen nach dem zweiten Weltkrieg der Begriff der services publics in eine „offene Krise" geriet, als man versuchte, auch die *entreprises nationalisées* diesem Begriff unterzuordnen, also etwa Unternehmen wie die verstaatlichten Gruben und die Renault-Automobil-Werke. Damit ging jede klare Begriffsbildung verloren, vgl. Schnur, Die Krise des Begriffs der services publics im französischen Verwaltungsrecht, AöR Bd. 79, 1953/54, S. 427.

[55] Forsthoff, Rechtsfragen der leistenden Verwaltung, S. 11.

[56] Der Daseinsvorsorge ist an sich die Beschränkung auf Versorgungsleistungen durch Einrichtungen der *öffentlichen* Verwaltung keineswegs vorgegeben. Sie wird aber — mit Bezug auf die „Verwaltung als Leistungsträger" (Forsthoff) und im Hinblick auf eine heute allgemein üblich gewordene Begriffsbildung — auch hier so verstanden. Inwieweit dies auch von der Sache her geboten ist, muß einer eigenen Untersuchung vorbehalten bleiben.

[57] Vgl. auch Vogel, Öffentliche Wirtschaftseinheiten in privater Hand, S. 24 ff.

eines Bereichs nicht überschreiten darf, der — das wurde schon betont — nach *materiellen* Gesichtspunkten zu bestimmen ist. Darauf beruht der von der Rechtsprechung und Rechtslehre entwickelte Begriff des *Wirkungskreises* (oder „Funktionsbereiches") der Anstalt, von dem aus eine Aussage darüber möglich werden soll, ob sich ein bestimmtes Verhalten der Anstalt in den eben genannten Grenzen hält oder nicht. Eine Überschreitung dieses Wirkungskreises ist unzulässig. An sie wird die Folge geknüpft, daß ein gleichwohl vorgenommenes Rechtsgeschäft rechtlich „unwirksam" ist[58].

Für die Bestimmung des Wirkungskreises kommt in erster Linie ein Gesetz oder die Satzung der Anstalt in Betracht[59]. Doch finden sich hier nur selten Vorschriften für ein ausdrückliches *Verbot* bestimmter Betätigungen oder Betätigungsarten[60]. In dem vom Bundesgerichtshof entschiedenen Fall (Urteil vom 28. 2. 1956) verbot zwar die Satzung der „Hauptstelle Fischwirtschaft" *ausdrücklich* jede eigenwirtschaftliche Betätigung. Eine ähnliche Vorschrift besteht aber nur noch mit Bezug auf die Tätigkeit der Schifferbetriebsverbände, denen jegliche „auf Erwerb gerichtete Tätigkeit" von Gesetzes wegen ausdrücklich verschlossen ist[61].

Im übrigen aber bedient sich der Gesetzgeber vielfach besonderer Vorschriften, in denen er diejenigen Geschäfte angibt, die im jeweiligen Falle als *zulässig* anzusehen sind, weil sie den Wirkungskreis nicht überschreiten[62]. Das gilt insbesondere für die öffentlichen Bankanstalten. Der Grund ist wohl auch hier darin zu sehen, daß sich gerade in diesen

---

[58] BGH v. 28. 2. 1956, BGHZ 20/119 ff. = NJW 1956, S. 746 ff.; im Ergebnis übereinstimmend mit der Rechtspr. des RG, etwa RGZ 115/311; Forsthoff, Verwaltungsrecht § 24 I d (S. 423).

[59] Forsthoff, a. a. O., § 24 I d (S. 423); Wolff, Verwaltungsrecht, § 34 I 2 (= 4. Aufl. S. 178).

[60] Eine gute Formulierung gibt ein französischer Gesetzentwurf: „Les établissements publics de l'Etat ... ne peuvent exercer, aussi bien directement que par la prise de participations financières, des activités industrielles ou commerciales ne correspondant pas à leurs objets respectifs tels qu'ils sont définis par leurs statuts ou, le cas échéant, par la loi." Proposition de Loi, Conseil de la République Nr. 772, présentée par M. Armengaud, Art. 1.

[61] Gesetz über den gewerblichen Binnenschiffsverkehr vom 1. 10. 1953, BGBl. I, S. 1453, § 18 Abs. 2 (dabei handelt es sich um öffentliche Körperschaften, doch spielt dieser Unterschied für die hier vorliegende Frage keine Rolle).

[62] Ein Beispiel findet sich auch in der Bayerischen Verfassung v. 2. 12. 1946, GVBl. S. 333, in der es im Art. 83 Abs. 1 ausdrücklich heißt: „In den eigenen Wirkungskreis der Gemeinde fallen insbesondere die Verwaltung des Gemeindevermögens und der Gemeindebetriebe; der örtliche Verkehr nebst Straßen- und Wegebau; die Versorgung der Bevölkerung mit Wasser, Licht, Gas" usw. Es zeigt sich, daß der Wirkungskreis der Gemeinde viel umfassender ist, als es bei einer Anstalt möglich wäre. Das hängt damit zusammen, daß sich der Wirkungskreis hier nicht sachlich bestimmen läßt.

Fällen der Wirkungsbereich nicht immer aus den der Anstalt übertragenen Sachaufgaben bestimmen läßt, so daß der Gesetzgeber sich
veranlaßt sah, seinerseits gewisse Anhaltspunkte für die Bestimmung
zu geben. Andernfalls würden sich nämlich unter den Funktionsbereich
der öffentlichen Bankanstalten praktisch fast alle Geschäfte einordnen
lassen. Das aber würde der These von der materiell bestimmten Begrenzung der öffentlichen Verwaltung widersprechen.

Dieses System (Bestimmung der im einzelnen zulässigen Geschäfte)
ist etwa angewandt worden im Falle der Deutschen Genossenschaftskasse[63] und der Landwirtschaftlichen Rentenbank[64]. So heißt es etwa
im Gesetz über die Deutsche Genossenschaftskasse zunächst, diese werde
als Zentralbank „zur Förderung des Genossenschaftswesens, insbesondere des genossenschaftlichen Personalkredits" errichtet (§ 1). Eine so
allgemein gehaltene Umschreibung wäre allerdings wenig geeignet, die
Tätigkeit der Anstalt eindeutig abzugrenzen. Deshalb wird in § 2 des
genannten Gesetzes im einzelnen aufgezählt, zu welchen Zwecken die
Anstalt „Kredite gewährt". Im § 3 schließlich heißt es dann unter der
Überschrift „Geschäftskreis": „Im Rahmen der in § 2 Abs. 1 festgelegten
Begrenzungen darf die Genossenschaftskasse folgende Geschäfte betreiben...", es folgt ein *Katalog* verschiedener Geschäftsarten (Ziffer 1
bis 8), mit dem der Gesetzgeber sich bemüht hat, eindeutige Klarheit
über die Begrenzungen des Wirkungskreises zu schaffen[65]. Diesem System folgt die gesetzgeberische Praxis auch bei anderen öffentlichen
Bankanstalten.

In vielen Fällen aber fehlt es an Vorschriften, die eine Bestimmung
des Wirkungskreises ermöglichen würden. Daher kommt es immer wieder zu Schwierigkeiten bei der Bestimmung dessen, was im Rahmen des
Funktionsbereiches noch als zulässig anzusehen ist und was bereits eine
Überschreitung darstellen würde. Das zeigt sich besonders deutlich an
dem Streit über die Zulässigkeit des *Werbefunks* und des *Werbefernsehens*[66]. Von den Gegnern des Werbefunks wurde insbesondere vorgebracht, der Funktionsbereich der öffentlichen Rundfunkanstalten sei
in diesem Falle überschritten[67], so daß eine besondere Ermächtigung

---

[63] Gesetz v. 11. 5. 1949 WiGBl. S. 75, i. d. F. v. 4. 4. 1957, BGBl. I, S. 372.

[64] Gesetz v. 11. 5. 1949 WiGBl. S. 77, i. d. F. v. 14. 9. 1953, BGBl. I, S. 1331.

[65] Denn „für die Beurteilung ist" — nach der schon genannten Entscheidung des Bundesgerichtshofs v. 28. 2. 1956 — „allein die objektiv gegebene
Rechtslage maßgebend", BGHZ 20/119 ff. (124) mit weiteren Nachweisen.

[66] Für die Zulässigkeit treten ein Forsthoff, Rechtsfragen der Werbesendungen im Fernsehen, DÖV 1957, S. 97 ff. und Hans Schneider, Zur Frage der
rechtlichen Zulässigkeit von Werbesendungen im Rundfunk- und Fernsehprogramm (insb. des Südwestfunks), Rechtsgutachten 1957 (gedruckt).

[67] Löffler, Private Wirtschaftswerbung durch öffentliche Rundfunkanstalten?, BB 1956, S. 729 ff.

für die Werbesendungen erforderlich sei[68]. Die Rechtsprechung hat sich diesen Argumenten aber nicht angeschlossen und die Werbesendungen als zum Funktionsbereich des Rundfunks gehörig angesehen[69].

Auch bei der Bestimmung des Wirkungsbereiches wird man zweckmäßigerweise auf den hier entwickelten Begriff der öffentlichen Anstalt zurückgreifen müssen. Danach kann man davon ausgehen, daß sich zunächst alle diejenigen Maßnahmen innerhalb des Funktionsbereiches der öffentlichen Anstalt halten, die zur Bewältigung der sachlich-technisch bestimmten Aufgabe der Anstalt notwendig sind[70]. Das ergibt sich daraus, daß mit der öffentlichen Anstalt alles das schon durch deren Einrichtung legitimiert ist, was im Rahmen ihres Betriebes als *sachnotwendig* erscheint.

Dazu kommt aber auch noch ein weiteres: es gibt außer der einer Anstalt hauptsächlich obliegenden Aufgabenstellung noch mannigfache „Neben- und Hilfstätigkeiten", die sich mit den technisch-sachlichen Abläufen verbinden lassen, ohne daß hierfür besondere Vorkehrungen erforderlich wären[71]. Auch von diesen läßt sich sagen, daß sie sich im Rahmen des Wirkungsbereichs der Anstalt halten[72], solange sie in den Bereich der der öffentlichen Anstalt hauptsächlich obliegenden Aufgabenstellung nicht eingreifen[73].

Weiter fragt sich nun — schon im Hinblick auf die Schwierigkeiten, die sich bei der Bestimmung des Wirkungskreises ergeben können, — ob es in allen Fällen gerechtfertigt ist, an seine Überschreitung gleich die schwerwiegende Folgerung der Rechtsunwirksamkeit zu knüpfen[74], für die die herrschende Lehre im übrigen auch die Begründung schuldig

---

[68] Hamann, Wirtschaftswerbung im Rundfunk und Fernsehen, NJW 1957, S. 1422 ff. (1424) und Wirtschaftsverfassungsrecht, S. 72 mit der Begründung, daß die Werbetätigkeit „durch die Sozialstaatserklärung nicht legitimiert" sei.

[69] OLG München, (rechtskr.) Urteil v. 24. 10. 1957, NJW 1958, S. 1298.

[70] So zum Beispiel, wenn die Deutsche Bundesbahn wegen einer notwendigen Gleiserneuerung mit einem privaten Omnibusunternehmer vereinbart, daß dieser in ihrem Auftrag den Verkehr für eine Übergangszeit aufrechterhält.

[71] Forsthoff, Rechtsfragen der Werbesendungen, DÖV 1957, S. 97 ff. (99). Hierher gehören Post- und Bahnreklame, aber auch Rundfunk- und Fernsehwerbung.

[72] Forsthoff, Rechtsfragen der Werbesendungen, a. a. O., S. 99; OLG München, NJW 1958, S. 1298.

[73] Das wäre beim Rundfunk der Fall, wenn dieser in sein gesamtes Programm Werbesendungen einbauen würde, vgl. Hans Schneider, Zur Frage der Zulässigkeit von Werbesendungen, S. 18/19.

[74] So hält Hans Schneider, a. a. O., S. 19, diese vom Bundesgerichtshof gezogene Schlußfolgerung für unzutreffend (ohne allerdings darzutun, welche Konsequenzen nach seiner Ansicht in diesem Fall gezogen werden müssen).

bleibt[75]. Um dieser tiefgreifenden Rechtsfolge von vorneherein den Charakter einer *Ausnahmeerscheinung* zu geben, wird man in der Regel verlangen müssen, daß die Überschreitung des Wirkungsbereichs einem unbeteiligten Dritten, zumindest aber einem Geschäftspartner, *erkennbar* gewesen wäre[76]. Das wird immer dann der Fall sein, wenn eine vorliegende Verbotsnorm verletzt worden ist[77], oder wenn die Maßnahme der öffentlichen Anstalt ihrer Aufgabenstellung „geradewegs zuwiderläuft"[78]. So lag auch der vom Bundesgerichtshof in seinem Urteil vom 28. 2. 1956 entschiedene Fall, denn das Gericht betont ausdrücklich, es habe der in der Satzung der Hauptlenkungsstelle enthaltenen Verbotsnorm nur „deklaratorische Bedeutung" beigemessen[79].

In allen übrigen Fällen müßte die Möglichkeit einer Einwirkung im Wege der *Staatsaufsicht* geschaffen werden, der auch unter diesem Gesichtspunkt eine wichtige Funktion zukäme[80]. Die Überschreitung des Wirkungsbereichs hätte eine aufsichtsrechtliche Beanstandung zur Folge, so daß die Maßnahme der Anstalt im Rahmen des Möglichen rückgängig gemacht werden müßte. Daneben ließe sich aber auch an eine Kassation denken, gegen die allerdings — soweit es sich um privatrechtliche Geschäfte handelt — Bedenken schon wegen des Vertrauensschutzes für gutgläubige Dritte bestehen.

II. Die Stellung der Anstalt innerhalb der öffentlichen Verwaltung

Wenn damit die Stellung der Anstalt im Rechtsverkehr, ihr Wirkungskreis, ihre Beziehungen zu Dritten — man könnte kurz sagen:

---

[75] Teilweise wird die Unwirksamkeit mit einer Überschreitung einer (begrenzten) Rechtsfähigkeit begründet, so bei Schlegelberger, Grenzen der Rechtsfähigkeit preußischer Wassergenossenschaften, Reichs- und Preuß. Verwaltungsblatt 1930, S. 90 mit zahlreichen Literaturhinweisen. Ohne Stellungnahme dagegen Forsthoff, Verwaltungsrecht, § 24 I d (S. 423). Im Sinne einer begrenzten Rechtsfähigkeit ist wohl auch der Hinweis von H. J. Wolff, Verwaltungsrecht I, § 34 I 2 (4. Aufl., S. 178) auf den Grundsatz „ultra vires" zu verstehen.

[76] Entgegen Forsthoff, Verwaltungsrecht, § 24 I d (S. 423).

[77] Forsthoff, Rechtsfragen der Werbesendungen, DÖV 1957, S. 97 ff. (99).

[78] Hans Schneider, Zur Frage der Zulässigkeit von Werbesendungen, S. 18.

[79] s. BGHZ 20/119 ff. (126).

[80] Auch deshalb ist die mangelnde Ausbildung der Staatsaufsicht im Bereich des Rundfunks zu bedauern. Bedenklich erscheint etwa die Übernahme der Filmateliers der Bavaria Filmkunst AG in Geiselgasteig durch zwei öffentliche Rundfunkanstalten (Stuttgart und Köln), die zu diesem Zwecke die Bavaria Filmkunst GmbH gründeten. Denn bei diesem Vorgang sind offenbar auch erhebliche Interessen der Filmwirtschaft mit im Spiel. Siehe „Die neue Ehe zwischen Film und Fernsehen" (Artikel von Guido Bagier) im „Handelsblatt" vom 31. 7./1. 8. 1959, Nr. 120, S. 14.

ihr Außenverhältnis — beschrieben worden ist[81], so bleibt nunmehr ihre Einordnung *innerhalb* der öffentlichen Verwaltung zu untersuchen. Schon mehrfach war auf die veränderte Funktion der Anstalt hingewiesen worden, nun fragt es sich, welche Folgerungen sich daraus für die Systematik des Verwaltungsrechts ergeben. Nur wenn es gelingt, die öffentliche Anstalt begrifflich eindeutig abzugrenzen gegenüber den anderen Erscheinungen im Bereich der öffentlichen Verwaltung, ist es gerechtfertigt, in ihr einen eigenen verwaltungsrechtlichen Organisationstyp zu sehen und nicht nur eine juristische Person des öffentlichen Rechts.

1. Anstalt, Behörde, Oberbehörde

Für die herrschende Lehre besteht das Unterscheidungsmerkmal gegenüber den Behörden allerdings — das wurde schon gesagt — in der auf der Rechtsfähigkeit beruhenden *Selbständigkeit;* das ergibt sich schon aus der Gleichstellung der sog. unselbständigen Anstalten mit den Behörden der allgemeinen Staatsverwaltung. Versteht man aber die Anstalt als eine Institution, die wie ein Betrieb durch den Vollzug von technischen Sachaufgaben bestimmt ist, so ergibt sich ein völlig neuer Aspekt. Wenn etwa Arnold *Köttgen* davon spricht, daß die Anstalt als ein „selbständiger Lebensbereich" anzusehen sei[82], so ist damit bereits eine Formel gewählt, die die Selbständigkeit nicht mehr auf die Rechtsfähigkeit aufbaut, sondern auf eine Umschreibung Bezug nimmt, die auch für die Bestimmung des Betriebsbegriffes (im Arbeitsrecht) benutzt wird[83].

Diese Aussage läßt sich hier nun weiter präzisieren. Wird die Anstalt ebenso wie ein Betrieb durch sachlich-technische Vollzüge bestimmt, so bedarf es zu ihrer Ingangsetzung und Inganghaltung des Einsatzes von Menschen, die durch besonderes *Fachwissen* qualifiziert sind[84], von Experten, wie man sie wohl nennen könnte, von Technikern, als die sie sich gelegentlich auch selbst bezeichnen[85]. Darin findet eine Entwicklung ihren Ausdruck, die schon von *Max Weber* beob-

---

[81] Über die Verhältnisse zu den einzelnen als Benutzern, vgl. unten, III. Kapitel, § 7.

[82] Köttgen, Die Organisationsgewalt, VVDStRL Heft 16, 1958, S. 184.

[83] Nämlich von Nikisch, Arbeitsrecht, 2. Aufl., S. 124. Darauf weist Köttgen, a. a. O., ausdrücklich hin.

[84] Leider wird das nur in seltenen Fällen ausdrücklich hervorgehoben, so etwa in § 7 Abs. 2 des Gesetzes über die Deutsche Bundesbank v. 26. 7. 1957, BGBl. I, S. 745: „Die Mitglieder des Direktoriums müssen besondere fachliche Eignung besitzen."

[85] So bezeichnet sich ein Notenbankpräsident ausdrücklich selbst als Experte und stellt sich in Gegensatz zu den Politikern, Hjalmar Schacht, 76 Jahre meines Lebens, S. 321/322. Ein anderer Notenbankpräsident spricht von den Technikern, die sich des Instruments der Notenbank aufgrund technischer Kenntnisse und Erfahrungen bedienen, Wilhelm Vocke, Gesundes Geld, S. 83.

achtet und beschrieben worden ist. Weber sah den Beamten als einen Fachmann, der „entsprechend der rationalen Technik des modernen Lebens stetig und unvermeidlich zunehmend fachgeschult und spezialisiert" sei[86]. Daß diese Beobachtung sich im wesentlichen auf den modernen Bereich der Verwaltung bezieht, die Leistungsverwaltung, darf hier hinzugefügt werden, wird aber schon bei M. Weber dadurch bestätigt, daß auch von ihm seine Thesen gerade auf die „Organisation der elementarsten Lebensversorgung" bezogen werden[86], also auf ein Gebiet der Verwaltung, das durch den Organisationstyp der Anstalt gekennzeichnet wird.

An sich stände nichts im Wege, auch in diesem Falle von einer bestimmten Art der „Selbstverwaltung" zu sprechen[87], solange man sich nur darüber verständigt, daß *diese* Selbstverwaltung auf dem Gedanken beruht, daß sich technisches Fachwissen und Sachverstand nicht hierarisch organisieren lassen[88]. Damit ist auch bereits der tiefgreifende Unterschied gegenüber der notwendigerweise hierarchisch aufgebauten Behördenverwaltung aufgezeigt, deren Organisationssystem im aufkommenden Industrialismus des 19. Jahrhunderts auch den Unternehmern als Vorbild diente[89]. Über- und Unterordnung verlieren ihren Sinn, wo sachlich-technisch bestimmte Aufgaben besonderen Institutionen zur Erfüllung übertragen sind. „La technique est dévenue autonome, et forme un monde dévorant qui obéit à ses lois propres, réniant toute tradition"[90]. Es erscheint dann als problematisch, ob eine „vorgesetzte" Behörde noch (unter Berufung auf ein „Weisungsrecht") anordnen, befehlen kann[91], es müßte denn auch in dieser Be-

---

[86] Weber, Gesammelte Politische Schriften, S. 150.

[87] Forsthoff verwendet den Selbstverwaltungsbegriff auch für die Anstalten, vgl. Verwaltungsrecht, § 24 I a) a. E. (S. 419). Das wird von W. Weber, Die Körperschaften, Anstalten und Stiftungen, S. 88, abgelehnt, ebenso von Becker, Anstalten des öffentlichen Rechts, HdSW, Bd. I, 1956, S. 209, der statt dessen den Ausdruck „Eigenverwaltung" vorschlägt.

[88] Wenn man nämlich den Fachmann dadurch qualifiziert sieht, daß er zu lesen versteht, was „die Logik der Verhältnisse" vorschreibt, Lübbe, Zur politischen Theorie der Technokratie, in „Der Staat" 1962, S. 19 ff. (S. 21); ferner Ballweg, Zu einer Lehre von der Natur der Sache, 1960, S. 46.

[89] Welche Wandlungen sich demgegenüber in der Gegenwart ergeben bzw. bereits ergeben haben, zeigen Untersuchungen der modernen Betriebssoziologie, etwa Dahrendorf, Industrie- und Betriebssoziologie, insbes. S. 63 ff.; Bahrdt, Die Krise der Hierarchie im Wandel der Kooperationsformen, in: Soziologie und moderne Gesellschaft (Verhandlungen des 14. Deutschen Soziologentages), 1959, S. 113 ff.

[90] Jaques Ellul, La technique ou l'enjeu du siècle, S. 12 und 120 ff. Ellul sieht gerade hierin die Neuartigkeit des Vorgangs, denn Technik als solche hat es natürlich auch früher schon gegeben.

[91] Und wenn es doch geschieht, so können sich daraus Störungen bei der Erfüllung der Sachaufgabe ergeben, weil diese eher Kenntnis der Sache als Gehorsam gegenüber Befehlen voraussetzt, Lübbe, Zur politischen Theorie der Technokratie, a. a. O., S. 35.

hörde gleiches (oder besseres) Fachwissen institutionalisiert sein[92]. Doch damit würde sich an dem Problem als solchem prinzipiell nichts ändern, weil der Anstalt ja gerade die Erfüllung einer bestimmten Sachaufgabe als einer *dafür* eingerichteten besonderen Institution obliegt. Nicht ohne Grund wird daher der Anstalt auch ein Bereich eigener „Sachverantwortung" zugesprochen und damit plastisch zum Ausdruck gebracht, worum es sich hier handelt[93]. Damit wird auch der Gegensatz zum Begriff der Selbstverwaltung in dem hergebrachten Sinn ganz deutlich. Nachdem dieser Ausdruck nämlich dem Vokabular einer durch politische Spannungen bedingten Situation zuzurechnen ist[94], empfiehlt es sich, für die Anstalt statt dessen einen Ausdruck zu wählen, der das ihr eigentümliche sachlich-technische Moment besser hervortreten läßt. Diesem Erfordernis könnte man eher genügen, wenn man in der öffentlichen Anstalt einen *ungebundenen Steuerungsraum* verwirklicht sieht, weil damit einmal die Funktion der Fachleute, der Experten oder Techniker unterstrichen wird, zum anderen eine Abgrenzungsmöglichkeit gefunden zu sein scheint, die für das Verhältnis der Anstalt zum Staat wohlbegründet wäre: der Staat kann zwar anordnen, *daß* bestimmte sachlich-technische Verrichtungen in einem als Anstalt organisierten Bereich öffentlicher Verwaltung zu vollziehen sind, aber „*nicht wie sie stattfinden*"[95].

Wenn man in diesem Sinne das Moment der Selbständigkeit von der der Anstalt übertragenen *Sachaufgabe* her bestimmt — also nicht rechtstechnisch, sondern durch ihre Funktion bedingt sieht, so ließe sich gegen diese besondere Charakterisierung wohl einwenden, daß auch der Selbstverwaltungsbegriff inzwischen längst seiner früher einmal politisch zu verstehenden Bedeutung entkleidet und daher auch auf die hier beschriebene spezifische Situation anwendbar sei. Dieser Einwand ist sicher ernst zu nehmen, bestätigt er doch auch für die öffentliche Körperschaft als einen anderen Organisationstyp der Verwaltung jene Tendenz zur „Versachlichung", von der in dieser Untersuchung schon die Rede gewesen ist. Daß dieser Einwand nicht durchschlägt, zeigt sich an der Entwicklung des Rundfunkwesens, nachdem die in den Nachkriegsjah-

---

[92] Vgl. Popitz-Bahrdt-Jüres-Kesting, Technik und Industriearbeit, 1957, die vor allem auf die „Versachlichung" der Vorgesetztenverhältnisse hinweisen, S. 212, d. h. auf die Tatsache, daß an die Stelle der Sozialtechnik des direkten Befehls mehr und mehr der Zwang der ‚Sache an sich' getreten ist. Speziell für die insoweit besonders eindrucksvollen Verhältnisse bei dem Betrieb von Atomreaktoren vgl. Reimann, Neue Organisationsformen bei Kernreaktorbetrieben, Ruperto-Carola, XII. Jg., Bd. 27, S. 226 ff. (228).

[93] W. Weber, Juristische Personen des öffentlichen Rechts, HdSW, Bd. 5, 1956, S. 451.

[94] s. oben, I. Kapitel, § 2, 2.

[95] So zitiert nach Georg Jellinek, System der subjektiven öffentlichen Rechte, 1892 (!), S. 213, hier vom Verf. hervorgehoben.

ren erlassenen Rundfunkgesetze der deutschen Länder den Rundfunkanstalten ausdrücklich „das Recht der Selbstverwaltung" einräumen[96].
Damit soll aber deren *Unabhängigkeit* gegenüber *politischen* Einwirkungen auf das Kommunikationsmittel des Rundfunks gesichert werden, d. h. der Selbstverwaltungsbegriff hat auch hier grundsätzlich den
gleichen Sinn, der dem Begriff nach seiner Entstehung im 19. Jahrhundert zukommt[97]. Dagegen ist mit der Einräumung der Selbstverwaltung noch nichts über einen — hier so genannten — ungebundenen
Steuerungsraum im Sinne eines durch technischen Sachverstand quali-
fizierten Entscheidungsbereichs gesagt, wozu um so weniger Anlaß
bestand, als die Rundfunkanstalten in der Bundesrepublik der Aufsicht seitens des Staates ohnehin großenteils entzogen sind.

Ein vergleichbares Bild zeigt sich etwa auch in England[98]. Nach dem
Kriege wurde das Fernsehwesen der „Independent Television Authority",
als einer *public corporation*, übertragen[99]. Derartige public corporations
gibt es in England, seit dort im Jahre 1908 die „Port of London Authority" eingerichtet wurde. Danach hat die Zahl der public corporations
ständig zugenommen[100]. Auch ihnen obliegt die Erfüllung bestimmter
Sachaufgaben in weitgehend eigener Verantwortung, ohne Bindung an
Weisungen übergeordneter Instanzen[101]. Obwohl sich das Bild in dieser Hinsicht nach der Einbeziehung der verstaatlichten Industrie in den
Jahren nach dem zweiten Weltkrieg gewandelt hat[102], besitzt wenigstens die Independent Television Authority — wie schon ihr Name
besagt — weitgehende Unabhängigkeit von den Einflüssen politischer
Instanzen[103]. Ihre Stellung, die damit einer deutschen Rundfunkanstalt
ähnlich ist, beruht auf dem englischen Television Act von 1954, der das
Verhältnis zwischen der Independent Authority und der Aufsichtsbehörde (Postmaster General) bis in alle Einzelheiten festlegt. Dabei ist

---

[96] Beispiele: Bayerischer Rundfunk, G. v. 10. 8. 1948, GVBl. 135, Hessischer Rundfunk, G. v. 2. 10. 1948, GVBl. 123, Radio Bremen, G. v. 22. 11. 1948,
GBl. 225, jeweils § 1.

[97] Vgl. dazu schon oben, I. Kapitel, § 3 II.

[98] Daß aber ähnliche Entwicklungstendenzen heute praktisch in allen Ländern zu beobachten sind, zeigt etwa der Aufsatz von Mey, Die Entwicklung
der Verwaltung und der Stand der verwaltungsrechtlichen Forschung in den
Niederlanden, „Verwaltungsarchiv", Bd. 49, 1958, S. 33.

[99] Griffith and Street, Principles of administrative law, sec. ed., 1957, S. 276.
Die public corporation kommt der öffentlichen Anstalt vergleichsweise am
nächsten.

[100] Robson, The public corporation in Britain today, Harvard Law Review, vol. 63 (1949—1950), S. 1321.

[101] Robson, a. a. O., S. 1325 („largely immune from ministerial control").

[102] Die public corporation wird in dieser Zeit „the chosen legal instrument
of the Labour Government for the public control of basic industries", Friedmann, The new public corporations and the law, in: The Modern Law Review, vol. 10, 1947, S. 233.

[103] Griffith and Street, a. a. O., S. 283, S. 292.

auch bestimmt, welche Möglichkeiten der public corporation zur Erfüllung ihrer Funktionen ausschließlich eingeräumt sein sollen[104].

Allerdings ist das Bild der public corporation in England keineswegs einheitlich. Insbesondere gilt diese Feststellung auch für die Einräumung von Einflußmöglichkeiten, die gegenüber der public corporation von höheren Instanzen ausgeübt werden können, die bis zum direkten Weisungsrecht reichen (complete power of direction of the Minister)[105]. Gleichwohl ergeben sich Beschränkungen auch hier von der Sachaufgabe der öffentlichen Einrichtung her, so wenig diese Beschränkungen unter diesem Aspekt auch in den Gesetzen selbst ihren Ausdruck finden können.

Die deutsche Gesetzgebung bietet immerhin in den Gemeindeordnungen der Länder Bestimmungen, die in diesem Zusammenhang angeführt werden können. So heißt es über die Eigenbetriebe etwa in der Gemeindeordnung für Nordrhein-Westfalen[106]: „In den Angelegenheiten des Eigenbetriebes ist der Werkleitung ausreichende Selbständigkeit der Entschließung einzuräumen". Damit ist im wesentlichen die Regelung der Eigenbetriebsverordnung von 1938 übernommen worden, in der bereits festgelegt war, daß der Eigenbetrieb „von der Werkleitung selbständig geleitet" werden soll[107]. Diese Selbständigkeit findet ihren Grund also nicht in einer — bei den Eigenbetrieben ohnehin nicht vorhandenen — Rechtsfähigkeit, ihr liegt vielmehr der Gedanke zugrunde, daß den Technikern, den Experten ein besonderer Raum für sachliche Entscheidungen eingeräumt sein soll („ausreichende Selbständigkeit"), weil diese Entscheidungen nur von den Sachverständigen getroffen werden können und einer leitenden (staatlichen) Gewalt nicht zugänglich sind[108].

---

[104] „... to establish, install and use stations for wireless telegraphy", „to arrange for the provisions an equipment of, or, if need be, themselves to provide and equip, studios and other premises for television broadcasting purposes ...", Public General Acts and Measures of 1954, S. 481.

[105] Friedmann, The new public corporations and the law, a. a. O., S. 247.

[106] v. 21. 10. 1952, GVBl. NRW 269 (Neufassung GS NW S. 167), § 75 Abs. 1 Satz 1.

[107] EigenbetriebsVO v. 21. 11. 1938, RGBl. I, 1650, § 2 Abs. 1. Ebenso jetzt z. B. EigenbetriebsVO NRW v. 22. 12. 1953, GVBl. 435 (GS NW S. 181), § 2 Abs. 1. Ferner EigenbetriebsG Berlin v. 11. 12. 1959, GVBl. 1229, § 4 Abs. 1: „Die Geschäftsleitung leitet den Eigenbetrieb selbständig und unter eigener Verantwortung ...".

[108] Es ist bezeichnend, daß die Eigenbetriebsverordnungen, obwohl unter gegensätzlichen politischen Systemen erlassen, in dieser Hinsicht keineswegs voneinander abweichen. Sie können es auch nicht, weil es sich um die Regelung einer nach ausschließlich sachlichen Gesichtspunkten zu beantwortenden Frage handelt. Damit hängt auch die eigentümliche Stellung der Sachverständigen, der Techniker zusammen: „Die Fachleute hüben und drüben verständigen sich ohne weiteres", wird von Lübbe, Zur politischen Theorie der Technokratie, „Der Staat", Bd. I (1962), S. 19 ff. (21) mit Recht bemerkt.

Hier zeigt sich der Unterschied gegenüber den Behörden der allgemeinen Staatsverwaltung. Ihnen fehlt es an der „Selbständigkeit" der Anstalt, insofern diese auf einem ungebundenen Steuerungsraum in dem dargelegten Sinne beruht[109]. Sie stellen vielmehr einen Organisationstyp der öffentlichen Verwaltung dar, der dadurch gekennzeichnet wird, daß er in den allgemeinen Instanzenzug eingebaut ist[110]. Da hier das Prinzip der Überordnung und Unterordnung gilt, kann eine vorgesetzte Behörde der nachgeordneten Weisungen erteilen, die diese befolgen muß, selbst wenn der ausführende Beamte einer entgegengesetzten Meinung sein sollte[111].

Dagegen kann auch nicht eingewandt werden, daß es in Gestalt der sog. Obersten Behörden (auf Bundes- bzw. auf Länderebene) auch Behörden gebe, die einem Weisungsrecht nicht unterworfen sind. Abgesehen davon, daß logischerweise irgendwo eine Spitze vorhanden sein muß, können die obersten Behörden hier auch wegen der ihnen zukommenden Sonderstellung außer Betracht bleiben, nachdem ihnen der Rang einer „verfassungsrechtlichen Kategorie" zukommt[112]. Diese Einstufung hat in ihrer Verantwortlichkeit gegenüber dem Parlament, also in ihrer besonderen politischen Stellung ihren Grund.

Legt man die üblich gewordene Gegenüberstellung von hoheitlicher und leistender Verwaltung auch hier zugrunde, so stellt sich die Anstalt heute als die *typische Erscheinung* der *leistenden* Verwaltung dar[113]. Dagegen dient die Behörde der Erfüllung von *Ordnungs*funktionen, sie stellt sich als die typische Erscheinung der Hoheitsverwaltung dar[114].

---

[109] Forsthoff: sie können „dem Staat gegenüber nicht als eigenständig angesehen werden", Verwaltungsrecht, § 22, 2 (S. 391).

[110] Vgl. Art. 74 Verfassung für Württemberg-Hohenzollern v. 20. 5. 1947, Reg. Bl. 1. Danach „führen die Behörden den Willen der Regierung zur Erreichung des Staatszwecks *im Gehorsam gegenüber den Weisungen* aus, die ihnen die im Behördenaufbau vorgesetzte Behörde erteilt" (Hervorhebung vom Verf.).

[111] Auch in diesem Fall ist die Meinung der mit Weisungsgewalt ausgestatteten Behörde allein maßgeblich. Das zeigt sich besonders dann, wenn die untere Behörde die in Frage kommende Maßnahme für rechtlich nicht zulässig hält (und damit später sogar recht behält). Der Meinung der vorgesetzten Behörde ist gleichwohl Folge zu leisten, so jedenfalls der BGH im Urteil vom 21. 5. 1959, NJW 1959, 1629 (1630).

[112] Köttgen, Bundesregierung und oberste Bundesbehörden, DÖV 1954, 4 ff. (7).

[113] Das bedeutet nicht, daß ein Anstaltsbegriff nicht auch bereits in dem traditionellen Verwaltungsrecht ausgeformt worden war. Vgl. darüber oben im I. Kapitel.

[114] Dem Einwand, daß auch in der Bewältigung von Ordnungsfunktionen eine staatliche Leistung zu sehen sei, ist bereits Forsthoff nachdrücklich entgegengetreten, Verwaltungsrecht, vor § 19 (S. 322 Fußnote 1), und zwar mit dem Argument, daß sonst der Begriff der leistenden Verwaltung seinen spezifischen Sinn verlieren würde.

Behörden — so sagt *Otto Mayer* einmal — sind solche Ämter, welche
befähigt sind zu Willensäußerungen mit bindender Kraft[115]. Er zielt
damit auf die Verwaltungsakte ab, die in der Tat das typische Mittel
sind, dessen sich die Behörde zur Erfüllung ihrer Aufgaben bedient[116].
Für Otto Mayer stand eben für ein System des Verwaltungsrechts
überall der Gedanke im Vordergrund, daß der Staat in eine hoheitlich
bestimmte Beziehung zu dem einzelnen tritt und daß sich für diesen daraus Pflichten (oder Rechte) ergeben[117]. Wesentlich für die Behörde ist
damit die Beziehung zum einzelnen, an der sich auch durch den Einsatz
technischer Mittel grundsätzlich nichts ändert[118]. Arbeitet dagegen die
— von ihrer sachlich-technischen Aufgabe her bestimmte — Anstalt
wirklich „wie eine Maschine", dann lebt sie nach ihrem eigenen Gesetz,
„um die *Dienste zu leisten,* für die sie da ist"[119].

Anstalt und Behörde unterscheiden sich daher nach *funktionalen,* aber
nicht nach formalen Gesichtspunkten[120].

Mit dieser Einordnung von der Funktion her wird damit für die Gliederung innerhalb der Verwaltung ein gleicher Gesichtspunkt herange-
zogen, wie er auch für die Unterteilung der staatlichen Funktionen
überhaupt in Gesetzgebung, Verwaltung und Rechtsprechung gilt[121].

Eine besondere Stellung nehmen die sog. *selbständigen Oberbehörden* ein, die nur im Bereich der Bundesverwaltung vorkommen[122]. Es

---

[115] Theorie des französischen Verwaltungsrechts, S. 29.

[116] Hans J. Wolff, Verwaltungsrecht II, § 76 II b) 1 (S. 69). Die Behörde
ist deshalb eine „Institution mit einer bestimmten Kompetenz" (Forsthoff,
Verwaltungsrecht, § 22, 2 b (S. 393), ein Begriff, der für die Anstalt nicht paßt,
dem hier vielmehr die bestimmte Sachaufgabe entspricht. H. J. Wolff hält
demgegenüber auch für die Anstalt an der „Kompetenz" fest, Verwaltungsrecht II, § 98 IV (S. 264).

[117] Theorie des französischen Verwaltungsrechts, S. 156.

[118] Darauf weist Zeidler, Über die Technisierung der Verwaltung, S. 12/13,
zutreffend hin.

[119] O. Mayer, Deutsches Verwaltungsrecht, § 52 I 1 (= S. 496, 497 in der
2. Aufl., mit Hervorhebung vom Verf. d. Arbeit).

[120] Das bedeutet, daß alle Erscheinungen, die in das hier gegebene Schema
passen, als Anstalten, Behörden usf. anzusehen sind, und zwar ohne Rücksicht auf Rechtsform, Benennung usw. Denn es ist gerade die „Äquivalenz der
Möglichkeiten", die das Wesen eines funktional bestimmten Begriffes aus-
macht, Luhmann, Der Funktionsbegriff in der Verwaltungswissenschaft,
„Verwaltungsarchiv", 49. Bd. (1958), S. 97 ff. (99). Das wird im Folgenden noch
unter Hinweis auf Rechtsformen und Rechtsfähigkeit verdeutlicht werden.

[121] Hans Schneider, Über Einzelfallgesetze (Festschrift für Carl Schmitt),
S. 159; BGH v. 21. 4. 1959, NJW 1959, 1230 (über die Frage der Ausübung
von Strafgewalt durch die Finanzämter), insbes. auch die dazu abgedruckte
Anmerkung von Arndt.

[122] Daß es auch auf Landesebene Oberbehörden gibt, zeigt das Landesorganisationsgesetz NRW vom 10. 7. 1962, GVBl. NRW 421 (wo u. a. das Geolo-
gische Landesamt, das Landesamt für Ernährungswirtschaft, das Landesjagd-
amt, das Landesvermessungsamt usw. als Landesoberbehörden genannt wer-

handelt sich um eine Neuprägung des Grundgesetzes, die aber in den Jahren seit seiner Inkraftsetzung schon in vielfacher Weise Verwendung gefunden hat[123]. Nach der Rechtsprechung des Bundesverfassungsgerichts ist der Bund bei der Errichtung selbständiger Oberbehörden nach Art. 87 Abs. 3 GG ebensowenig wie bei der Errichtung von öffentlichen Anstalten (vgl. dazu oben, § 4 I 1 b) darauf angewiesen, daß ihm durch das Grundgesetz eine „Verwaltungskompetenz" eingeräumt ist[124].

Von den selbständigen Bundesoberbehörden sind die unselbständigen Bundesoberbehörden wohl zu trennen, die nach Art. 86 oder 87 Abs. 1 Satz 2 GG errichtet werden können[125]. Wichtig ist, daß die Unterscheidung in „selbständige" und „unselbständige" Oberbehörden *hier* nichts mit der Frage der Rechtsfähigkeit zu tun hat, denn auch unter den selbständigen Bundesoberbehörden sind ausschließlich solche Gebilde zu verstehen, denen eigene Rechtsfähigkeit *nicht* zukommt[126].

Überblickt man die unter den Begriff der selbständigen Oberbehörde fallenden Erscheinungen, so erfährt man, daß es sich auch hier weitgehend um Gebilde handelt, denen sachlich-technische Aufgaben übertragen sind. Das gilt etwa für das Kraftfahrt-Bundesamt[127], das Bundesamt für Schiffsvermessung[128], das Bundessortenamt[129], das Luftfahrt-Bundesamt[130] und das Statistische Bundesamt[131].

---

den, § 6 Abs. 2). Aber die eigentümliche Prägung der *selbständigen* Oberbehörde ist dem Landesrecht nicht geläufig.

[123] Art. 87 Abs. 3 GG hat sich insoweit als eine Rechtsgrundlage erwiesen, die es dem Bund ermöglicht hat, zur Bewältigung der wachsenden Verwaltungsaufgaben auf die Einrichtung von selbständigen Bundesoberbehörden, öffentlichen Körperschaften und Anstalten „auszuweichen", Werner Weber, Die Verfassung der Bundesrepublik in der Bewährung, S. 21.

[124] BVerfG v. 24. 7. 1962, DVBl. 1962, 672.

[125] Hans Schneider, Körperschaftliche Verbundverwaltung, AöR Bd. 83 (1958), S. 1 ff. (18); ferner Böhm, Zur Rechtsstellung der Bundesoberbehörde, DVBl. 1950, 746. Zu den unselbständigen Oberbehörden gehört das Bundesamt für Verfassungsschutz, vgl. Gesetz über die Zusammenarbeit des Bundes und der Länder in Angelegenheiten des Verfassungsschutzes v. 27. 9. 1950, BGBl. 682, § 2 Abs. 1. Ebenso H. J. Wolff, Verwaltungsrecht II, § 76 c) 2 (S. 69). Anderer Ansicht offenbar Maunz, Staatsrecht, 7. Aufl., S. 198.

[126] So die Praxis in der Bundesgesetzgebung. Vgl. die folgenden Beispiele. (Vgl. auch die Übersicht in DVBl. 1962, 661 Fußnote 44.)

[127] Gesetz v. 4. 8. 1951, BGBl. I, 488.

[128] Errichtet als Seeschiffsvermessungsamt durch einen Beschluß der Alliierten v. 30. 1. 1946, später in Bundesverwaltung überführt durch VO v. 4. 9. 1951, BGBl. I, 826, § 2 Zif. 33.

[129] G. über Sortenschutz und Saatgut von Kulturpflanzen v. 27. 6. 1953, BGBl. I, 450, § 15.

[130] G. v. 30. 11. 1954, BGBl. I, 354.

[131] G. über die Statistik für Bundeszwecke v. 3. 9. 1953, BGBl. I, 1314.

Zu den selbständigen Bundesoberbehörden ist schließlich auch das Deutsche Patentamt zu zählen[132]. Auch durch das Patentamt wird ein Organisationstyp repräsentiert, der eine eigentümliche Stellung *zwischen* Behörde und öffentlicher Anstalt einnimmt. Mit dieser verbindet diesen Typ der Einsatz technischen Fachwissens durch besonders qualifizierte Experten, mit der Behörde ist ihm aber die Kompetenz zur Entscheidung über bestimmte *Einzelsachverhalte* gemeinsam[133].

Auch für die selbständigen Bundesoberbehörden ist daher der Erlaß von Verwaltungsakten eigentümlich, anders als die Anstalt rechnen sie nicht zur leistenden Verwaltung und arbeiten nicht mit der „Regelmäßigkeit einer Maschine". Wenn daher das Bundesverfassungsgericht in seiner Entscheidung zum Fernsehstreit[134] ausdrücklich offen läßt, ob der Bund nicht auch einer selbständigen Bundesoberbehörde die „Veranstaltung (!) von Rundfunksendungen" übertragen könne, so steht nach dem in dieser Untersuchung verfolgten Gedankengang schon jetzt fest, daß diese Frage zu verneinen ist. Es ist zu bedenken, daß der Gesetzgeber nicht beliebig über die vorhandenen Organisationstypen verfügen kann, wenn anders nicht auch die Grundstrukturen der Verwaltungsorganisation aufgegeben werden sollen[135]. Auch eine selbständige Bundesoberbehörde bleibt letzten Endes Behörde und damit ungeeignet für den Bereich der leistenden Verwaltung, zu dem auch das Rundfunkwesen gehört[136].

Die selbständige Bundesoberbehörde ist danach der Hoheitsverwaltung zuzurechnen. Weil für sie die „Selbständigkeit der Funktionen und Entscheidungen" typisch ist[137], empfiehlt es sich, bei ihr von einem *freien Entscheidungsraum* zu sprechen (statt von Steuerungsraum).

---

[132] G. v. 12. 8. 1949, WiGBl. 251. Jetzt gilt § 17 PatentG i. d. F. v. 9. 5. 1961, BGBl. I, 550.

[133] Der Rechtscharakter des Dt. Patentamtes war lange Zeit hindurch umstritten, weil Zweifel darüber bestanden, ob die Entscheidungen dieses Amtes nicht als Ausübung einer Sondergerichtsbarkeit anzusehen seien, so etwa die Meinung von Bernhardt, der Rechtscharakter des Deutschen Patentamts, NJW 1958, 1851 ff. Das Bundesverwaltungsgericht hat aber festgestellt, daß die dem Dt. Patentamt übertragenen Aufgaben den „Funktionsbereich (!) richterlichen Waltens" überschreiten, Urt. v. 13. 6. 1959, BVerwGE Bd. 8, 350. Auf Grund dieser Rechtsprechung wurde daher ein unabhängiges Patentgericht geschaffen, § 36 b PatentG i. d. F. v. 9. 5. 1961, BGBl. I, 550.

[134] Urteil v. 28. 2. 1961, BVerfGE 12, 205 (241).

[135] Tatsächlich sind sowohl „Deutsche Welle" als auch „Deutschlandfunk" vom Bund als Anstalten errichtet worden. Vgl. G. über die Errichtung von Rundfunkanstalten des Bundesrechts v. 29. 11. 1960, BGBl. I, 862.

[136] W. Weber, Spannungen und Kräfte im westdeutschen Verfassungssystem, S. 52/53; H. Schneider, Informationsfreiheit und Rundfunkgenehmigung, NJW 1961, 53 ff. (56). Vgl. auch LG Stuttgart v. 15. 5. 1962, NJW 1962, 1623.

[137] Kratzer, Die Bundesoberbehörde, DÖV 1950, 529 ff. (531) und — ihm folgend — v. Mangoldt, Das Bonner Grundgesetz, Kommentar, Art. 87, Anm. 6.

Indem ihnen bestimmte Angelegenheiten „zur selbständigen Verwaltung und Entscheidung" übertragen sind, stehen daher sowohl öffentliche Anstalt als auch selbständige Bundesoberbehörde unter dem Vorzeichen der *Dezentralisation*[138]. Dagegen bedeutet die Einrichtung von Behörden einen Dekonzentrationsvorgang. Die Erledigung von Verwaltungsaufgaben wird hier anderen Verwaltungsstufen übertragen, aber „sie sind nicht selbständig frei in ihren Entscheidungen, sondern müssen sich jeden Augenblick jeden Eingriff gefallen lassen"[139].

Damit sind nunmehr Merkmale herausgearbeitet, nach denen sich innerhalb der Verwaltung drei Organisationstypen (Behörde, selbständige Oberbehörde, Anstalt) unterscheiden lassen. Diese Möglichkeit wäre nicht ohne weiteres gegeben, wenn man in der hergebrachten Weise die Anstalt nur als ein „mit sachlichen und finanziellen Mitteln ausgestattetes Glied der staatlichen Organisation" bestimmen würde[140]. Diese Formel ist ganz statisch ausgerichtet, berücksichtigt nicht die Funktion der Erscheinungen und wäre deshalb ohne Schwierigkeiten auch auf die Behörde anwendbar[141], auch die Gerichte ließen sich ihr ohne weiteres unterordnen[142]. Auch wenn man — wie Hans J. *Wolff* dies neuerdings tut[143] — die Anstalt als „eine von einer Hoheitsperson ... getragene und ständig beeinflußte, i. d. R. mit Hoheitsgewalt ausgestattete rechtlich subjektivierte Organisation" bezeichnet, ist nichts gewonnen. Bedenkt man, daß der Begriff der Organisation ein solcher der Technik ist[144], dem notwendigerweise auch die Behörde unterliegt (eine unorga-

---

[138] Das Zitat findet sich bei Drews, Probleme der Verwaltungsreform, in: Recht und Staat im neuen Deutschland, Bd. II (1929), S. 19 ff. (46). Ebenso W. Weber, Juristische Personen des öffentl. Rechts, HdSW, Bd. 5 (1956), S. 450.

[139] Drews, a. a. O., wobei auffällt, daß auch hier das Moment der (den Behörden nicht zukommenden) Selbständigkeit nach durchaus funktionalen Gesichtspunkten bestimmt wird.

[140] So Hans J. Wolff, Die Rechtsgestalt der Universität, S. 10.

[141] So bezeichnet denn auch Schlüter — ein Schüler von H. J. Wolff — die Behörde als „Anstalt zur Vornahme von Rechtshandlungen" und spricht gar von „Behördenanstalt", Wolfg. Schlüter, Behörde und Anstalt, Diss. Münster, 1960, S. 75. Umgekehrt sieht Haas, Ausschüsse in der Verwaltung, Verwaltungsarchiv Bd. 49 (1958), S. 14 ff. (18) auch die Körperschaften und Anstalten als „Behörden im organisationsrechtlichen Sinne" an.

[142] So konsequent H. J. Wolff, Verwaltungsrecht II, § 98 I 6 (S. 256); ders., Die Rechtsgestalt der Universität, S. 13, wo er ausdrücklich die Gerichte als „Anstalten" bezeichnet. Gegen eine derartige Einstufung schon Forsthoff, Die Verwaltung als Leistungsträger, S. 41. Die Tätigkeit der Gerichte ist typische Ordnungsfunktion und besteht nicht im Vollzug von Sachaufgaben. (Daher denn auch die Möglichkeit, Gerichtsentscheidungen in höheren Instanzen zu revidieren.) Gerichte sind aber auch keine Behörden, vgl. VGH Baden-Württemberg, Beschl. v. 21. 5. 1962, DÖV 1962, 706.

[143] Verwaltungsrecht II (1962), § 98 I 6 (S. 256).

[144] „L'organisation n'est qu'une technique", Jaques Ellul, La technique ou l'enjeu du siècle, S. 9.

nisierte Behörde ist undenkbar), so bleibt als Unterscheidungsmerkmal zwischen Anstalt und Behörde lediglich noch die nur der Anstalt zukommende Rechtssubjektivität übrig[145]. Dieser Anstaltsbegriff mag ganz bewußt sehr weit gefaßt sein[146], eine Differenzierung des Verwaltungshandelns wird aber mit seiner Hilfe nicht mehr erreicht. So erweist sich auch daran, daß man ohne die Berücksichtigung funktionaler Gesichtspunkte nicht auskommt.

2. Rechtsfähigkeit und Anstaltsbegriff

Prüft man nach den hier verwandten Kriterien die in der Übersicht angegebenen Anstalten, so findet sich unter ihnen eine Reihe von Beispielen, in denen ein ungebundener Steuerungsraum überhaupt nicht gegeben ist. In erster Linie handelt es sich um die folgenden Erscheinungen:

1. Einfuhr- und Vorratsstelle für Getreide und Futtermittel, G. v. 4. 11. 1950, BGBl. 721, Neufassung v. 24. 11. 1951, BGBl. I, 899.
2. Einfuhr- und Vorratsstelle für Zucker, G v. 5. 1. 1951, BGBl. I, 47.
3. Einfuhr- und Vorratsstelle für Fette, G v. 28. 2. 1951, BGBl. I, 135, Neufassung v. 10. 12. 1952, BGBl. I, 811.
4. Einfuhr- und Vorratsstelle für Schlachtvieh, Fleisch und Fleischerzeugnisse, G v. 25. 4. 1951, BGBl. I, 272.
5. Bayerische Landesanstalt für Aufbaufinanzierung, G v. 7. 12. 1950, GVBl. 1951, S. 4, Neufassung BayBS III, 580.
6. Hamburgische Wohnungsbaukasse, G v. 8. 7. 1952, GVBl. 142, Neufassung v. 19. 2. 1960, GVBl. 104.

Sämtliche Einfuhr- und Vorratsstellen sind nach den insoweit übereinstimmenden Vorschriften der einschlägigen Gesetze einem *direkten Weisungsrecht* des Bundesministers für Ernährung, Landwirtschaft und Forsten unterworfen[147]. Das wirkt sich beispielsweise so aus, daß etwa der sog. Auslagerungspreis für die von der Einfuhrstelle für Fette eingelagerte Butter durch Anordnung des Bundesernährungsministers an die Einfuhrstelle festgesetzt und von dieser ihren Abnehmern in Rechnung gestellt wird.

Gegenüber den Importeuren treten die Einfuhr- und Vorratsstellen mit Maßnahmen (Anbietungspflicht, Abnahmepflicht) in Erscheinung,

---

[145] H. J. Wolff bewegt sich demnach ganz auf der Linie der herrschenden Verwaltungsrechtslehre, vgl. oben I. Kapitel, § 3 II. Bedenkt man, daß bei Wolff (Verwaltungsrecht II, § 98 II, S. 258) die „Rechtssubjektivität" aufgespalten wird in Vollrechtsfähigkeit, Teilrechtsfähigkeit und Nichtrechtsfähigkeit, so erweist sich auch dieses Unterscheidungsmerkmal als problematisch.

[146] Was Wolff, a. a. O., § 98 I (S. 256) auch einräumt.

[147] Z. B. die Einfuhr- und Vorratsstelle für Getreide nach dem GetreideG v. 4. 11. 1950, § 7 Abs. 5.

die sich bei der Verwirklichung im Einzelfall als *Verwaltungsakte* darstellen[148]. Die Einfuhrstellen erfüllen daher Funktionen der Hoheitsverwaltung, nicht aber der Leistungsverwaltung. Ihre eigentliche Aufgabe liegt darin, Ordnungsfunktionen für den Markt bestimmter Agrar-Erzeugnisse auszuüben. Durchaus zutreffend sind sie daher als reine „Lenkungsbehörden" charakterisiert worden[149].

In der Tat erweist sich der Behördenbegriff als geeignet, um die Einfuhr- und Vorratsstellen funktional zu beschreiben. Da sie sich in ihrem Verhalten nach den Anordnungen des Bundesernährungsministers und damit nach der Wirtschaftspolitik der Bundesregierung für den Agrarmarkt auszurichten haben, kommt ihnen ein freier Entscheidungsraum nicht zu. Als Bundesbehörden sind sie daher zu den unselbständigen Bundesoberbehörden zu zählen[150]. Das wird auch nicht dadurch ausgeschlossen, daß ihnen vom Gesetzgeber eigene Rechtsfähigkeit verliehen worden ist. Durch die Einräumung der Rechtsfähigkeit werden die Einfuhrstellen vielmehr in den Stand gesetzt, als Partner von Verträgen bei Verkäufen aus der sog. Bundesreserve aufzutreten, die als privatrechtlich ausgestaltete Kaufverträge anzusehen sind[151]. Weiter ist zu bedenken, daß dem Bundesfinanzminister gesetzlich die Ermächtigung erteilt ist, für Kredite an die Einfuhr- und Vorratsstellen Bürgschaften in Milliardenhöhe zu übernehmen[152]. Auch bei der Erteilung von Bürgschaften für Forderungen gegen die Einfuhrstellen aber handelt es sich wieder um privatrechtlich zu bewertende Vorgänge.

Ist es unter diesen Gesichtspunkten zu verstehen, wenn die Einfuhr- und Vorratsstellen als öffentliche „Anstalten" mit eigener Rechtsfähigkeit errichtet worden sind, so ändert das nicht das Geringste an ihrer für eine Behörde charakteristischen abhängigen Stellung innerhalb

---

[148] Bundesverwaltungsgericht, Urt. v. 7. 3. 1958, BVerwGE 6, 244 (246).

[149] Hans Schneider, Zur Frage der rechtlichen Zulässigkeit von Werbesendungen, S. 18; Plewnia, Die Vorratshaltung der Einfuhr- und Vorratsstelle für Getreide und Futtermittel, NJW 1959, 1404; ferner Bundesverwaltungsgericht, a. a. O., wo die Einfuhr- und Vorratsstellen als „Preis- und Mengenschleuse" bezeichnet werden, „mit der die Einfuhr gelenkt werden soll" (!).

[150] Gegen Modest, Kommentar zum Getreidegesetz, § 8 Anm. III A, und — ihm folgend — Hamann, Wirtschaftsverfassungsrecht, S. 55, die sich für eine Einordnung der Einfuhr- und Vorratsstellen als selbständige Bundesoberbehörden aussprechen.

[151] Bundesverwaltungsgericht, Urteil v. 17. 10. 1958, BVerwGE 7, 264, ferner Plewnia, Die Vorratshaltung der Einfuhr- und Vorratsstelle für Getreide und Futtermittel, NJW 1959, 1404 ff.

[152] G über eine Bundesbürgschaft für Kredite zur Finanzierung der Lebensmittelbevorratung v. 14. 7. 1951, BGBl. I, 450, später im Kreditplafond laufend erhöht.

der allgemeinen (unmittelbaren) Staatsverwaltung, die sie zu „Instrumenten des Ernährungsministers" macht[153]. Es empfiehlt sich daher in diesem Falle, von *Behörden mit eigener Rechtsfähigkeit* zu sprechen[154]. Es besteht kein Anlaß, dem Gesetzgeber die Möglichkeit abzusprechen, die Rechtsfähigkeit nach eigener Entscheidung auch an Gebilde zu verleihen, die sich funktional nur als Behörden verstehen lassen. Anders müßte man — wie dies etwa *Werner Weber* will — davon ausgehen, daß sich der Anstaltsbegriff auch dazu einsetzen lasse, „reine Verwaltungsbehörden mit den Rechten einer juristischen Person" auszustatten[155]. Dem ist nicht zu folgen. Es läßt sich schwerlich einsehen, weshalb innerhalb der Anstalten wieder „Anstalten im bloß formellen Sinn" — also doch wohl Anstalten, die eigentlich gar keine sind — unterschieden werden sollen von Anstalten, die wirklich Anstalten sind[156]. Auch Hans J. *Wolff* will „Anstalten, die Behörden *sind* (Anstalten im weiteren Sinne) und „Anstalten, die Behörden *haben*" (Anstalten im engeren Sinne) auseinanderhalten[157]. Warum aber sollen Anstalten, die „nach der organisatorischen Struktur" Behörden sind (!), noch Anstalten sein[158] und nicht wirklich Behörden[159]?

Durch derartige Konstruktionen wird eine sinnvolle Scheidung zwischen Anstalt und Behörde eher erschwert als erleichtert, und zwar nur, weil einer Behörde Rechtsfähigkeit nicht zukommen soll[160], so daß ein rechtsfähiges Gebilde von vorneherein als Behörde ausscheidet und als Anstalt anzusehen ist, wenn auch vielleicht nur „im formellen Sinne". Auch hier erweist sich wieder die Notwendigkeit, die Begriffsbestimmung nach der funktionalen Einordnung der einzelnen Gebilde

---

[153] So treffend Köttgen, Der Einfluß des Bundes auf die deutsche Verwaltung und die Organisation der bundeseigenen Verwaltung, Jahrbuch des öffentlichen Rechts, N. F., Bd. 3, 1954, S. 74 ff. (130).

[154] Eine solche Konstruktion wird allerdings von der von Forsthoff als vorherrschend bezeichneten Meinung abgelehnt, s. Verwaltungsrecht, § 22, 2 b) 2 (S. 392). Andererseits meint Forsthoff, a. a. O., § 22 2 c), daß zwar „die Behörden normalerweise der bürgerlich-rechtlichen Rechtsfähigkeit ermangeln", spricht aber auch von „Behörden, welche sie besitzen ..." (!) (S. 396).

[155] W. Weber, Juristische Personen des öffentlichen Rechts, HdSW, Bd. 5, 1956, S. 450. Ähnlich offenbar auch H. J. Wolff, Verwaltungsrecht II, § 98 I 6 (S. 256), wenn er ausführt, auch „Behörden, Gerichte und Gefängnisse" fielen unter den Anstaltsbegriff.

[156] Dem folgt auch Heymann, Wesen und Notwendigkeit der öffentlichen Anstalt, S. 60 und S. 73 ff., gleichfalls Anstalten im formellen Sinne und Anstalten im materiellen Sinne unterscheidend.

[157] Wolff, Verwaltungsrecht II, § 98 II 3 d (S. 262).

[158] Wie Wolff, a. a. O., behauptet.

[159] Der Begriff der Behörde ist doch — ebenso wie der der Anstalt — gerade ein Begriff der „organisatorischen Struktur" der Verwaltung!

[160] Vgl. oben, I. Kapitel, § 3 II.

vorzunehmen, die Frage der Rechtsfähigkeit dabei aber aus dem Spiel zu lassen[161].

Was hier für die Einfuhr- und Vorratsstellen des Bundes ausgeführt wurde, gilt in ähnlicher Weise auch für die Bayerische Landesanstalt für Aufbaufinanzierung[162]. Wenn es im Gesetz über die Errichtung dieser Anstalt heißt, daß ihr Vorstand die Stellung einer „dem Staatsministerium unmittelbar nachgeordneten Staatsbehörde" einnehme[163], so findet sich darin eine Konstruktion wieder, die schon den Charakter der im Jahre 1927 in Preußen errichteten Landesrentenbank kennzeichnete[164].

Die gänzliche abhängige Stellung der als rechtsfähige Anstalt bezeichneten Landesanstalt für Aufbaufinanzierung wird auch durch die Zusammensetzung ihres Verwaltungsrates noch zusätzlich unterstrichen, der als Organ neben dem Vorstand vorgesehen ist, um die „gesamte Geschäftsführung der Anstalt" zu überwachen[165]. Von seinen Mitgliedern werden drei von den bayerischen Staatsministerien des Innern, der Finanzen und für Wirtschaft gestellt, viertes Mitglied ist ein Vertreter des Vorstandes der Anstalt selbst, so daß allein vier weisungsgebundene Behördenvertreter dem Verwaltungsrat (mit insgesamt sechs Mitgliedern) angehören. Hinzukommen ein Vertreter der Bayerischen Staatsbank und schließlich ein Vertreter der Flüchtlinge, deren Förderung die Landesanstalt an sich in erster Linie dienen soll[166].

Ähnliches gilt für die Hamburgische Wohnungsbaukasse[167]. Ihrem Vorstand obliegt die Geschäftsführung „nach Maßgabe der Gesetze, der Verwaltungsanordnungen sowie der *Weisungen* des Verwaltungsrats oder der *Aufsichtsbehörde*"[168]. Aufsichtsbehörde ist aber der Senat

---

[161] Wenn W. Weber, a. a. O., selbst schreibt: „*Alle* ... Anstalten ... sind Verwaltungsträger, aber sie üben diese Funktion *außerhalb* des staatsunmittelbaren *Behördensystems* aus ..." (Kursiv v. Verf.), so ist wenigstens hier *nicht* ein Anstaltsbegriff „im bloß formellen Sinne" gebracht, denn Anstalten im formellen Sinn zeichnen sich gerade dadurch aus, daß sie in die unmittelbare Staatsverwaltung eingegliedert sind.

[162] G. v. 7. 12. 1950, GVBl. 1951, S. 4, Neufassung s. BayBS III S. 580.

[163] § 10 Satz 1 G. v. 7. 12. 1950. Dasselbe gilt auch für die Bayerische Landesbodenkreditanstalt nach dem G. v. 19. 4. 1949, GVBl. 85, vgl. dort Art. 3 Abs. 1.

[164] Preuß. LandesrentenbankG v. 29. 12. 1927, GS 283. Dazu Köttgen, Die rechtsfähige Verwaltungseinheit, „Verwaltungsarchiv", 44. Bd., 1939, S. 1 ff. (43), der die Bank als Beispiel anführt, „mit welcher Vorbehaltlosigkeit" rechtsfähige Verwaltungseinheiten dem Staatsganzen eingefügt sein können.

[165] § 12 des Gesetzes v. 7. 12. 1950.

[166] Ihre Aufgabe ist nämlich, „Unternehmen von Flüchtlingen und sonstige Unternehmen finanziell zu fördern ...", § 2 Abs. 1 des Gesetzes v. 7. 12. 1950.

[167] Gesetz v. 8. 7. 1952, GVBl. 142, Neufassung v. 19. 2. 1960, GVBl. 104.

[168] § 8 Abs. 3 des gen. Gesetzes (m. Hervorhebung vom Verf.).

der Hansestadt Hamburg[169]. Ihm ist darüber hinaus noch ausdrücklich die Möglichkeit eingeräumt, einzelne Fälle an sich zu ziehen, „wenn wohnungs- und siedlungspolitische oder städtebauliche Grundsätze es erfordern"[170].

Die hier angeführten Beispiele zeigen also, daß es im Bereich der öffentlichen Verwaltung Fälle gibt, in denen bestimmte Einrichtungen als rechtsfähige Anstalten des öffentlichen Rechts bezeichnet werden, aber nicht unter den hier entwickelten Begriff der Anstalt als Organisationstyp fallen, weil sie funktional gesehen Aufgaben erfüllen, die sonst Behörden obliegen, „sie sind nicht selbständig und frei in ihren Entscheidungen..." (Bill Drews).

Andererseits wurde auch schon darauf hingewiesen, daß es Fälle gibt, in denen *nichtrechtsfähige* Gebilde durchaus als selbständig anzusehen sind, weil ihnen ein ungebundener Steuerungsraum zukommt (etwa die Eigenbetriebe). Eine einseitige Betrachtungsweise der Anstalt unter dem Gesichtspunkt der juristischen Person des öffentlichen Rechts erweist sich damit als unvollziehbar. Vielmehr zeigt sich, daß ein *Organisationstyp* Öffentliche Anstalt angenommen werden kann, der von der Frage der Rechtsfähigkeit begrifflich vollkommen unabhängig ist. So erklärt es sich auch, daß die gleichen Verwaltungsaufgaben mitunter einmal von rechtsfähigen, dann aber auch von nicht rechtsfähigen Gebilden erfüllt werden. Das gilt etwa für den zunächst 1947 errichteten und damals rechtsfähigen Deutschen Wetterdienst in der US-Zone[171], an dessen Stelle inzwischen der Deutsche Wetterdienst, eine nichtrechtsfähige Bundesanstalt, getreten ist[172]. Ebenso hat die nichtrechtsfähige Deutsche Bundesbahn die Aufgaben der früheren Betriebsvereinigung Südwestdeutscher Eisenbahnen übernommen, einer ebenfalls seinerzeit rechtsfähigen Anstalt[173]. Nach der herrschenden Lehre müßten diese Gebilde einmal der mittelbaren, dann der unmittelbaren Staatsverwaltung eingeordnet werden, obgleich sich, funktional gesehen, nichts geändert hat. Nur in der Frage der Rechtsfähigkeit hat sich eine Änderung vollzogen. Auf diese kommt es nicht mehr an, wenn man in der öffentlichen Anstalt einen einfachen, funktional bestimmten Organisationstyp der Verwaltung sieht[174]. Diese Feststellung — die vielleicht

---

[169] § 21 Abs. 1 des gen. Gesetzes.

[170] § 10 Abs. 2 des gen. Gesetzes.

[171] Abkommen zwischen den Ländern, s. GBl. Bremen (v. 2. 12. 1947), S. 281.

[172] Gesetz v. 11. 11. 1952, BGBl. I, 738.

[173] Abkommen zwischen den Ländern, siehe Gesetz v. 1. 8. 1947, RegBl. Württemberg-Hohenzollern 1948, 49.

[174] Nicht einmal haushaltsrechtlich ist die Rechtsfähigkeit von Bedeutung. Zwar heißt es, daß die rechtsfähigen Anstalten eigene Haushaltspläne auf-

mehr noch eine Forderung ist — ist nun nicht so neu, wie sie vielleicht auf den ersten Blick erscheinen mag. Kein anderer als *Otto Mayer* selbst schrieb schon im Jahre 1886: „Es wäre als ein großer Gewinn zu betrachten, wenn wir das Wort ‚öffentliche Anstalt‘ aus dem Verzeichnis der juristischen Personen verbannen könnten"[175]. In der Tat weist Otto Mayers Begriffsbestimmung der öffentlichen Anstalt das Erfordernis eigener Rechtsfähigkeit *nicht* auf[176]. O. Mayer trennt vielmehr scharf zwischen Anstaltsbegriff und Rechtsfähigkeit, wenn er in der angegebenen Besprechung sagt, eine Verbindung von äußerlichen Mitteln — „persönlichen und sachlichen" — werde *auch* dann Anstalt genannt, wenn sie einer juristischen Person des öffentlichen Rechts zugerechnet werde, denn wir „begreifen dann diese selbst mit unter dem Wort öffentliche Anstalt"[177], das doch sonst — so läßt sich der Gedankengang verfolgen — die Rechtsfähigkeit keineswegs indiziert[178].

Derartige Überlegungen mögen vielleicht später zurückgetreten sein, als man sich daran gewöhnte, den Anstaltsbegriff im wesentlichen unter dem Gesichtspunkt der juristischen Person des öffentlichen Rechts zu sehen. Immerhin scheint auch die neuere Lehre nunmehr eine gewisse Neuorientierung dadurch einführen zu wollen, daß sie eine öffentlich-rechtliche und eine privatrechtliche Seite der Anstalt bzw. deren Rechtsfähigkeit unterscheiden zu können glaubt. So hat Ernst Rudolf *Huber* über die sog. nichtrechtsfähigen Anstalten ausgeführt, sie unterschieden sich von den rechtsfähigen nur dadurch, „daß sie keine selbständigen Träger *privater* Rechte und Pflichten" seien. „*Verwaltungsrechtlich* dagegen stehen sie der rechtsfähigen Anstalt völlig gleich"[179]. Man sollte meinen, daß damit die Frage der Rechtsfähigkeit aus dem Anstaltsbegriff ganz ausscheidet, da dieser doch unbestreitbar ein spe-

---

zustellen haben (§ 9ᵇ RHO). Aber diese haushaltsrechtliche Selbständigkeit gilt, worauf schon hingewiesen wurde, genauso auch für die *nichtrechtsfähigen* Sondervermögen (§ 9ª RHO)!

[175] Diese Bemerkung findet sich allerdings in einer — vielleicht nicht genügend beachteten — Buchbesprechung in Bd. 1 des Archivs für öffentliches Recht (betr. Rosin, Das Recht der öffentlichen Genossenschaft), S. 715 ff. (717).

[176] Vgl. oben, I. Kapitel, § 3 I 2.

[177] a. a. O., AöR Bd. I, S. 717 (m. Hervorh. v. Verf. d. Arbeit).

[178] So sagt auch E. Mayer im „Wörterbuch des deutschen Verwaltungsrechts" hrsg. von Stengel, 1890, zum Stichwort „Juristische Personen": „Unter Anstalten versteht man eine tatsächliche dauernde Verbindung von Menschen oder Gütern zu einem bestimmten Zweck. Die ... übliche Auffassung der Anstalt als einer juristischen Person ist *juristisch nicht genau* und weist nur auf das tatsächlich häufige Vorkommen hin, daß Anstalten mit Sondervermögen verbunden sind" (Hervorhebung vom Verf. d. Arbeit).

[179] Wirtschaftsverwaltungsrecht, 2. Aufl., Bd. I, S. 116 (mit Hervorhebung vom Verf. d. Arbeit).

zifisch „verwaltungsrechtlicher" Begriff ist[180]. *Huber* will aber bei der Begriffsbestimmung der Anstalt an dem Erfordernis eines „rechtlich verselbständigten" Verbandes festhalten. Das ist deshalb verwunderlich, weil damit unklar wird, ob *Huber* die Konsequenzen aus seiner Auffassung nicht zieht oder ob eine vielleicht anders geartete „rechtliche Verselbständigung" gemeint ist als die Rechtsfähigkeit.

Ähnlich wie Huber will auch Ernst *Forsthoff* „zwischen der Rechtsfähigkeit des privaten und öffentlichen Rechts unterschieden" wissen[181]. Er verweist in diesem Zusammenhang auf Bundesbahn und Bundespost, denen er Rechtsfähigkeit wohl für den Privatrechtsverkehr zuspricht, *nicht* aber die öffentlich-rechtliche Rechtsfähigkeit (scl. weil er sie als „unselbständige" Anstalten klassifiziert).

So läßt sich aber die Problematik nicht lösen. In Wirklichkeit liegen der Begriffsbildung nämlich rein *quantitative* Unterschiede zugrunde[182]. Von Huber und Forsthoff wird das nicht gesehen, weshalb denn — konsequenterweise — auch die Möglichkeit von Teilrechtsfähigkeiten abgelehnt wird, weil die Rechtsfähigkeit „ihrer Natur nach keine Beschränkung" dulde[183]. Gleichwohl wird man ohne die Möglichkeit der Anerkennung von *Teilrechtsfähigkeiten* nicht auskommen können. Es stehen

---

[180] Deshalb erscheint es auch fragwürdig, wenn Huber die öffentliche Anstalt — a. a. O., S. 115 — als einen „besonderen Verwaltungs*verband*" bezeichnet und damit offensichtlich auf die Begriffsbestimmung Max Webers in Wirtschaft und Gesellschaft, S. 28, zurückgreift. Weber selbst hat jedoch — a. a. O., S. 439 — betont, daß der juristische und der „sozialpolitische" Anstaltsbegriff nur teilweise übereinstimmten. Innerhalb der juristischen Begriffsbildung aber hat man sich seit langem daran gewöhnt, unter Verbänden nur solche Erscheinungen zu verstehen, denen Mitgliedschaftsverhältnisse zugrunde liegen.

[181] Verwaltungsrecht, § 24 II 1 (S. 424). Im gleichen Sinne Heymann, Wesen und Notwendigkeit der öffentlichen Anstalt, S. 29 ff. und passim.

[182] Das wird etwa von Bachof zutreffend erkannt, obwohl auch er eine öffentlich-rechtliche Rechtsfähigkeit anerkennen will: „Die öffentlich-rechtliche Rechtsfähigkeit — gleichgültig ob mit der privatrechtlichen verbunden oder nicht — ist nun nie eine totale, sondern immer nur eine *partielle* Rechtsfähigkeit", s. Teilrechtsfähige Verbände des öffentlichen Rechts, AöR, Bd. 83 (1958), S. 268 (mit Kursiv vom Verf.). M. E. widerlegt sich Bachof selbst, indem er praktisch drei Rechtsfähigkeiten kennt (nämlich: die öffentlich-rechtliche, die privatrechtliche und die Rechtsfähigkeit schlechthin), die sich aber nicht qualitativ, sondern quantitativ unterscheiden.

[183] So Forsthoff, Verwaltungsrecht, § 24 II 1 a. E. bis zur 6. Aufl., S. 403/404, seit der 7. Aufl. jedoch fortgefallen (s. S. 425), ohne daß klar wird, ob damit die Möglichkeit von Teilrechtsfähigkeiten anerkannt werden soll. Vgl. oben, I. Kapitel, § 3 II, a. E. Unklar auch Huber, der eine Teilrechtsfähigkeit — mit Bezug auf die Stellung der Bundesbahn — wohl annehmen will, Wirtschaftsverwaltungsrecht, Bd. I, S. 129, an anderer Stelle aber Zweifel zu erkennen gibt, ob der Begriff der Teilrechtsfähigkeit zutreffend sei, a. a. O., Bd. II, S. 486.

dem auch prinzipiell keine Bedenken entgegen, zumindest soweit es sich um die juristischen Personen handelt[184].

Um solche beschränkten oder Teilrechtsfähigkeiten handelt es sich etwa dann, wenn der Bundesbahn die Fähigkeit eingeräumt ist, „unter ihrem Namen zu handeln, zu klagen und verklagt zu werden"[185]. Ähnliche Regelungen finden sich noch bei vielen, um nicht zu sagen den meisten, bisher als „nichtrechtsfähig" bezeichneten Anstalten. Als weiteres Beispiel sei die Pfandkreditanstalt Berlin[186] genannt. Ihre „Geschäftsordnung"[187] enthält Vorschriften über die „rechtsverbindliche Zeichnung für die Anstalt" („Die Anstalt haftet nicht für Schäden") usw.[188]. Eine eigenartige Form der beschränkten Rechtsfähigkeit ist wohl auch in einer Vorschrift der Eigenbetriebsverordnung für Nordrhein-Westfalen zu erkennen, in der es heißt: „In den Angelegenheiten des Eigenbetriebes, die der Entscheidung der Werkleitung unterliegen, vertritt diese die Gemeinde"[189]. Zwar hat man sich hier der, Form einer gesetzlichen Ermächtigung zur Vornahme bestimmter Rechtsgeschäfte bedient, materiell gesehen handelt es sich aber darum, daß einem „nichtrechtsfähigen" Gebilde für einen beschränkten Kreis von Geschäften eigene Fähigkeiten verliehen sind, was sich schon daraus ergibt, daß die Gemeinde die Vertretungsmacht der „Werkleitung" nicht einschränken könnte, soweit diese in den Angelegenheiten des Eigenbetriebes handelt, die ihrer Entscheidung unterliegen[190].

Bei allen Beispielen zeigt sich, daß es sich zwar um rein quantitativ einzustufende, untereinander aber durchaus unterschiedlich ausgestaltete

---

[184] Soergel-Siebert, Bürgerliches Gesetzbuch, 9. Aufl., 1959, vor § 21, Randbemerkung 13. Vgl. schon oben, I. Kapitel, § 3 II.

[185] Bundesbahngesetz v. 13. 12. 1951, BGBl. I, 955, in dem die Bundesbahn als „nichtrechtsfähiges Sondervermögen" des Bundes bezeichnet wird. Dieser Ausdruck findet sich schon in der Eigenbetriebsverordnung von 1938, wo es heißt, die Eigenbetriebe seien „finanzwirtschaftlich als Sondervermögen der Gemeinde" zu verwalten (auch jetzt wieder in den Eigenbetriebsverordnungen, etwa für Nordrhein-Westfalen v. 22. 12. 1953, GS NW 181, § 8 Abs. 1). Nur *hier* ist aber der Ausdruck — der dem Haushaltsrecht entnommen ist (vgl. § 9ᵃ RHO) — in den richtigen Zusammenhang gestellt und dient nicht — wie bei der Bundesbahn — in unzulässiger Verallgemeinerung zur Bezeichnung der Einrichtung selbst.

[186] Eine „nichtrechtsfähige Anstalt", Gesetz v. 17. 10. 1957, GVBl. Berlin (West) 1636, § 1.

[187] Vom 12. 5. 1958, GVBl. 469.

[188] Vgl. etwa § 14 der Geschäftsordnung.

[189] Eigenbetriebsverordnung v. 22. 12. 1953, GS NW 181, § 3 Abs. 1.

[190] Erst wenn man hier eine Teilrechtsfähigkeit annimmt, kann man zu der Folgerung gelangen, die Salzwedel, Die Grenzen der Zulässigkeit des öffentlich-rechtlichen Vertrages, S. 39, zieht, wenn er als Vertragspartner des öffentlich-rechtlichen Vertrages auch „organisatorisch verselbständigte Teile von juristischen Personen des öffentlichen Rechts" anerkennt und dafür die Eigenbetriebe der Gemeinden benennt.

Teilrechtsfähigkeiten handelt, um „Berechtigungen", wie man auch sagen könnte[191], aus denen sich jedoch keine *einheitliche* „öffentlich-rechtliche" Rechtsfähigkeit begründen läßt[192]. Daran ändert sich auch dadurch nichts, daß aus der deutschen Gesetzgebung — soweit ersichtlich — kein Fall bekannt ist, in dem eine beschränkte Rechtsfähigkeit *ausdrücklich* als solche bezeichnet wird[193]. Gerade zu einer offenen Kennzeichnung einer Beschränkung der Rechtsfähigkeit wird der Gesetzgeber wenig Anlaß sehen, sondern sich eher damit begnügen, die jeweils in Betracht kommenden Fähigkeiten („Berechtigungen") zu statuieren und die begriffliche Einordnung der Wissenschaft zu überlassen.

3. Rechtsform und Anstaltsbegriff

Mit der Rechtsfähigkeit ist die Frage der *Rechtsform* eng verquickt. Ordnet man die öffentliche Anstalt systematisch dem Begriff der juristischen Personen des öffentlichen Rechts unter, so bedeutet das zugleich, daß sie eine Rechtsform darstellt, die spezifisch dem *öffentlichen Recht* zuzurechnen ist. Versteht man den Begriff aber — wie das hier vorgeschlagen wird — als einen funktional bestimmten Organisationstyp öffentlicher Verwaltung, so bleibt die Frage nach der Rechtsform noch durchaus offen, einer öffentlichen Anstalt kann dann eine beliebige Rechtsform zugrunde liegen, solange in ihr nur die Aufgaben erfüllt werden, die die Erscheinungen funktional zu einer Anstalt machen. Die Verwaltung kann also bestimmte Leistungsaufgaben auch auf juristische Personen des Privatrechts „verlagern", die diese als öffentliche Aufgaben erfüllen, vorausgesetzt, daß es sich eben *nur* um *Leistungsaufgaben,* aber nicht um hoheitlichen Verwaltungsvollzug handelt[194].

In diesem Sinne hat sich schon *Otto Mayer* bei der Diskussion um die Stellung der ehemaligen *Reichsbank* geäußert. Deren „privatwirtschaft-

---

[191] Arndt (Adolf), Das Öffentliche (Die Verbände im Bereich des Öffentlichen), NJW 1960, 423 (425).

[192] Arndt weist, a. a. O., darauf hin, daß das *öffentliche* Recht stets nur die *partielle* Rechtsfähigkeit kannte, während ihm der privatrechtliche Begriff der durch allgemeine Rechtsfähigkeit konstituierten Person von jeher fremd gewesen ist.

[193] Vgl. aber das österreichische G. v. 13. 7. 1955 über die Organisation der Hochschulen, BGBl. 818 („Die Hochschulen und Fakultäten haben Rechtspersönlichkeit, *soweit* sie Angelegenheiten besorgen, die . . ." usw., § 1 Abs. 1 S. 2).

[194] Köttgen, Der Einfluß des Bundes auf die deutsche Verwaltung und die Organisation der bundeseigenen Verwaltung, Jahrbuch des öffentlichen Rechts, N. F. Bd. 3, 1954, S. 144. — Wenn dagegen Neumann, Wirtschaftslenkende Verwaltung, S. 22, meint, die private Rechtsform sei ein Faktum, „das öffentlich-rechtlicher Betrachtungsweise entzogen" sei, so kann dieser Ansicht in so allgemeiner Form keineswegs zugestimmt werden. Neumann widerspricht sich aber auch, wenn er an anderer Stelle (S. 30) selbst meint, die Formanalyse besage nichts, ausschlaggebend seien „allein materielle Kriterien".

liche Form" war für ihn kein Hinderungsgrund, die Bank gleichwohl als öffentliche *Anstalt* anzusehen. Es komme nämlich — so sagt Mayer — „doch erst noch darauf an zu prüfen, *welche Rechtsgestalt* die mit dieser Anstalt verbundene juristische Person erhalten hat"[195]. Das war im Falle der Reichsbank eine *privatrechtliche* Rechtsgestalt (wie Otto Mayer ausführt), die sich also mit der *öffentlichen* Anstalt verband. Mithin war die Erscheinung verwaltungsrechtlich nur als Anstalt einzuordnen[196].

Die gleiche Frage ergab sich auch, als nach dem ersten Weltkrieg die Deutsche Reichsbahn aus bekannten Gründen in die „Deutsche Reichsbahn-Gesellschaft" umgewandelt werden mußte[197]. Ihr Grundkapital wurde in zwei Milliarden Goldmark Vorzugsaktien und dreizehn Milliarden Goldmark Stammaktien aufgeteilt[198]. Die Rechtslehre hat diese Gesellschaft schon damals als öffentliche *Anstalt* angesehen[199]. In diesem Zusammenhang wird daher auch gelegentlich von öffentlichen Anstalten „in Privatrechtsform" gesprochen[200], — ein Satz, der keineswegs so widerspruchsvoll ist, wie er zunächst klingt, der aber doch offenbar zur Voraussetzung hat, daß hier der Begriff der Anstalt *nicht* als *Rechtsform* verstanden wird. Das aber ist nur möglich, wenn man in der Anstalt einen funktional bestimmten Organisationstyp verkörpert sieht, der die von ihm erfaßten Erscheinungen in den Bereich der öffentlichen Verwaltung einbezieht[201].

Damit leistet der Begriff der Anstalt einen guten Dienst für die Sicherung einer festen Systematik des Verwaltungsrechts. Indem der Anstaltsbegriff eine „sachlogische Struktur" erhält, eignet er sich rein

---

[195] D. Verwaltungsrecht, 3. Aufl., Bd. II, S. 251 Fußnote 19 (mit Sperrung v. Verf. d. Arbeit). O. Mayer trennt also zwischen drei Begriffen, die nicht miteinander identifiziert werden dürfen: Rechtsgestalt (Rechtsform), Rechtsfähigkeit (jur. Person) und Anstalt (nur diese als spezifisch öffentlich-rechtliche Erscheinung).

[196] Über die heutige Stellung der Zentralnotenbank vgl. unten, § 6, 2 c.

[197] G über die deutsche Reichsbahngesellschaft v. 30. 8. 1924, RGBl. II, 272.

[198] § 3 Abs. 1 dieses Gesetzes.

[199] Anschütz, Die Verfassung des Deutschen Reiches (Kommentar), 3. Bearbeitung (13. Aufl.), S. 392; ferner Jellinek, Verwaltungsrecht, S. 179/180: „... und öffentlich-rechtlich ist die Anstalt, weil sie kraft Gesetzes daseinsnotwendig ist ..." (!).

[200] Etwa von Huber, Wirtschaftsverwaltungsrecht, 2. Aufl., Bd. I, S. 121. Die gleiche Erscheinung behandelt auch Klaus Vogel, Öffentliche Wirtschaftseinheiten in privater Hand, 1959.

[201] Köttgen zählt zur Bundes*verwaltung* auch die „privatrechtlichen Annexe" der öffentlich-rechtlichen Verwaltungsorganisation, bei denen der Bund „über das Medium eines ... seiner Ingerenz unterliegenden Funktionsträgers verwaltet", Köttgen, Der Einfluß des Bundes auf die deutsche Verwaltung, a. a. O., S. 117. Hierher rechnet er die Vertriebenenbank A. G. und die Lufthansa (gleichfalls eine Aktiengesellschaft).

formale Unterscheidungen zu unterwandern[202]. Damit wird erreicht, daß sich das Verwaltungshandeln im Bereich leistender Verwaltung nicht in eine Vielzahl von Einzelerscheinungen auffasert — eine Gefahr, die sich daraus ergeben hat, daß man zwar die Anstalt nach wie vor als eine Rechtsform des öffentlichen Rechts ansah, neben ihr aber auch juristische Personen des *bürgerlichen* Rechts als Träger *öffentlicher* Verwaltung zuließ, was schließlich zu der Erkenntnis führte, „wie *beliebig* die *Rechtsformen* im Grunde sind"[203]. Diese Beobachtung hat sich in der Tat im Laufe der letzten Jahrzehnte mehr und mehr bestätigt.

Zum ersten Male ist dies ausdrücklich durch das *Energiewirtschaftsgesetz* von 1935 anerkannt worden[204]:

> Energiewirtschaftsunternehmen im Sinne dieses Gesetzes sind *ohne Rücksicht* auf ihre Rechtsform und Eigentumsverhältnisse alle Unternehmen und Betriebe, die andere mit elektrischer Energie oder Gas versorgen oder Betriebe dieser Art verwalten (*öffentliche* Energieversorgung)[205].

Damit ist ein Teilausschnitt jenes Bereichs der öffentlichen Verwaltung angesprochen, der uns unter der Bezeichnung der öffentlichen „Daseinsvorsorge" vertraut ist[206].

Schon an anderer Stelle war für diesen Bereich hervorgehoben worden, daß für die Bewältigung gerade der hier in Frage kommenden Aufgaben weithin Formen des Privatrechts Verwendung finden[207], deren sich die Verwaltung „nach ihrer Wahl" bedienen kann[208]. Deshalb ist etwa auch dagegen nichts herzuleiten, daß ein Versorgungsbetrieb — unter Beibehaltung seiner Funktion und Organisation — den Status seiner Rechtsform abwandelt[209].

---

[202] Ballweg, Zu einer Lehre von der Natur der Sache, S. 53.

[203] Forsthoff, Die Verwaltung als Leistungsträger, 1938, S. 34. Die damit verbundenen Schwierigkeiten können allerdings auch heute noch keineswegs als überwunden angesehen werden. Das bringt Forsthoff selbst an anderer Stelle deutlich zum Ausdruck, s. Begriff und Wesen des sozialen Rechtsstaats, VVDStRL Heft 12, 1954, S. 13.

[204] G zur Förderung der Energiewirtschaft v. 13. 12. 1935, RGBl. I, 1451.

[205] § 2 Abs. 2 des gen. Gesetzes (m. Sperrungen vom Verf.).

[206] Ballweg, a. a. O., S. 54, bezeichnet das „rechtspolitische Postulat" der Daseinsvorsorge als „Kopula" eines „Sachzusammenhanges". Dem entspricht die Grundthese dieser Untersuchung, daß der Organisationstyp öffentliche Anstalt durch den Sachzusammenhang der leistenden Verwaltung bedingt ist.

[207] Vgl. oben, in diesem Kapitel, § 4 II 3.

[208] Forsthoff, Verwaltungsrecht, § 1, 2 (S. 14/15). (Als Beispiele werden dort genannt Verkehrsunternehmen, Versorgungsbetriebe, Heilanstalten, Institutionen der Kulturpflege u. dgl.).

[209] Wie etwa die GASAG Berlin, die bis zum 31. 12. 1936 Aktiengesellschaft war und seitdem als Eigenbetrieb weitergeführt wird, vgl. die Betriebssatzung der GASAG v. 28. 8. 1961, GVBl. Berlin 1214.

So kann auch ein Theater in der Rechtsform einer Aktiengesellschaft oder eine Badeanstalt als GmbH geführt werden[210]. Das gleiche gilt auch für eine Forschungsanstalt, der eine derartige Rechtsform zugrunde liegen kann[211]. Alle diese Erscheinungen gehören zur *öffentlichen* Verwaltung, „auch wenn sie in den Formen des Privatrechts betrieben werden"[212].

Dieses Ergebnis findet seine Bestätigung in dem bekannten Urteil des Bundesverfassungsgerichts zum Fernsehstreit[213], in dem das Gericht ausdrücklich feststellt, „auch eine rechtsfähige Gesellschaft des privaten Rechts könnte Träger von Veranstaltungen dieser Art sein"[214]. Bestimmt man nun aber die Anstalt funktional durch die Erfüllung von Aufgaben der leistenden Verwaltung, so ist es nicht angängig zu sagen, die „in den Formen des Gesellschaftsrechts verselbständigten Träger von Funktionen der Daseinsvorsorge" seien *nicht* öffentliche Anstalten[215]. „Ihnen fehlt ... die Eingliederung in die Institutionen der öffentlichen Verwaltung ..." (Forsthoff)[216].

Einer solchen Feststellung ist daher nicht beizutreten. Sie ist zu sehr an formalen Gesichtspunkten orientiert und führt die bereits anderwärts ausgesprochene Erkenntnis nicht weiter, daß in all diesen Fällen die Verwendung von Privatrechtsformen nur ein *Mittel öffentlicher Verwaltung* darstellt[217]. Damit ändert sich aber für die Funktion nichts, sie bleibt als Aufgabenerfüllung öffentlicher Verwaltung bestehen[218]. Daher unterliegt auch eine Anstalt in Privatrechtsform den oben dargestellten Grundsätzen über den Wirkungskreis (Funktionsbereich)

---

[210] So die Hamburger Staatsoper A. G., die Neue Schauspielhaus GmbH und die Badeanstalten GmbH (entnommen der VO über die Eigenunfallversicherung Hamburg, GVBl. 1957, S. 43). Auch die Städtische Oper Berlin und das Philharmonische Orchester waren bis 1945 Aktiengesellschaft bzw. GmbH (vgl. GMBl. 1962, 463).

[211] So im Fall der Bundesforschungsanstalt für Rebenzüchtung („Forschungsgesellschaft für Rebenzüchtung mbH").

[212] Forsthoff, Verwaltungsrecht, vor § 19 (S. 323).

[213] BVerfG, Urt. v. 28. 2. 1961, BVerfGE 12, 205 ff.

[214] BVerfGE 12, 205 (262).

[215] Forsthoff, Verwaltungsrecht, § 24 II 3 (S. 441).

[216] Gerade auf die funktionale Gleichstellung als Institution — unabhängig von der Rechtsform — stellt das BVerfG a. a. O. ab, indem es von der Verwaltungs*aufgabe* (der „Veranstaltung von Rundfunksendungen") ausgeht.

[217] So auch Siebert, Privatrecht im Bereich öffentlicher Verwaltung, Festschrift für Niedermeyer, S. 220.

[218] Auch Bachof, Teilrechtsfähige Verbände des öffentlichen Rechts, AöR, Bd. 83 (1958), S. 208 ff. (234) betont, daß es nicht darauf ankommen könne, *wer* eine Funktion ausübe, solange sie nur in den Bereich der öffentlichen Verwaltung falle, so daß also „die ‚privatrechtliche' oder wie immer geartete Konstruktion des Rechtsträgers nicht notwendig gegen eine solche Zurechnung spricht".

einer Anstalt. Denn sonst könnte sich die Verwaltung einer gegebenenfalls von ihr befürchteten Unwirksamkeit von Rechtsakten bzw. einer
Aufhebung durch die Aufsichtsbehörde einfach dadurch entziehen,
daß sie — erlaubterweise — in eine Privatrechtsform ausweicht und in
dieser die in Frage kommende Leistungsverwaltungsaufgabe erfüllt.
Die „Flucht in die Formen des Privatrechts" kann keineswegs zu einer
Flucht aus der Ordnung des öffentlichen Rechts werden[219]. Das Gebilde
ist von seiner Funktion her verwaltungsrechtlich auf jeden Fall als Anstalt zu behandeln.

Abschließend sei darauf hingewiesen, daß auch die Rechtsfigur des sog.
beliehenen Unternehmers für die Einordnung der in Privatrechtsform
gekleideten Einrichtungen öffentlicher Verwaltung ausscheiden muß[220].
Der beliehene Unternehmer zeichnet sich nämlich gerade dadurch aus,
daß er öffentliche Aufgaben grundsätzlich nicht erfüllt, sondern nur
„mit einzelnen *zusätzlichen* und beiläufigen Hoheitsfunktionen ausgestattet wird"[221]. Die Beleihung bezieht sich demnach auch keineswegs
auf die Übertragung von Aufgaben leistender Verwaltung, sondern
allein auf die Ausübung *hoheitlicher* Gewalt[222]. Als Beispiel ist etwa
eine Privateisenbahn zu nennen, der bahnpolizeiliche Befugnisse übertragen sind[223].

Damit entfällt die Möglichkeit, auch die hier in Rede stehenden Gebilde unter die beliehenen Unternehmer zu rechnen. Sie üben die ihnen
aufgegebenen Funktionen öffentlicher Leistungsverwaltung keineswegs nur zusätzlich und beiläufig aus, sondern verwirklichen darin
ihren eigentlichen Zweck (nämlich bestimmte öffentliche Leistungen zu
erbringen). Der sog. beliehene Unternehmer ist und bleibt in erster
Linie (Privat-)*Unternehmer*[224].

Zusammenfassend lassen sich die in diesem Abschnitt angestellten
Überlegungen dahin festhalten: Sieht man die öffentliche Anstalt als
einen funktional bestimmten Organisationstyp öffentlicher Verwaltung
an, so kommt es für die Begriffsbestimmung der Anstalt weder auf die

---

[219] Wie etwa Neumann, Wirtschaftslenkende Verwaltung, S. 26, meint.

[220] Übereinstimmend auch Vogel, Öffentliche Wirtschaftseinheiten in privater Hand, S. 89, 90.

[221] Huber, Wirtschaftsverwaltungsrecht, 2. Aufl., Bd. I, S. 122 (Hervorhebung vom Verf. d. Arbeit).

[222] Heymann, Wesen und Notwendigkeit der öffentlichen Anstalt, S. 48;
H. J. Wolff, Verwaltungsrecht II, § 104 II (S. 306).

[223] Wolff, Verwaltungsrecht II, § 104 I (S. 304); Triepel, Delegation und
Mandat im öffentlichen Recht, S. 100, der darauf hinweist, daß hier ein Fall
„echter Delegation" des öffentlichen Rechts gegeben sei.

[224] Huber, Wirtschaftsverwaltungsrecht, 2. Aufl., Bd. I, S. 66; Heymann,
Wesen und Notwendigkeit der öffentlichen Anstalt, S. 49.

Frage der Rechtsfähigkeit noch auf die der Rechtsform an, in welcher die Anstalt die ihr gestellten Aufgaben erfüllt[225].

III. Staatsaufsicht

Damit ist für das Bild der öffentlichen Anstalt ein neuer Rahmen gefunden, damit ist insbesondere das Moment ihrer Selbständigkeit auf andere Weise ausgefüllt, als es der Verwaltungsrechtslehre bisher nahegelegen hat.

Wie aber — so ist weiter zu fragen — wird die Anstalt mit der Verwaltung verbunden? Wie wird ihre Selbständigkeit, von der bisher die Rede war, durch die Bindung der Anstalt an einen Staat kompensiert, der die Anstalt zu einer „öffentlichen" macht?

Wenn hier festgestellt worden ist, daß für die Anstalt ungebundener Steuerungsraum typisch sei, so wird damit keineswegs ausgeschlossen, daß auf der anderen Seite auch ein Verbindungsstrang bestehen muß, der die Anstalt zu einer Institution öffentlicher Verwaltung werden läßt[226].

Im Gegenteil, schon die Einräumung ungebundenen Steuerungsraums hat ja nur den Sinn, einen besonderen Bereich auszusparen gegenüber den bestehenden Bindungen zu den Aufsichtsbehörden, die verwaltungsrechtlich ihre Verwirklichung in der sog. *Staatsaufsicht* finden. Dieses Institut erhält damit seine Zielsetzung unter dem Gesichtspunkt, die Anstalt — wie es *Werner Weber* formuliert — in den Bereich der Staatsverwaltung zu „integrieren"[227].

Diese Integrierung bedeutet nicht nur die Einbeziehung der von ihr erfaßten Einrichtungen in die Institutionen, durch die öffentliche Aufgaben verwirklicht werden. Sie bedeutet zugleich auch insofern eine „Ver-Öffentlichung", als sie das sachgemäße und notwendige Gegenstück zu der Einrichtung der sog. parlamentarischen Verantwortlichkeit

---

[225] Es ist klar, daß diese These von allen jenen keineswegs gebilligt werden kann, die wie etwa Hans J. Wolff davon ausgehen, daß es von der Rechtsform abhänge, welchen „Charakter" ein „soziales Gebilde" annehme, Wolff, Die Rechtsgestalt der Universität, S. 6 und — ihm folgend — Schlüter, Behörde und Anstalt, S. 63, 65. Eine Kritik der von Wolff vertretenen Auffassung über die Bedeutung der Rechtsform findet sich in einem Diskussionsbeitrag von Westermann in dem angegebenen Werk (Die Rechtsgestalt der Universität), S. 38, 39.

[226] Das gilt entsprechend für die sog. selbständigen Oberbehörden, von denen indessen hier nicht zu handeln ist.

[227] W. Weber, Die Körperschaften, Anstalten und Stiftungen, S. 24. Dasselbe meint schon Lorenz von Stein, wenn er von der schwierigen Aufgabe spricht, „das Prinzip der *Einheit der Verwaltung*" herzustellen, die dem Minister obliege. Verwaltungslehre, Bd. I, S. 261 (Hervorhebung vom Verf. d. Arbeit).

oberster Behörden (Ministerien) darstellt. Fehlt es an Staatsaufsicht gegenüber Anstalten, so erweist sich insoweit auch die Geltendmachung parlamentarischer Kontrolle als unvollziehbar. Das ist auch der Grund, weshalb denn Anstalten, die von Staatsaufsicht freigestellt sind, eigene, nach komplizierten Regelungen zusammengesetzte Kontrollorgane haben[228].

Aufsicht bedeutet — das zeigt schon der Wortsinn des Ausdrucks — zunächst einmal ein Überwachen, ein Beobachten. Aber das allein macht das Wesen dieser Funktion — die es nicht nur im Bereich *staatlicher* Verwaltung gibt — noch nicht aus. Es muß hinzukommen, daß den Aufsichtsbehörden in gewissem Rahmen auch die Möglichkeit eigener *Einflußnahme* eröffnet ist, um etwa zu beanstandende Maßnahmen aufheben oder abändern zu können[229]. So wird die staatliche Aufsicht durch Rechte zur *Überwachung* und zur *Korrektur* bestimmt[230].

Dem entspricht in aller Regel die Ausgestaltung der Aufsicht in den einzelnen Gesetzen und Satzungen. Zunächst ist der Aufsichtsbehörde ein *allgemeines Auskunftsrecht* einzuräumen, das auch die Einsichtnahme in die Bücher und Schriften der Anstalt einschließt[231]. Weiter können einzelne Rechtsakte und Rechtsgeschäfte, soweit sie von grundsätzlicher Bedeutung sind, einem ausdrücklichen *Genehmigungsvorbehalt* unterstellt werden. Das gilt insbesondere für den Erlaß der Satzung oder Geschäftsordnung der Anstalt, für die ein Genehmigungsvorbehalt generell angenommen werden muß[232]. Schließlich ist festzustellen, daß vielfach Vertreter der Aufsichtsbehörden auch in den Verwaltungsräten und entsprechenden Gremien öffentlicher Anstalten mitwirken. Soweit es sich dabei um ein bloßes Recht auf Teilnahme an den Sitzungen handelt, läßt sich schon deshalb dagegen nichts einwenden, weil sich ein derartiges Mitwirkungsrecht aus dem allgemeinen Informationsrecht ergibt, das sich mit dem Institut der Staatsaufsicht verbindet[233]. Soweit

---

[228] So die Rundfunkanstalten, vgl. unten, § 6, 5.

[229] S. oben, § 5 I 2 a. E., wo darauf hingewiesen wurde, daß die Aufsicht auch die Einhaltung des Wirkungskreises durch die Anstalt sicherstellen soll. So jetzt auch BGH v. 26. 5. 1961, DVBl. 1962, 102 (für den Fall, daß ein Schlachthof an Private Eis verkauft).

[230] Triepel, Die Reichsaufsicht, S. 118; Meyer-Dochow, Lehrbuch des Verwaltungsrechts, 3. Aufl., S. 30.

[231] Vgl. etwa G über die landwirtschaftliche Rentenbank v. 11. 5. 1949, WiGBl. 77, § 11 Abs. 2.

[232] Beispiel: Bundesbahngesetz v. 13. 12. 1951, BGBl. I, 955, § 14 Abs. 4 b) (Genehmigung der Verwaltungsordnung der deutschen Bundesbahn durch den Bundesverkehrsminister).

[233] Beispiel: Satzung der Mühlenstelle, BGBl. 1951 I, 973, § 14 (Teilnahmerecht von Vertretern des Bundesernährungsministeriums und der obersten Landesbehörden für Ernährung an den Sitzungen des Verwaltungsrats der Mühlenstelle).

aber die Frage des Stimmrechts oder auch des Vorsitzes im Gremium in Betracht kommt, wird man eine ausdrückliche Regelung verlangen müssen, die entsprechende Möglichkeiten vorsieht[234]. Immerhin sind hier gewisse Bedenken vorzubringen. In diesem Sinne hat sich der Bundesrechnungshof grundsätzlich dagegen ausgesprochen, daß ein an der Aufsicht beteiligter Minister zugleich auch Mitglied des Vorstandes oder Verwaltungsrates „des zu beaufsichtigenden Unternehmens" sei. Es gerate sonst die „Objektivität" der Staatsaufsicht in Gefahr[235].

Die Einbeziehung der Anstalt in die öffentliche Verwaltung erfolgt so mittels eines Systems kunstvoll aufeinander abzustimmender Zuständigkeiten zwischen *Staatsaufsicht* und der *Leitung* der Anstalt. Die Aufsicht soll — materiell gesehen — sicherstellen, daß Gesetz und Satzung beachtet werden[236]. Während der Leitung der Anstalt — soweit es ihr konkret bestimmtes Sachgebiet angeht, — prinzipiell keine Beschränkungen ihres ungebundenen Steuerungsraums zu setzen sind, bleibt die Aufsicht von vorneherein beschränkt[237]. Das bedeutet vor allem, daß sich mit der Staatsaufsicht ein allgemeines Weisungsrecht *nicht* verbindet[238]. Der Aufsichtsbehörde ist es demnach verwehrt, durch Weisungen etwa an den Vorstand der Anstalt in Fragen der *laufenden Verwaltung* einzugreifen. Das gilt *auch,* soweit es sich um öffentliche Anstalten in Privatrechtsform handelt. Die durch das Gesellschaftsrecht gegebenen Möglichkeiten werden hier durch den verwaltungsrechtlichen Organisationstyp inhaltlich verändert und beschränkt. Die Tatsache, daß Verwaltungsaufgaben auch über privatrechtliche Formen erfüllt werden, darf keineswegs dazu führen, daß die Verwaltung auf diese Möglichkeit deshalb zurückgreift, um sich auf diese Weise der dem Institut der Staatsaufsicht vorgegebenen Beschränkungen zu entledigen[239].

---

[234] Beispiel: G über den Deutschen Wetterdienst v. 11. 11. 1952, BGBl. I, 738, § 5 (Verwaltungsbeirat, den Vorsitz führt der Vertreter des Bundesverkehrsministers).

[235] Bemerkungen des Bundesrechnungshofes zu der Bundeshaushaltsabrechnung für das Rechnungsjahr 1955, Deutscher Bundestag, 3. Wahlperiode, Bd. 58, Drucksache Nr. 554 (29. 9. 1958), S. 49.

[236] Entsprechende Vorschriften finden sich in zahlreichen Errichtungsgesetzen, z. B. Gesetz über die Deutsche Genossenschaftskasse v. 11. 5. 1949, WiGBl. 75, § 13 Abs. 1 Satz 2. Dagegen beschränken sich andere Gesetze auf den Ausspruch, die Anstalt unterstehe der Staatsaufsicht.

[237] Hatschek, Verwaltungsrecht, S. 313; ferner Forsthoff, Verwaltungsrecht, § 24 I b) (S. 419). Unzutreffend Hein-Eichhoff-Pukall-Krien, Kommentar zum Güterkraftverkehrsgesetz, Anm. 1 zu § 76 (die Aufsicht des Bundesverkehrsministers sei unbeschränkt).

[238] Forsthoff, Verwaltungsrecht, § 24 I b) (S. 419). Eine Gegenansicht vertritt Huber, Wirtschaftsverwaltungsrecht, Bd. I, S. 115. Wie hier mit Bezugnahme auf die Stellung des établissement public im französischen Verwaltungsrecht Schnur, Die Krise des Begriffs der services publics, AöR, 79. Bd., 1953/54, S. 418 ff. (425).

[239] Insofern würde eine Regelung der D. GemeindeO v. 1935 heute Be-

Der ungebundene Steuerungsraum erhält gegenüber der Staatsaufsicht mithin eine *komplementäre* Bedeutung. Dieser Steuerungsraum ist damit für das Funktionieren der öffentlichen Anstalt von wesentlicher Bedeutung. Im Verhältnis zur Aufsichtsbehörde ist ihm daher institutioneller Charakter auch insoweit beizumessen, als er nicht durch Gesetz oder Satzung statuiert ist[240]. Da die Anstalt kraft öffentlichen Auftrags mit der Bewältigung bestimmter sachlich-technischer Aufgaben betraut ist, braucht sie Eingriffe auch der staatlichen Aufsichtsbehörden insoweit nicht zu dulden, als diese den von ihrer Sachaufgabe her konstituierten ungebundenen Steuerungsraum nicht respektieren. Notfalls muß der Anstalt auch die Möglichkeit einer Unterlassungsklage gegen den Staat im Verwaltungsrechtswege eröffnet werden[241]. Denn sobald der Staat die Anstalt ins Leben gerufen hat, muß diese ihre Aufgabe darin sehen, die ihr übertragenen öffentlichen Funktionen in der sachlich richtigen Form zu erfüllen, dazu muß sie alle Eingriffe abwehren, die die Bewältigung der Sachaufgabe in Frage stellen würden, und selbst dann, wenn es sich um Eingriffe seitens der Aufsichtsbehörden selbst handelt. Mit der Errichtung der Anstalt setzt der Staat also zugleich seiner eigenen Tätigkeit Grenzen, die sich aus der der Anstalt durch Gesetz und Satzung übertragenen Aufgabenstellung ergeben.

Das bedeutet zugleich, daß die Existenz der Anstalt auch nicht dadurch gefährdet werden darf, daß der Staat gewisse Maßnahmen *nicht* ergreift, obwohl diese für den Fortbestand der Anstalt entscheidend sind. So hat eine Allgemeine Ortskrankenkasse[242] gegen den Staat — d. h. in diesem Falle die Bundesrepublik Deutschland — Klage erhoben und zur Begründung ausgeführt, daß sich bestimmte Maßnahmen in der Krankenversicherung der Rentner „finanziell katastrophal" für die Ortskrankenkasse ausgewirkt hätten, so daß ihr Vermögensbestand in absehbarer Zeit gänzlich aufgezehrt sein werde[243]. Mit der Klage hat sie ein Eingreifen des Bundes zur Abwendung dieser Gefahr gefordert. Wenn dieser Fall auch nicht unmittelbar in diesen Zusammenhang paßt,

---

denken erregen, in der bestimmt war, daß der Bürgermeister den Vertretern und Organen der Gesellschaften Weisungen erteilen konnte (§ 70 Abs. 1 DGO). Durch die Entwicklung im Kommunalrecht ist diese Vorschrift ohnehin überholt.

[240] In der Satzung der Physikalisch-technischen Bundesanstalt v. 10. 2. 1949 (Amtsbl. der Phys.-technischen Bundesanstalt 1950, S. 1) heißt es: „Grundsätzlich ist für die Festlegung und Darstellung von Einheiten gemäß Abs. 1 die Auffassung der Physikalisch-technischen Bundesanstalt maßgebend" (§ 3 Abs. 3). Daran ist auch die Aufsichtsbehörde gebunden.

[241] Denn es handelt sich um Streitigkeiten des öffentlichen Rechts, § 40 Abs. 1 Verwaltungsgerichtsordnung.

[242] Die Tatsache, daß es sich um eine öffentliche Körperschaft handelt, ändert für die hier aufgeworfene Fragestellung nichts.

[243] S. BGH v. 27. 5. 1957, NJW 1957, 1235.

so beweist er doch, daß derartige Klagen, bei denen es um den Fortbestand einer vom Staat geschaffenen Einrichtung (Anstalt oder Körperschaft) geht, auch in der Praxis vorkommen. Sie sind auch als zulässig anzusehen[244], wenn sie auch in den einschlägigen Gesetzen oder Satzungen nicht ausdrücklich vorgesehen sind[245].

Damit wird das Institut der Staatsaufsicht als solche keineswegs in Zweifel gezogen. Staatsaufsicht und ungebundener Steuerungsraum müssen sich vielmehr notwendig ergänzen. Fehlt es an diesem Zusammenspiel, so wird der Begriff der öffentlichen Anstalt überhaupt in Frage gestellt. Ist etwa *keine* Staatsaufsicht vorgesehen, so handelt es sich um ein Gebilde, dem der Verbindungsstrang zu der öffentlichen Verwaltung fehlt, das nicht „integriert" ist, so daß es sozusagen eine souveräne Stellung innerhalb des Staatsganzen erlangt[246]. Fehlt es andererseits an einem ungebundenen Steuerungsraum, so wird die „Aufsicht" unbeschränkt und das als „Anstalt" verkleidete Gebilde läßt sich nur noch als *Behörde* ansehen[247].

Damit bleibt für die weitere Untersuchung festzuhalten, daß *alle* öffentlichen Anstalten einer Aufsicht zu unterstellen sind[248]. Gerade die Entwicklung der letzten Jahre hat erwiesen, daß zwar die Eigenschaft der öffentlichen Anstalt noch heute sehr begehrt ist, daß aber die Träger dieser Eigenschaft oft nur wenig Neigung zeigen, eine Bindung an die koordinierende Aufsicht der staatlichen Behörden in Kauf zu nehmen[249]. Das darf aber nicht daran hindern, die Staatsaufsicht immer wieder als ein notwendiges Institut anzusehen, daß im Bereich der öffentlichen Anstalten etwas Selbstverständliches darstellen sollte[250].

---

[244] Der Bundesgerichtshof sah den Weg zu den ordentlichen Gerichten als nicht gegeben an und verwies an das Sozialgericht. Dem ist zuzustimmen.

[245] Eine Ausnahme stellt insoweit der Staatsvertrag über den Norddeutschen Rundfunk v. 16. 2. 1955 dar, GVBl. Schleswig-Holstein 93. Er sieht in § 22 Abs. 3 S. 2 eine Verwaltungsklage gegen eine Anweisung vor, die im Wege der Aufsicht erlassen worden ist.

[246] Darauf ist unten im Zusammenhang mit der Behandlung der Rundfunkanstalten und der Bundesbank noch zurückzukommen, s. § 6, 2. und 5.

[247] Das hatte schon Triepel erkannt, der hier von „unmittelbarer" Aufsicht sprach und dazu sagte: „Fast unmerklich geht hier die Aufsicht in „eigene und unmittelbare" Staatsverwaltung über. Denn wenn der Staat seine Aufsichtsverfügungen an die Organe des Verbandes richtet . . ., so behandelt er sie eben praktisch gesehen nicht anders als seine eigenen *Behörden* . . .", Triepel, Die Reichsaufsicht, S. 154 (mit Sperrung vom Verf. d. Arbeit).

[248] Köttgen, Deutsche Verwaltung, 3. Aufl., S. 105; ders., Der Einfluß des Bundes auf die deutsche Verwaltung und die Organisation der bundeseigenen Verwaltung, Jahrbuch des öffentlichen Rechts, N. F., Bd. 3, 1954, S. 7 ff. (112); Werner Weber, Die Körperschaften, Anstalten und Stiftungen des öffentlichen Rechts, S. 23.

[249] W. Weber, Staats- und Selbstverwaltung in der Gegenwart, S. 25.

[250] W. Weber, Das politische Kräftesystem in der wohlfahrtsstaatlichen Massendemokratie, in: „Zum Problem des Gleichgewichts zwischen Wirtschaftspolitik und Staatspolitik", S. 50.

Diese Forderung muß etwa für den Bereich des Rundfunkwesens erhoben werden, wo einige Rundfunkanstalten von staatlicher Aufsicht ausdrücklich freigestellt worden sind[251]. Solange den Rundfunkanstalten die Stellung *öffentlicher* Anstalten eigentümlich ist, stellt die Staatsaufsicht auch das geeignete Mittel dar, um zu verhindern, daß eine zu große Unabhängigkeit vom Staat zu einer fortschreitenden „Minderung der Rechtsstaatlichkeit führt[252]. Immerhin besitzen die Rundfunkanstalten wenigstens in Gestalt der Rundfunkräte Organe, die gewisse Kontrollfunktionen wie Aufsichtsbehörden ausüben können.

Damit ist jedoch bereits auf die Problematik eines bestimmten Typs öffentlicher Anstalten eingegangen, der im nächsten Abschnitt darzustellen ist. Allerdings wird es dabei wegen der Vielzahl der Prägungen nicht möglich sein, auf alle Einzelerscheinungen einzugehen. Dies erscheint indessen auch nicht erforderlich, wenn man davon ausgeht, daß es sich hier darum handelt, die verschiedenen Gebilde bestimmten Typen zuzuordnen und als solche zu schildern.

§ 6. Einzelne Typen öffentlicher Anstalten

Im vorhergehenden Abschnitt war die Anstalt als Organisationstyp öffentlicher Verwaltung beschrieben worden. Dabei lag der Gedanke zugrunde, daß die verschiedenen Institutionen, in denen öffentliche Verwaltung verwirklicht wird, einer Differenzierung nach den von ihnen erfüllten Funktionen zugänglich sind, die es möglich erscheinen läßt, sie in verschiedene Typen zu unterteilen. Das gleiche Verfahren läßt sich nun aber anwenden, um innerhalb des Organisationstyps „Anstalt" eine weitere Unterscheidung vorzunehmen — was sich schon im Hinblick darauf empfiehlt, daß der Anstaltsbegriff immerhin noch außerordentlich vielfältige Erscheinungen erfaßt.

1. Versorgungsanstalten

Dabei fällt zunächst eine Art öffentlicher Anstalten auf, die bereits in den bisherigen Untersuchungen vielfach im Vordergrund gestanden haben, nämlich die Versorgungsanstalten. Sie bedürfen daher hier einer eingehenden Betrachtung nicht mehr.

Nach einer schon angeführten Begriffsbestimmung gehören dazu alle Betriebe, „die der Versorgung der Bevölkerung mit Wasser, Gas, Elek-

---

[251] Hessischer Rundfunk, Gesetz v. 2. 10. 1948, GVBl. 123, § 1 Abs. 1 S. 2; Südwestfunk, s. Gesetz v. 18. 3. 1952, GVBl. Baden 40 (Geltendmachung der Aufsicht nur im Klagewege), § 21.

[252] Forsthoff, Können Angehörige schlagender Verbände vom Studium an westdeutschen Hochschulen ausgeschlossen werden? Rechtsgutachten, S. 8.

trizität, dem öffentlichen Verkehr oder dem Hafenbetrieb dienen"[1]. Hierher sind auch die Schwimmbäder, die Krankenanstalten und ähnliche Einrichtungen zu rechnen, die dazu bestimmt sind, der öffentlichen Daseinsvorsorge zu dienen. Die Domäne der Versorgungsanstalten ist daher in erster Linie der *kommunale* Bereich, doch sind sie keineswegs hierauf beschränkt. Die großen Kraftwerke, Wasserversorgungen usw. gehen weit über den Bereich einer einzelnen Gemeinde hinaus. Und auch die Aspekte, die sich mit der Energiegewinnung aus Atomenergie ergeben, machen es wahrscheinlich, daß neue Versorgungsanstalten in sehr großräumige Ordnungen einzugliedern sein werden. Hier bahnt sich eine Entwicklung an, die auch für das öffentliche Recht von vordringlichem Interesse sein wird.

Der Bereich der Versorgungsanstalten zeichnet sich — auch das wurde schon gesagt — in besonderem Maße durch das *Nebeneinander* von *rechtsfähigen* und *„nichtrechtsfähigen"* Erscheinungen aus. Das ist darauf zurückzuführen, daß nur ein Teil der Versorgungsanstalten als Eigenbetriebe nach der Eigenbetriebsverordnung von 1938 bzw. den inzwischen getroffenen gesetzlichen Regelungen anzusehen ist[2]. Im übrigen finden sich aber gerade hier sehr zahlreich Anstalten in Privatrechtsform[3], die früher sogar den weitaus überwiegenden Teil der Versorgungsanstalten gestellt haben. Erst die Entwicklung nach 1933 hat dazu geführt, daß die Zahl der Eigenbetriebe die Zahl der Anstalten in Formen des Gesellschaftsrechts heute weit übertrifft[4]. Allerdings wird dieses Ergebnis dadurch etwas korrigiert, daß sich nach der Ausstattung mit Eigenmitteln die beiden Gruppen anteilsmäßig etwa die Waage halten.

Das zeigt eine Untersuchung, die das Statistische Bundesamt für das Jahr 1953 durchgeführt hat. Sie ergibt, daß von 601 Betrieben allein 440 als reine Eigenbetriebe geführt werden, das sind etwa 75 % (mit einem Nominalkapital von etwa 2,3 Milliarden DM). Die übrigen 161 Betriebe (mit etwa 2,1 Milliarden DM Nominalkapital) werden in privatrechtlichen Rechtsformen geführt (und zwar 120 als Aktiengesellschaften, 41 als Gesellschaften mit beschränkter Haftung)[5]. Man hat ge-

---

[1] Körperschaftsteuer-DurchfVO i. d. F. v. 6. 6. 1962, BGBl. I, 412, § 2.
[2] EigenbetriebsVO v. 21. 11. 1938, RGBl. I, 1650; in Hessen EigenbetriebsG v. 9. 3. 1957, GVBl. 19; in Nordrhein-Westfalen EigenbetriebsVO v. 22. 12. 1953, GS NW 181, im Saarland EigenbetriebsVO v. 11. 11. 1954, Amtsbl. 1415.
[3] Die auch als „Eigengesellschaften" bezeichnet werden, GemeindeO NRW v. 21. 10. 1952, GS NW 167, § 72 Abs. 1.
[4] Köttgen, Die rechtsfähige Verwaltungseinheit, „Verwaltungsarchiv", 44. Bd., 1939, S. 16; Blaum, Öffentliche Verwaltung und wirtschaftliche Unternehmen, DVBl. 1958, 666 ff. (667). Beispiel: die Berliner GASAG, die seit 1937 Eigenbetrieb ist.
[5] Sämtliche Angaben nach Johns, Öffentliche Betriebe, HdSW, Bd. 2, 1959, S. 48 ff. (56).

genüber den Eigenbetrieben gelegentlich geltend gemacht, bei ihnen sei das Fehlen der eigenen Rechtsfähigkeit als ein wesentlicher Mangel anzusehen[6]. Dem ist auch hier wieder entgegenzuhalten, daß durch besondere Regelungen, wie etwa in der Eigenbetriebsverordnung von Nordrhein-Westfalen[7] auch der Eigenbetrieb mit einer Art Teilrechtsfähigkeit ausgestattet werden kann. Zudem beweist die für die Deutsche Bundesbahn gefundene Regelung, daß auch ein „nichtrechtsfähiges" Gebilde am Rechtsverkehr praktisch unbeschränkt teilnimmt, so daß die Frage nach einer verliehenen oder nicht verliehenen Rechtsfähigkeit weitgehend gegenstandslos wird. Insoweit kann auf früher Gesagtes verwiesen werden[8].

Nicht zu den Versorgungsanstalten sind hier die Rundfunk- und Fernsehanstalten gerechnet, obgleich sich auch von ihnen mit guten Gründen behaupten läßt, daß sie ihre Hörer bzw. Zuschauer mit Informationen, mit Meinungen und „kulturellen Verbrauchsgütern" „versorgen"[9]. Immerhin bestehen doch in der Funktion so erhebliche Unterschiede, daß es gerechtfertigt erscheint, sie als einen eigenen Organisationstyp innerhalb der öffentlichen Anstalten anzusehen (s. unten Ziff. 5).

2. Bankanstalten

a) Auch von den öffentlichen Bankanstalten ist im Laufe dieser Untersuchung schon wiederholt die Rede gewesen. Bei ihnen ergibt sich eine besondere Problematik aus der engen Berührung, die ihre Tätigkeit notwendigerweise mit den Geschäftsbanken nehmen muß. Das hat den Gesetzgeber veranlaßt, den Tätigkeitsbereich der öffentlichen Bankanstalten durch besonders eingehende Umschreibung ihres „Wirkungskreises" festzulegen[10]. Wieweit ihm das gelungen ist, wird sich nicht generell sagen lassen, denn das Nebeneinander öffentlicher und privater Banken, insbesondere der Großbanken, zeigt besonders deutlich die Schwierigkeiten, die sich einer befriedigenden Abgrenzung des Bereichs der öffent-

---

[6] Blaum, Öffentliche Verwaltung und wirtschaftliche Unternehmen, DVBl. 1958, 666 ff. (669). Anderer Ansicht Johns, Öffentliche Betriebe, a. a. O., S. 54.

[7] EigenbetriebsVO v. 22. 12. 1953, GS NW 181, § 3 Abs. 1. Danach vertritt die Werkleitung die Gemeinde in Angelegenheiten des Eigenbetriebs, die ihrer Entscheidung unterliegen. Vgl. oben, § 5 II 2 a. E.

[8] s. oben, § 5 II 2.

[9] W. Weber, Spannungen und Kräfte im westdeutschen Verfassungssystem, S. 52/53. Auch Schneider, Informationsfreiheit und Rundfunkgenehmigung, NJW 1961, 53 ff., rechnet die „Rundfunkversorgung" zum Bereich öffentlicher Daseinsvorsorge (S. 56).

[10] Dazu oben, § 5 I 2.

lichen Verwaltungstätigkeit mit dem der freien Wirtschaftsentfaltung entgegenstellen[11].

Zu den Bankanstalten gehören ausschließlich *rechtsfähige* Gebilde[12]. Schon *Otto Mayer* hat darauf hingewiesen, daß das auf Zweckmäßigkeitserwägungen zurückzuführen ist[13]. Denn für die Banken steht die Teilnahme am Rechtsverkehr ganz im Vordergrund, und die ihnen zukommende Rechtsfähigkeit bringt zugleich eine Haftungsbeschränkung für sie mit sich, die sonst — wie etwa im Falle der Bundesbahn — besonderer gesetzlicher Regelung bedürfte. Die Bedeutung der Rechtsfähigkeit liegt demnach auch hier wiederum auf bürgerlich-rechtlichem Gebiet.

b) Zu den öffentlichen Bankanstalten sind auch die *Sparkassen* zu rechnen, deren Rechtslage zum großen Teil durch neue Ländergesetze geregelt worden ist[14]. Die Stellung der Sparkassen wird heute insbesondere dadurch gekennzeichnet, daß sie über ihre frühere Aufgabe, „den Sparsinn der Bevölkerung zu wecken"[15], längst hinausgewachsen und zu bedeutenden Kreditgebern der Wirtschaft geworden sind. Ihr Wirkungskreis hat sich dabei immer mehr ausgeweitet und ist heute praktisch unbegrenzt geworden. Das veranlaßt zu der Frage, ob die Sparkassen weiterhin als öffentliche Anstalten anzuerkennen sind und nicht besser in Aktiengesellschaften umzuwandeln wären[16].

c) Eine besondere Stellung nimmt schließlich die *Bundesbank* als Notenbank des Bundes ein[17]. Sie wird im Gesetz als „bundesunmittelbare juristische Person des öffentlichen Rechts" bezeichnet. Das ist ungenau, wenn man bedenkt, daß in Art. 87 Abs. 3 GG ausdrücklich nur Körperschaften und Anstalten genannt werden[18]. Allerdings erfolgte die

---

[11] So bezeichnet eine Entscheidung des Bayerischen Staatsgerichtshofs v. 28. 9. 1960, NJW 1961, 163, die Darlehensgewährung durch die Bayerische Staatsbank als „Akt der öffentlichen Daseinsfürsorge". Aber Darlehen werden auch von anderen Banken gegeben, und zwar schwerlich aus Erwägungen der Daseinsvorsorge. Eine Kreditgewährung durch öffentliche Banken ist also nur dann Erfüllung einer öffentlichen Aufgabe, wenn es sich um Kredite handelt, die sonst nicht gewährt würden, z. B. Aufbaukredite an Flüchtlinge ohne Kreditgrundlage.

[12] Als Beispiel sei verwiesen auf die Satzung der Bremer Landesbank v. 25. 5. 1959, GBl. 77.

[13] Die juristische Person und ihre Verwertbarkeit im öffentlichen Recht, Festgabe Laband, 1908, S. 74.

[14] Vgl. oben, § 4 II 3.

[15] So das Hessische SparkassenG v. 10. 11. 1954, GVBl. 197.

[16] Dadurch würde die in den Sparkassengesetzen vorgesehene unbeschränkte Haftung der Gemeinden als Gewährträger keineswegs ausgeschlossen.

[17] G über die Deutsche Bundesbank v. 26. 7. 1957, BGBl. I, 745.

[18] Noch der Entwurf der Bundesregierung hatte die Bundesnotenbank als „Anstalt" bezeichnet, doch wurde dieser Begriff bei den parlamentarischen Beratungen gestrichen.

Errichtung der Bundesbank auf der Grundlage der Sonderbestimmung in Art. 88 GG.

Der Gesetzgeber hat die Stellung der Bundesbank dadurch außerordentlich gestärkt, daß er nicht nur ausdrücklich vorschrieb, daß die Bundesbank von Weisungen der Bundesregierung unabhängig sein solle[19], sondern indem er gleichzeitig erklärte, daß der Zentralbankrat (der die Währungs- und Kreditpolitik der Bank bestimmt) und das Direktorium der Bank „die Stellung von obersten Bundesbehörden" hätten[20]. Damit ist die Bundesbank *von staatlicher Aufsicht* absolut *freigestellt* und in einen Rang erhoben worden, wie er vergleichsweise nur dem Bundesrechnungshof[21] und der Bundesschuldenverwaltung[22] zukommt.

Die Stellung der Bundesbank ist damit sehr viel unabhängiger als etwa die der englischen Notenbank (Bank of England), die bereits seit 1928 bei verschiedenen Maßnahmen an die Zustimmung des britischen Schatzamtes gebunden ist[23]. So hätte es der im Jahre 1946 von der Labour-Regierung durchgeführten Verstaatlichung der Bank of England an sich nicht mehr bedurft, um die Notenbank formal von der Regierung abhängig zu machen, obwohl sie erst seit dieser Zeit ausdrücklich auch den Weisungen der Regierung untersteht[24]. Allerdings handelt es sich bei dieser Regelung um die Begründung von Möglichkeiten, von denen das Schatzamt in der Praxis bisher kaum Gebrauch gemacht hat, weil sich die Zusammenarbeit auf einer durch englische Tradition vorgezeichneten freiwilligen Grundlage vollzieht[25]. Gleichwohl sollte die Tatsache nicht unterschätzt werden, daß der Regierung überhaupt die Möglichkeit offensteht, die Notenbank zu beeinflussen. Daraus ergibt sich ein grundsätzlicher Unterschied gegenüber der absolut selbständigen Stellung der Bundesnotenbank.

Das ist allerdings auch in Deutschland nicht immer so gewesen. So unterstand die Reichsbank des Kaiserreichs[26] direkt der Leitung des

---

[19] § 12 des Gesetzes über die Bundesbank.

[20] § 29 Abs. 1 dieses Gesetzes.

[21] G über Errichtung und Aufgaben des Bundesrechnungshofes v. 27. 11. 1950, BGBl. I, 765, vgl. insbes. § 1 Abs. 2.

[22] G über die Errichtung einer Schuldenverwaltung v. 13. 7. 1948, WiGBl. 73, in Verbindung m. der VO v. 13. 12. 1949, BGBl. 1950, S. 1.

[23] Köllner, Notenbanken im Dienst staatlicher Beschäftigungsfinanzierung, Zeitschrift für die gesamte Staatswissenschaft, 111. Bd., S. 473 ff. (485).

[24] Das englische Bankgesetz von 1946 sieht vor, „the treasury may from time to time give such direction to the bank as, after consultation with the governor of the bank, they think necessary in the public interest". Das Zitat ist der Schrift von v. Eynern, Die Unabhängigkeit der Notenbank, S. 36, entnommen.

[25] V. Spindler-Becker-Starke, Die deutsche Bundesbank, S. 17; Köllner, Notenbanken im Dienst staatlicher Beschäftigungsfinanzierung, a. a. O., S. 485.

[26] Bankgesetz v. 14. 3. 1875, RGBl. 177, § 26.

Reichskanzlers, obgleich sich das Grundkapital des neuen Instituts in den Händen von Privatleuten befand[27]. Das gleiche gilt schon für die Preußische Bank, deren Chef dem preußischen König unmittelbar „berichtete"[28]. Demgegenüber bedeutete das berühmte Autonomiegesetz von 1922[29] einen völligen Umschwung, indem es die Reichsbank von der Reichsregierung gänzlich unabhängig machte. So konnte der Reichsbankpräsident in der Zeit der Weimarer Republik eine Rolle spielen, die es ihm ermöglichte, gegebenenfalls die von der Reichsregierung eingeschlagene Politik zu desavouieren. Dies geschah auch, als der damalige Reichsbankpräsident Schacht den Young-Plan für undurchführbar erklärte und für die Reichsbank jede Mitwirkung ablehnte[30].

Es erscheint immerhin zweifelhaft, ob derartige Fälle nach der für die Bundesbank getroffenen Regelung ausgeschlossen wären. Zwar heißt es im Gesetz, die Bundesbank sei verpflichtet, „unter Wahrung ihrer Aufgabe die allgemeine Wirtschaftspolitik der Bundesregierung zu unterstützen"[31], aber abgesehen davon, daß diese Formulierung recht unbestimmt ist (was heißt „Wahrung ihrer Aufgabe"?), stehen der Bundesregierung auch keinerlei Möglichkeiten zur Verfügung, um die Notenbank notfalls zur Unterstützung ihrer Wirtschaftspolitik anzuhalten[32]. Auch die Vorschrift, nach der die Bundesregierung das Recht hat, an den Beratungen des Zentralbankrates teilzunehmen, ändert daran nichts, weil den Mitgliedern der Regierung zwar ein Antragsrecht, aber kein Stimmrecht zukommt[33].

Bei der systematischen Einordnung der Bundesbank ist davon auszugehen, daß ihre Funktion im öffentlichen Bereich in entscheidender Weise dadurch bestimmt wird, daß der Bank gewisse währungspolitische Eingriffsmöglichkeiten eingeräumt sind. Die Besonderheit der Regelung besteht nur darin, daß diese währungspolitischen Maßnahmen

---

[27] Die Bemerkung von Huber, Wirtschaftsverwaltungsrecht, Bd. I, S. 121, daß die Wahl der privaten Rechtsform für eine öffentliche Anstalt die Unabhängigkeit von der staatlichen Weisungsgewalt feststellen soll, trifft daher im Falle der Reichsbank sicher nicht zu.

[28] Bankordnung v. 5. 10. 1846, Gesetzessammlung für die königlich preußischen Staaten 435, § 48.

[29] Gesetz über die Autonomie der Reichsbank v. 26. 5. 1922, RGBl. II, 135.

[30] Der Vorgang hat seinerzeit viel Aufsehen erregt und ist unter dem Namen „Schachtkrise" bekannt geworden, vgl. Schmidt, Statist auf diplomatischer Bühne 1923—1945, S. 192.

[31] § 12 des Gesetzes über die Bundesbank.

[32] V. Eynern, Die Unabhängigkeit der Notenbank, S. 29, macht daher den Vorschlag, dem Bundeskanzler „eine beschränkte, aber klare Richtliniengewalt auch für die Kredit- und Währungspolitik" einzuräumen. Dabei schwebt ihm offensichtlich das englische Beispiel vor, denn er meint, auch in Deutschland werde wohl der Kanzler von seinem Anweisungsrecht „kaum Gebrauch machen...", a. a. O., S. 36.

[33] § 13 Abs. 2 des Gesetzes über die Bundesbank.

vom Gesetz als solche bezeichnet und ausdrücklich vorgesehen sind[34]. Bei der Anwendung dieser Mittel aber handelt es sich keineswegs um Leistungen[35], sondern um konkrete Befehle, also um den Vollzug von *Ordnungsfunktionen* kraft *hoheitlicher* Gewalt[36]. Damit scheidet der Organisationstyp der öffentlichen Anstalt zur Bestimmung der Bundesbank aus[37]. Die Bundesbank ist daher funktional dem Organisationstyp der Behörde zuzuweisen[38].

Ebensowenig wie Bundesrechnungshof und Bundesschuldenverwaltung läßt sich nun aber die Bundesbank als Unterbehörde, Mittelbehörde oder Oberbehörde einstufen[39]. Auch den sog. selbständigen Bundesoberbehörden läßt sie sich — da sie von jeglicher Aufsicht freigestellt ist — nicht zurechnen[40]. Sie ist daher als *oberste Bundesbehörde* anzusehen, unterliegt aber anders als die Ministerien, die typischen obersten Bundesbehörden, nicht der parlamentarischen Kontrolle. Im Falle von Bundesrechnungshof, Bundesschuldenverwaltung und Bundesbank wird daher der Satz durchbrochen, wonach alle nicht zu den ministeriellen Spitzenbehörden gehörenden Dienststellen[41] grundsätzlich einer obersten Bundesbehörde nachgeordnet sein müssen, die für sie die parlamentarische Verantwortung übernimmt[42].

Eine derartige Sonderstellung erscheint aber von der Sache her nur im Falle des Rechnungshofes geboten[43]. Ihm obliegt eine sachlich bestimmte Kontrollfunktion gegenüber der Bundesverwaltung (einschließlich der Bundesregierung), so daß er funktional etwa dem Ver-

---

[34] So die Diskont-, Kredit- und Offenmarkt-Politik (vgl. § 15), ferner die Mindestreserven-Politik (§ 16 des Gesetzes über die Bundesbank).

[35] Nicht zu folgen ist daher Eschenburg, Staat und Gesellschaft in Deutschland, 2. Aufl., S. 95, wenn er meint, die Währungspolitik gehöre zur „Daseinsvorsorge", wenn sie wie hier als Verwaltungsbereich verstanden wird, in dem rein sachlich bestimmte Leistungen erbracht werden.

[36] Ein Nationalökonom bezeichnet die Bundesbank im Hinblick auf ihre hoheitlichen Funktionen als Behörde — weil sie z. B. in fremde Geschäfte eingreift —, zugleich aber auch als Bank und Geschäftsunternehmen, Rittershausen, Die Zentralnotenbank, S. 52.

[37] Ebensowenig kommen selbstverständlich Körperschaft und Stiftung in Betracht.

[38] H. J. Wolff, Verwaltungsrecht II, § 98 I 7 (S. 256) rechnet sie zu den Anstalten, während Spindler-Becker-Starke, a. a. O., S. 95, von einer „anstaltsähnlichen Einrichtung" (?) sprechen.

[39] Für den Rechnungshof ergibt sich das aus dem G. v. 27. 11. 1950, BGBl. I, 765, § 1 Abs. 2; für die Schuldenverwaltung hat es das BVerwG in seinem Beschl. v. 3. 10. 1958, BVerwGE Bd. 7, 254 (257), ausdrücklich festgestellt.

[40] Vgl. oben, § 5 III.

[41] Zu diesen gehören die selbständigen Bundesoberbehörden.

[42] Köttgen, Der Einfluß des Bundes auf die deutsche Verwaltung und die Organisation der bundeseigenen Verwaltung, a. a. O., S. 107.

[43] Dem sie daher vom Gesetz auch ausdrücklich eingeräumt wird, vgl. § 1 Abs. 2 des Gesetzes v. 27. 11. 1950.

fassungsgericht an die Seite gestellt werden kann[44]. Gleiches läßt sich aber von der Bundesbank nicht sagen. Nach dem Gesetz soll die Bank vielmehr sogar „die allgemeine Wirtschaftspolitik der Bundesregierung unterstützen"[45]. Es fragt sich daher, ob es unter diesen Umständen wirklich zu rechtfertigen ist, den Einfluß der Bundesregierung so nachhaltig auszuschalten, zumal die Bank auch gegenüber dem Parlament in keiner Weise ihre Maßnahmen zu verantworten oder auch nur zu begründen braucht[46]. Es ist nicht einzusehen, warum nicht gegenüber der Bundesbank wenigstens ein (beschränktes) Aufsichtsrecht der Bundesregierung bestehen sollte[47], wenn gegenüber der Bank von England sogar ein (unbeschränktes) Weisungsrecht seitens der englischen Regierung (Schatzkanzler) besteht, zumal dieses System schon seit vielen Jahren offensichtlich gut funktioniert[48]. Das bedürfte einer näheren Auseinandersetzung, die in diesem Rahmen nicht angebracht ist[49].

3. Forschungsanstalten

Einen besonders zu erwähnenden Fall des hier entwickelten Organisationstyps der öffentlichen Anstalt stellen auch die Forschungsanstalten dar, die — schon aus finanziellen Gründen — fast ausschließlich von Bund und Ländern getragen werden. Bei ihnen handelt es sich fast ausnahmslos um Gebilde, denen Rechtsfähigkeit nicht verliehen ist. An dieser Regel ändern auch einige Gegenbeispiele nichts, wie sie etwa die Forschungsanstalt für Landwirtschaft[50] und die Bundesforschungsanstalt für Rebenzüchtung darstellen, diese, weil ihr — wie schon erwähnt — eine Gesellschaft mit beschränkter Haftung zugrunde liegt[51].

---

[44] Wolff, Verwaltungsrecht II, § 76 II c) (S. 69).

[45] § 12 des Gesetzes über die Bundesbank.

[46] Bedenkt man, daß bei den Rundfunkanstalten wegen der ihnen übertragenen Verantwortung im Hinblick auf die „öffentliche Meinung" Kontrollorgane mit z. T. sehr umfangreichem Mitgliederbestand aus allen Interessenkreisen eingerichtet sind, so sollte ein Gleiches auch für die Verantwortung gegenüber dem Geld möglich sein. Hier wäre eine legitime Aufgabe für das viel diskutierte Wirtschaftsparlament: die Überwachung der Maßnahmen, die die Bundesbank mit Bezug auf das Geld trifft.

[47] Vgl. den oben erwähnten Vorschlag von v. Eynern, Die Unabhängigkeit der Notenbank, S. 29 (oben FN 32).

[48] Vgl. Köllner, Notenbanken im Dienst staatlicher Beschäftigungsfinanzierung, a. a. O., S. 473 ff.

[49] Wo ohnehin nur die juristische Seite der Sache in Betracht genommen werden kann.

[50] Errichtet als rechtsfähige Anstalt durch Beschluß des niedersächsischen Staatsministeriums v. 15. 3. 1949, Amtsblatt für Niedersachsen 371; vgl. oben § 4 II 2.

[51] Vgl. oben, § 5 II 3 mit FN 211.

Bei den Forschungsanstalten des *Bundes*[52] handelt es sich in vielen Fällen um Anstalten, die früher vom Deutschen Reich gegründet und getragen worden waren[53]. Nach dem Zusammenbruch im Jahre 1945 wurden sie oft durch den Einsatz der noch vorhandenen alten Fachkräfte wieder aufgebaut und meist zunächst von den Ländern übernommen, in deren Gebiet sie sich jeweils gerade befanden. Inzwischen sind die meisten von ihnen in Bundesverwaltung überführt worden[54]. Nur einige wenige hat der Bund nach 1945 zusätzlich errichtet[55].

Die Forschungsanstalten sind besonders gut geeignet, durch ihre Funktionsweise die hier vertretene These von der selbständigen Stellung der Experten zu belegen, die sich in diesem Bereich zumeist aus Wissenschaftlern zusammensetzen, die in den Anstalten ihre Forschungsprogramme durchführen. Die herrschende Verwaltungsrechtslehre würde diese — nichtrechtsfähigen — Anstalten konsequent dem Begriff der Behörde unterstellen, weshalb denn gelegentlich auch von „behördeneigener" Forschungstätigkeit gesprochen wird. Doch erscheint eine derartige Einordnung gerade in diesem Falle wenig sinnvoll. Wesentlich für eine Behörde ist deren Einbau in ein hierarchisch gegliedertes mehrstufiges System, das nach dem Prinzip der Über- und Unterordnung aufgebaut ist[56]. Die nachgeordnete Behörde ist der vorgesetzten *direkt unterstellt*[57]. Dieses Verhältnis ist aber für die Stellung der Forschungsanstalten ganz untypisch. Bei ihnen handelt es sich um die Erfüllung von Aufgaben, die in besonders nachhaltiger Weise Fachkenntnisse voraussetzen, die wohl bei den Wissenschaftlern in der Anstalt vorhanden sind, in der Regel aber nicht bei irgendeiner Verwaltungsstelle. Der Staat kann hier wirklich nur anordnen, *daß* etwas geschieht, aber nicht, *wie* es geschieht. Er kann wohl eine Forschungsanstalt einrichten und damit qualifiziertes Fachwissen institutionalisieren, aber damit sind seine Möglichkeiten, soweit es die der Anstalt übertragene Sachaufgabe angeht, erschöpft. Zweck der Anstalt ist ge-

---

[52] Der Bundeshaushaltsplan weist über 20 solcher Erscheinungen auf, die hierher zu rechnen sind.

[53] Die meisten Forschungsanstalten finden sich „im Geschäftsbereich" des Ernährungsministeriums. Aufschluß gibt die von diesem Ministerium herausgegebene Übersicht „Forschungsanstalten des Bundesministeriums für Ernährung, Landwirtschaft und Forsten", 1952; vgl. ferner Tornow, Die Entwicklungslinien der landwirtschaftlichen Forschung in Deutschland unter besonderer Berücksichtigung ihrer institutionellen Formen, 1955.

[54] Insbesondere durch die VO v. 8. 9. 1950, BGBl. I, 678.

[55] So etwa das Bundesinstitut für Arbeitsschutz, Beschluß der Bundesregierung v. 17. 9. 1949, BAnz. Nr. 188.

[56] Daß dieses Prinzip durch die — notwendige — Existenz oberster Behörden nicht in Frage gestellt wird, wurde bereits oben ausgeführt. Zu den obersten Behörden werden hier auch Bundesbank, Bundesrechnungshof und Bundesschuldenverwaltung gerechnet, vgl. dazu oben, Ziff. 2 c) a. E.

[57] Vgl. zur Stellung der obersten Behörden oben, § 5 II 1.

rade, Fachwissen in rationaler Weise zu vereinen und damit Forschungsergebnisse zu erzielen, die auf andere Weise nicht gewonnen werden können, denen damit weitgehend verbindliche Kraft für andere zukommt, die sich nicht selbst mit der Materie befaßt haben[58].

Wenn man etwa die erwähnte Bundesforschungsanstalt für Rebenzüchtung ins Auge faßt, so läßt sich nicht sehen, wie der Bundesernährungsminister in die von den Experten geleiteten Sachgebiete eingreifen sollte, etwa um zu bestimmen, welche Rebenarten als besonders winterfest anzusehen seien usw. Dies würde jeder Sachlogik widersprechen. Deshalb verliert das Verhältnis von Überordnung und Unterordnung gerade im Bereich der Forschungsanstalten jeglichen Sinn. Die Stellung dieser Anstalten läßt sich danach nicht anders verstehen als bei den Anstalten, die nur der Staatsaufsicht unterstehen. Es wäre daher auch nicht gerechtfertigt, sie als „nichtrechtsfähige" Gebilde mit den Behörden auf eine Ebene und damit unter den Begriff der unmittelbaren Staatsverwaltung zu stellen. Diese Anstalten sind mindestens ebenso selbständig wie viele andere — rechtsfähige — Gebilde. Sie gehören daher in ihrer besonderen Erscheinungsart zu dem hier beschriebenen Organisationstyp der öffentlichen Anstalt[59].

Ihre Besonderheit, durch die sie sich von den anderen hier genannten Arten der Anstalten unterscheiden, liegt darin, daß sie in der Regel keine unmittelbaren Vorteile an Dritte gewähren. Ihre „Leistungen" ergeben sich durch Ausführung sachlich-technisch bestimmter Forschungsaufgaben und -programme, die sie nach ihrer eigenen Gesetzlichkeit vollziehen. Weil bei ihnen das Bedürfnis nach Ausgliederung und Sonderung aus dem allgemeinen Verwaltungsbereich im Vordergrund steht, werden sie von der herrschenden Lehre auch als Anstalten bezeichnet, die nicht „nutzbar" sind[60]. Das bedeutet, daß bei ihnen Beziehungen zu Dritten (Nutzungsverhältnisse) nicht in Betracht kommen, von denen sogleich (im III. Kapitel) zu handeln ist. Darin liegt der Unterschied zu den Bildungsanstalten, von denen nunmehr die Rede sein wird.

4. Bildungsanstalten

Zu den Bildungsanstalten sind die Volksschulen, die höheren Schulen, die Hochschulen, aber auch die Fachschulen und die Fortbildungsschulen usw. zu rechnen[61].

---

[58] „La science est devenue un moyen de la technique", Ellul, La technique ou l'enjeu du siècle, S. 8.
[59] Übereinstimmend mit H. J. Wolff, Verwaltungsrecht II, § 98 I 7 (S. 256).
[60] Näheres darüber bei Forsthoff, Verwaltungsrecht, § 24 II 3 (S. 437).
[61] Auch die Volksbüchereien gehören hierher, vgl. LG Berlin v. 21. 9. 1961, NJW 1962, 55.

Im Bereich des Schulwesens mag die These, wonach die Anstalt als Organisationstyp der Leistungsverwaltung durch sachlich-technische Leistungen bestimmt wird, vielleicht noch am wenigsten überzeugen. In der Tat ist nicht zu übersehen, daß die Schulen in ihrer Funktion den Behörden von allen Anstalten am nächsten stehen, denen sie denn auch allgemein an die Seite gestellt werden, da sie „nichtrechtsfähige Anstalten" sind[62]. Hinzu kommt die Tatsache, daß im Bereich des Schulwesens die Beziehung zu den einzelnen noch immer im Vordergrund steht, sei es daß diese der Schule als Schüler oder als Studenten gegenüberstehen[63].

Gleichwohl besteht ein prinzipieller Unterschied gegenüber dem Verhältnis der einzelnen zur Behörde, der leicht übersehen wird. Dieser Unterschied beruht darauf, daß die Schule bestimmte Sachkenntnisse vermitteln soll und — indem sie das tut — eine *Leistung* vollbringt wie jede andere Anstalt auch. Ihre Funktionen sind keineswegs von ordnender, leitender Art wie bei der Behörde, die den einzelnen mit Verpflichtungen belegt (wie bei der Polizei) oder ihm Rechte einräumt (etwa Lastenausgleich). Die Problematik liegt vielmehr in der *Art* der Leistung der Schule selbst, nämlich in der Vermittlung eines bestimmten Wissensstoffes, der — so lautet die These — sachlich-technisch bestimmt oder mindestens bestimmbar ist[64].

Bei der Vermittlung dieses Wissensstoffes kommen nun auch pädagogische Gesichtspunkte ins Spiel, die die eigentliche Schwierigkeit bei der Bestimmung der Institutionen des Schulwesens ausmachen. In diesem Zusammenhang ist aber hervorzuheben, daß die Verwaltung auch in dieser Beziehung dem einzelnen keineswegs als Trägerin hoheitlicher Macht entgegentritt, sondern in der Weise, daß sie sich im Schulbereich bestimmter Experten, nämlich der Pädagogen, bedient, die — soweit es sich um die ihnen übertragenen Sachaufgaben handelt — völlig unabhängig sind, deren besondere Situation aber darauf beruht, daß das Objekt ihrer Tätigkeit nicht Sachen, sondern Menschen sind[65]. Das zeigt sich bei der wichtigen Frage der *Leistungsbewertung*. Ist durch die Experten einmal eine Bewertung der Leistungen vorgenommen, so kann sie durch eine „höhere Behörde" zumindest dann nicht aufgehoben werden, wenn diese nicht auch selbst sachverständige Erhebun-

---

[62] SchulverwaltungsG NRW v. 3. 6. 1958, GVBl. 241, § 6, und G über die Unterhaltung und Verwaltung der öffentlichen Schulen und die Schulaufsicht v. 28. 6. 1961, GVBl. Hessen 87, § 32.

[63] Darauf ist einzugehen im Abschnitt über die Anstalt und die einzelnen, im III. Kapitel.

[64] Auch das ist von Ellul bereits klar erkannt worden, wenn er von den „techniques pédagogiques" spricht, Ellul, La technique ou l'enjeu du siècle, S. 20.

[65] Ellul, a. a. O., nennt das „la technique de l'homme".

gen über die Leistungen anstellt. Denn in der Regel wird eine abschließende Bewertung nur aufgrund der besonderen Kenntnisse der Pädagogen und damit nur im Rahmen der Anstalt Schule möglich sein[66]. Darin unterscheidet sich auch hier die Lage der Schule grundsätzlich von der der Behörden, deren Entscheidungen jederzeit im Instanzenzug aufgehoben und durch andere ersetzt werden können[67].

Ein besonderes Beispiel einer hierher gehörenden Anstalt, die durch die Institutionalisierung von qualifiziertem Sachverstand bestimmt wird, bilden die *Universitäten*[68]. Gerade an ihnen wird eine Entwicklung deutlich, die im Verlauf der letzten Jahrzehnte dazu geführt hat, daß ihre Gestalt heute weitgehend durch die gleichen Fakten bestimmt wird wie ein moderner *Betrieb*[69]. So sind auch die Universitäten als öffentliche Anstalten anzusehen[70]; ihnen obliegen sachlich-technisch bestimmte Aufgaben, nämlich die *Vermittlung* von verschiedenartigem *Fachwissen*. Daneben verwirklicht sich in ihnen zugleich auch der Typ der Forschungsanstalt, von dem bereits gehandelt wurde.

Obwohl in Gesetzen und Satzungen noch heute die Bezeichnung als Körperschaft vorherrscht[71], sollten die Universitäten daher weder als öffentliche Körperschaft[72] noch als ein „mixtum compositum, das zwei verschiedene Organisationen, eine anstaltliche und eine körperschaftliche, miteinander verbindet"[73], eingeordnet, sondern dem Typ der öffentlichen Anstalt zugerechnet werden. Im übrigen ist auf das Ver-

---

[66] Forsthoff, Verwaltungsrecht, § 21 II 5 (S. 373, 374), spricht daher zutreffend von einer Beurteilung, „wie sie etwa auch ein gerichtlich bestellter Sachverständiger über Personen oder Sachen abgibt".

[67] Sie sind daher auch — anders als die Leistungsbewertungen in der Schule — gerichtlicher Kontrolle ausgesetzt. Über die Grenzen der richterlichen Prüfung von pädagogischen Wertungen s. BVerwG v. 24. 4. 1959, BVerwGE Bd. 8, S. 272. Weiteres s. unten (§ 7, 3., a. E.).

[68] Die Stellung der Professoren, die in der modernen Gesellschaft zu einer Art Sachverständige par excellence geworden sind, wäre einer eigenen Untersuchung wert. Bekanntlich ist in zahlreichen beratenden wissenschaftlichen Gremien der Sachverstand der Professoren bereits weitgehend institutionalisiert, vgl. Jecht (Horst), Formen der Finanzsoziologie, Zeitschrift für die ges. Staatswissenschaft, 115. Bd. (1959), S. 403 ff. (414).

[69] So ausdrücklich Forsthoff, Können Angehörige schlagender Verbände vom Studium an westdeutschen Hochschulen ausgeschlossen werden? Rechtsgutachten, S. 6.

[70] Forsthoff, Verwaltungsrecht, § 24 II 2 (S. 428).

[71] Vgl. z. B. Landesgesetz über die Verfassung und Verwaltung der Johannes-Gutenberg-Universität in Mainz v. 6. 3. 1961, GVBl. Rheinland-Pfalz, 47.

[72] So Thieme, Deutsches Hochschulrecht, S. 110; Hans Schneider NJW 1954, 750 (751).

[73] So Hans J. Wolff, Die Rechtsgestalt der Universität, S. 19, und Verwaltungsrecht II, § 93 II (S. 219, 220).

hältnis von Anstalt und Körperschaft sogleich — im III. Kapitel — zurückzukommen.

5. Rundfunkanstalten

Als besonderer Typ der Anstalt sind schließlich die Rundfunkanstalten anzuführen[74]. Ihre eigentümliche Lage innerhalb der anderen An-
staltstypen beruht darauf, daß sie sich nicht nur als Einrichtungen zum
Dauervollzug sachlich-technischer Aufgaben darstellen (dem „Sende-
betrieb"), sondern zugleich auch in einer besonders nahen Beziehung zu
einer so amorphen Erscheinung stehen, wie sie die öffentliche Meinung
darstellt[75].

Dieser Umstand hat die Gesetzgeber einmal dazu veranlaßt, die Rundfunkanstalten von jeglicher *Staatsaufsicht* freizustellen, um damit —
wie man es für erforderlich ansah — der Gefahr einer Beeinflussung
durch politische Instanzen vorzubeugen[76]. Nur bei den zuletzt errichteten Länder-Anstalten „Norddeutscher Rundfunk" und „Westdeut-
cher Rundfunk" ist wieder ein staatliches Aufsichtsrecht vorgesehen,
allerdings dadurch etwas eingeschränkt, daß vor die Verwirklichung
von aufsichtsrechtlichen Maßnahmen eine Fristsetzung vorgeschaltet
worden ist[77].

Zum anderen haben die Gesetzgeber in den sog. *Rundfunkräten* den
Anstalten besondere Gremien zugeordnet, in denen nach Möglichkeit
alle Bevölkerungskreise anteilsmäßig berücksichtigt sein sollen, was dazu geführt hat, daß diese Organe zum Teil über einen sehr erheblichen
Mitgliederbestand verfügen[78]. Unter ihnen finden sich neben Vertretern der Landesregierungen auch Vertreter der Universitäten und der
Kirchen, ferner Vertreter der Gewerkschaften, der Sportorganisationen
u. a. m.[79]. Die Mitglieder dieser Organe „sind nicht Vertreter einer Par-

---

[74] Übereinstimmend mit H. J. Wolff, Verwaltungsrecht II, § 98 I 7 (S. 256).

[75] Vgl. dazu das Urteil des BVerfG im sog. Fernsehstreit v. 28. 2. 1961,
BVerfGE 12, 205 ff. (unter Hinweis auf ein Gutachten von Hans Schneider).

[76] Hessischer Rundfunk, G v. 2. 10. 1948, GVBl. 123, § 1; Südwestfunk,
Staatsvertrag gem. Gesetz v. 18. 3. 1952, GVBl. Baden 40 (mit der Möglichkeit
von Beanstandungen), § 21.

[77] Staatsvertrag über den Norddeutschen Rundfunk v. 16. 2. 1955, GVBl.
Schleswig-Holstein 93, § 22; dagegen unterliegen die Bundesanstalten „Deutsche Welle" und „Deutschlandfunk" keiner staatlichen Fachaufsicht, G. v. 29. 11.
1960, BGBl. I, 862, § 21.

[78] So besteht der Rundfunkrat des Südwestfunks aus 49 Mitgliedern. Für
den „Fernsehrat" der von den Ländern errichteten Anstalt „Zweites Deutsches Fernsehen" sieht der Staatsvertrag v. 6. 6. 1961 nicht weniger als 66 Mitglieder vor.

[79] Im Urteil zum Fernsehstreit v. 28. 2. 1961 hat das BVerfG den Grundsatz aufgestellt, die Rundfunkanstalten müßten so organisiert sein, „daß *alle*
in Betracht kommenden Kräfte in ihren Organen Einfluß haben", BVerfGE
12, 205 (262/263).

tei, einer Konfession, eines Standes oder einer Organisation, sie sind an Aufträge nicht gebunden..."[80]. Hier macht sich ein neues Moment im Bereich der Anstalt bemerkbar, dem für die der Aufsicht entzogenen Anstalten[81] große Bedeutung zukommt: die Mitglieder des Rundfunkrats nehmen an der Verwaltung der Anstalt *nicht* aufgrund irgendeiner bestimmten *Sachkunde* teil, sondern um „die Allgemeinheit auf dem Gebiete des Rundfunks" zu vertreten[82]. Ein Rundfunkrat kommt damit seiner ganzen Zusammensetzung und Stellung nach am ehesten einem parlamentarischen Organ gleich[83]. Seine Mitglieder ziehen in ihrer Funktion als Repräsentanten einer bestimmten Gruppe in den Rundfunkrat ein und bringen daher legitimerweise dort auch deren Ansicht zur Geltung[84].

Indem diese Gremien gegenüber dem Intendanten gewisse „Leitgrundsätze" verbindlich aufstellen sollen, „die ein Mindestmaß von inhaltlicher Ausgewogenheit, Sachlichkeit und gegenseitiger Achtung gewährleisten"[85], erfüllen sie eine Funktion, die sonst der Staatsaufsicht zukommt. Deren Ausschaltung bedeutet gleichwohl eine gewisse Gefahr für die Anstalt als Organisationstyp öffentlicher Verwaltung[86]. Denn ohne die Aufsicht wird die Verbindung zur öffentlichen Verwaltung zumindest in Frage gestellt, so daß sich die Möglichkeit nicht von der Hand weisen läßt, daß die Rundfunkanstalten — trotz der Einrichtung von Rundfunk- und Fernsehräten — zu eigenartigen Gebilden innerhalb des staatlichen Wirkungsbereichs werden, denen eine Art eigener Souveränität gegenüber anderen staatlichen Einrichtungen zukommt[87]. Deshalb ist der Wiedereinführung der Staatsaufsicht auch bei jenen Anstalten das Wort zu reden, wo dies bisher noch nicht geschehen ist.

Das bedeutet aber nun nicht, daß damit unbedingt auch eine Abschaffung der bei den Anstalten bestehenden Gremien, der Rundfunk-

---

[80] G über den Hessischen Rundfunk v. 2. 10. 1948, GVBl. 123, § 5 Abs. 1.

[81] Vgl. die Ausführungen zur Stellung der Bundesbank, oben Ziff. 2 c).

[82] G über den Hessischen Rundfunk v. 2. 10. 1948, GVBl. 123, § 5 Abs. 1.

[83] Denn auch die Abgeordneten sind „Vertreter des ganzen Volkes, an Aufträge und Weisungen nicht gebunden...", Art. 38 Abs. 1 GG.

[84] Vgl. Drewes, Die Gewerkschaften in der Verwaltungsordnung, S. 157.

[85] BVerfG 12, 205 (263).

[86] So auch Drewes, Die Gewerkschaften in der Verwaltungsordnung, S. 230/231.

[87] W. Weber, Spannungen und Kräfte im westdeutschen Verfassungssystem, S. 52/53. Das eigentliche Kontroll- und Entscheidungsmonopol liegt beim Parlament und kann nicht auf besondere quasi-parlamentarische Organe übergehen, deren Zusammensetzung nach Art und Zustandekommen Bedenken aufwirft.

räte und Verwaltungsräte, verbunden sein müßte[88]. Auch ihrer Einrichtung liegen Zusammenhänge zugrunde, die nicht auf die Anstalten beschränkt, sondern allgemein zu bewerten sind. Diese Zusammenhänge sind nunmehr im III. Kapitel zu behandeln, wo von dem Verhältnis der Anstalt zu den einzelnen die Rede sein wird.

Zusammenfassung

Im zweiten Kapitel ist versucht worden zu zeigen, wie sich die öffentliche Anstalt auch gegenüber den Gegebenheiten der modernen Verwaltung als anpassungsfähig erwiesen hat. Das mußte allerdings Rückwirkungen auf den Anstaltsbegriff zur Folge haben, die auch in der Verwaltungsrechtslehre Beachtung verdienen.

Heute bietet sich in der Anstalt für die öffentliche Verwaltung ein Mittel, um die aufgrund der veränderten Verhältnisse übernommenen sachlich-technischen Funktionen zu erfüllen. Die Anstalt ist in diesem Sinne zum Organisationstyp der öffentlichen *Leistungsverwaltung* geworden, ebenso wie die Behörde den Organisationstyp für das überkommene System der hoheitlichen oder Eingriffsverwaltung darstellt. Der Behörde kommen damit ordnende Funktionen zu, der Anstalt aber — die „wie eine große Maschine" arbeitet — obliegen Leistungsfunktionen. Indem Rechtsfähigkeit und Rechtsform dem Anstaltsbegriff untergeordnet werden, bekommt die öffentliche Anstalt einen festen Platz zwischen der Behördenverwaltung und der erwerbswirtschaftlichen Betätigung des Staates. Die Gefahr, daß die Anstalt zwischen diesen beiden Bereichen „zerrieben zu werden droht" — wovon Arnold *Köttgen* noch 1929 sprach[1] — scheint damit gebannt zu sein.

Es ist versucht worden darzustellen, wie die Anstalt arbeitet und daß sie genau wie die Behörde nur von ihren Funktionen her zu verstehen ist. Begrifflich leistet sie damit der Struktur des Verwaltungsrechts, insbesondere aber einem neu zu entwickelnden Leistungsverwaltungsrecht, insofern einen Dienst, als sie es möglich macht, für zahlreiche Einzelerscheinungen eine gemeinsame Formel zu finden, um sie in den Bereich der öffentlichen Verwaltung einzubeziehen.

Daß die öffentliche Verwaltung gegenüber früher strukturellen Wandlungen unterliegt, brauchte nicht mehr im einzelnen dargelegt zu werden, da es heute allenthalben erkannt worden ist. Niemand wird mehr bestreiten wollen, daß sich öffentliche Verwaltung heute nicht

---

[88] Die Gesetzgebungspraxis bietet genügend Beispiele für Anstalten, bei denen die Staatsaufsicht *neben* den Verwaltungsräten und sonstigen Gremien vorgesehen ist. Darauf ist zurückzukommen.

[1] Köttgen, Das Verwaltungsrecht der öffentlichen Anstalt, VVDStRL, Heft 6, 1929, S. 130.

mehr als bloßer Gesetzesvollzug darstellen läßt[2]. Wohl aber galt es, die Konsequenzen auch für die Anstalt zu ziehen, deren institutioneller Charakter sich in der Vergangenheit daraus ergab, daß die Anstalt eine Exemption gegenüber dem Grundsatz der Gesetzmäßigkeit der Verwaltung ermöglichte, während die Institution der Anstalt heute auf dem dauernden Vollzug sachlich-technischer Abläufe beruht, kurz auf festen Leistungen.

Die Darstellung hat insoweit vielleicht noch mehr den Charakter einer These — einer These, die zwar mit überkommenen Vorstellungen nicht überall in Einklang steht, die aber von Gegebenheiten ausgeht, die die gegenwärtige Situation unbestreitbar bestimmen. Diese Feststellung bedarf nun noch nach einer Seite einer Ergänzung, ohne die das Bild der öffentlichen Anstalt nicht vollständig wäre, nämlich nach dem Gesichtspunkt, wie sich das Verhältnis der Anstalt zu den einzelnen darstellt. Dem wird sich die Untersuchung nunmehr zuwenden müssen.

---

[2] Vgl. Köttgen, Die Organisationsgewalt, VVDStRL, Heft 16, 1958, S. 170.

Drittes Kapitel

Die öffentliche Anstalt und die Einzelnen

„Der Staat hat es sozusagen allein übernommen,
den Hungrigen Brot, den Kranken Hilfe und Ob-
dach, den Müßigen Arbeit zu verschaffen; er ist
fast zum einzigen Retter in aller Not geworden."

A. de Tocqueville

§ 7. Die Einzelnen als Empfänger öffentlicher Leistungen

Der diesem Kapitel vorangestellte, von Tocqueville um die Mitte des
19. Jahrhunderts niedergeschriebene Satz[1] hat etwas von dem prognosti-
schen Sinn an sich, dem man in Tocquevilles Werk auch an anderer
Stelle begegnet. In den seither vergangenen 100 Jahren hat sich nicht
nur die Richtigkeit von Tocquevilles Ausspruch erwiesen, er ist auch bis
in die Gegenwart nach wie vor aktuell geblieben. Heute stellt sich der
Staat erst recht zuerst als eine gewaltige Verwaltungs- und Versor-
gungsapparatur, als eine Einrichtung im Dienste der „Daseinsvorsorge"
dar, welcher der einzelne als Empfänger mannigfaltiger öffentlicher
Geldzahlungen (Entschädigungen, Versorgungsrenten, Aufbaukredite
u. a.) und ebenso mannigfaltiger öffentlicher Leistungen gegenübersteht.
Während es sich bei der Empfangnahme öffentlicher Gelder um Vorgänge einer vielfach miteinander verzahnten Umverteilung handelt[2],
hat sich im Gebiet öffentlicher Leistungsverwaltung eine neue Art von
Abhängigkeit des einzelnen herausgebildet. Während früher seine Abhängigkeit durch ein Verhältnis der Unterordnung unter obrigkeitliche
Gewalt bestimmt war, gilt heute etwas anderes: an die Stelle eines
politischen Spannungsverhältnisses zwischen Staat und Gesellschaft ist
unter dem Vorzeichen des industriell-bürokratischen Zeitalters eine Ab-

---

[1] Das Zeitalter der Gleichheit, S. 82 (Zitat aus „Über die Demokratie in
Amerika").

[2] Zwei typische Beispiele für derartige Vorgänge sind das G über die Ge-
währung von Kindergeld für zweite Kinder und die Errichtung einer Kindergeldkasse v. 18. 7. 1961, BGBl. I, 1001 und das G über Maßnahmen auf dem
Gebiete der Weinwirtschaft v. 29. 8. 1961, BGBl. I, 1622. Daß in beiden Fällen
für die Abwicklung öffentliche Anstalten eingerichtet wurden (Kindergeldkasse, Stabilisierungsfonds) begegnet Bedenken.

hängigkeit getreten, die darauf beruht, daß der einzelne auf öffentliche Leistungen *wirtschaftlich* angewiesen ist. Diese Entwicklung ist oft
beschrieben worden[3]. Sie äußert sich auch in der Weise, daß öffentliche
Anstalten heute den gesellschaftlichen Kräften nicht mehr in dem Maße
wie früher entzogen sind, daß vielmehr die einzelnen an ihrer Verwaltung in zahlreichen Gremien beteiligt sind, wobei auch hierin eine *allgemein* zu bewertende Entwicklungstendenz zu erkennen ist[4]. Damit wird
auch die Beobachtung bestätigt, daß sich das Bild der Anstalt dem der
Körperschaft vergleichsweise angenähert hat. Auf die daraus ent-
stehende Problematik ist in einem weiteren Abschnitt (§ 8 dieser Untersuchung) im einzelnen zurückzukommen.

1. Zum besonderen Gewaltverhältnis

Hier geht es zunächst um die Beziehungen zu den einzelnen als
Leistungsempfängern. *Otto Mayer* hatte das Verhältnis der Anstalt zu
ihren Benutzern einmal dadurch gekennzeichnet, daß er von einem Zustand „verminderter Freiheit" gegenüber der Anstaltsgewalt sprach[5].
Auch heute, da wir die öffentliche Anstalt als eine sachlich-technisch bestimmte Institution begreifen, läßt sich eine Verminderung der Freiheit
feststellen, allerdings in einem anderen Sinn, in dem Sinn nämlich, in
dem etwa Hans *Freyer* einen Verzicht auf Freiheit durch die Reduktionen
des Menschen begründet sieht, die Freyer aus der „Anpassung" an technische und organisatorische Apparate herleitet[6]. Dafür — so läßt sich
hinzufügen — kann die Anstalt als Organisationstyp öffentlicher Leistungsverwaltung einen Anschauungsfall abgeben. Denn unter den
heutigen Lebensverhältnissen bleibt dem einzelnen keine andere Möglichkeit mehr, als die von der öffentlichen Verwaltung durch ihre Anstalten gewährten Leistungen in Anspruch zu nehmen[7]. Der Staat ist
insofern wirklich der „einzige Retter", der einzelne dagegen ist in seiner Existenz absolut abhängig geworden.

Gewiß, wer das Wasser nicht von dem zuständigen Wasserwerk —
einer öffentlichen Anstalt — beziehen will, der mag sich selbst einen

---

[3] Im Bereich des öffentlichen Rechts wird die Diskussion besonders durch
den Begriff der „Daseinsvorsorge" bestimmt, der von Ernst Forsthoff erstmals
in seiner Schrift „Die Verwaltung als Leistungsträger" (1938) entwickelt worden ist.

[4] Forsthoff, Die Bundesrepublik Deutschland, MERKUR 1960, S. 807 ff.
(811).

[5] Vgl. oben, I. Kapitel, § 2 vor 1.

[6] Freyer, Theorie des gegenwärtigen Zeitalters, S. 228/229; ders., Die Idee
der Freiheit im technischen Zeitalter, Festschrift für Carl Schmitt, S. 63 ff.
(66/67).

[7] Vgl. dazu auch die Darstellung von Günther Anders, Die Antiquiertheit
des Menschen, 2. Aufl., etwa S. 178.

Brunnen graben[8]. Aber abgesehen von der Frage, ob überhaupt Grundwasser vorhanden und auch für den Verbrauch geeignet ist, bleibt diese Möglichkeit doch blasse Theorie. Das ergibt sich schon allein aus der Tatsache, daß in der industriell-bürokratischen Gesellschaft der größte Teil der Bevölkerung in Städten oder zumindest in Orten wohnt, wo der einzelne in jeglicher Beziehung auf die Versorgung durch öffentliche Versorgungsanstalten angewiesen ist[9]. Immerhin, das Bild desjenigen, der einen eigenen Brunnen hat, zeigt, daß es wenigstens bis zu einem gewissen Grade möglich ist, sich selbst im modernen „Verwaltungsstaat" den Abhängigkeiten zu entziehen[10].

Dabei darf nicht übersehen werden, daß der einzelne als Leistungsempfänger nicht einmal mehr die Chance der Auswahl hat, d. h. die Entscheidung darüber, *welche* Versorgungsquelle er in Anspruch nimmt. Entweder er bezieht Wasser, Strom und Gas zu den ihm angebotenen Bedingungen oder er verzichtet eben darauf[11]. Er kann nicht auf andere Möglichkeiten ausweichen, sich nicht an andere — womöglich sogar konkurrierende — Erzeuger wenden, allenfalls daß er sich noch zwischen Gas und Strom für den Küchenherd entscheiden kann. Damit ist heute schließlich auch jener Rest von Privatautonomie dahingeschwunden, den Ernst *Forsthoff* 1938 noch sehen wollte, als er dem einzelnen wenigstens noch die Entscheidung darüber zusprach, *ob* er die Leistungen der öffentlichen Daseinsvorsorge in Anspruch nehmen wolle oder nicht[12]. Aber der einzelne, der existentiell auf die öffentlichen Leistungen angewiesen ist, hat diese Entscheidungsmöglichkeit nicht mehr[13].

Wenn *Otto Mayer* das Verhältnis des einzelnen zur Anstalt als ein „*besonderes* Gewaltverhältnis" charakterisierte und dieses einem „allgemeinen Gewaltverhältnis" gegenüberstellte, so ist diese Unterscheidung

---

[8] Dabei wird ein möglicher „Anschlußzwang" oder Benutzungszwang hier bewußt außer Betracht gelassen.

[9] Forsthoff, Die Verwaltung als Leistungsträger, S. 7.

[10] Das setzt natürlich auch eigenen Landbesitz voraus, der auch in der modernen Gesellschaft offenbar noch Voraussetzung für Unabhängigkeit geblieben ist. Auch das hatte Tocqueville schon erkannt, als er schrieb: „Noch in unseren Tagen sind die Grundbesitzer und die Landwirte von allen Bürgern diejenigen, die am leichtesten der Kontrolle der öffentlichen Gewalt entgehen", Das Zeitalter der Gleichheit, S. 88 (auch aus „Über die Demokratie in Amerika").

[11] An dieser Feststellung ändert sich im Prinzip auch dadurch nichts, daß bedeutende industrielle Abnehmer gelegentlich einen günstigen Tarif „aushandeln" können.

[12] Forsthoff, Die Verwaltung als Leistungsträger, S. 40; ebenso der Neudruck in „Rechtsfragen der leistenden Verwaltung", S. 37.

[13] Die Entscheidung ist also bereits zugunsten „einer aus dem Druck der Verhältnisse zu vermutenden" Teilnahme vorgezeichnet, Ballweg, Zu einer Lehre von der Natur der Sache, S. 25; Baur, Neue Verbindungslinien zwischen Privatrecht und öffentlichem Recht, JZ 1963, S. 41 ff. (S. 45).

heute mithin schon deshalb problematisch geworden, weil von dem Augenblick an, da *jeder* einzelne auf die Versorgungsleistungen öffentlicher Anstalten existenziell angewiesen ist, das besondere Verhältnis in ein allgemeines umschlägt; sind wir ausnahmslos Empfänger von Leistungen der öffentlichen Verwaltung, so stellt sich die hier in Frage stehende Beziehung zum Staat als Träger der Leistungsverwaltung als eine *allgemeine* dar.

Indem sich aber demnach das „besondere" Verhältnis in ein allgemeines umwandelt, muß sich auch sein Inhalt ändern, wofür der Grund wiederum in den Bedingungen des technischen Zeitalters zu sehen ist. Wenn oben dargelegt worden ist, daß die Anstalt als ein Organisationstyp zur Erfüllung sachlich-technischer Aufgaben anzusehen sei, so müssen sich daraus Auswirkungen auf das Verhältnis zum einzelnen ergeben. Wo die öffentliche Verwaltung uns durch ihre Anstalten mit Gas, Wasser und Strom versorgt, wo sie uns Krankenhäuser und Schulen zur Verfügung stellt und uns täglich die neuesten Nachrichten und den Wetterbericht über Funk zugehen läßt, bestimmt sich das Verhältnis zwischen der Anstalt und den einzelnen, als *Empfängern,* nur noch nach *sachlich-technischen* Gesichtspunkten. Ist der Staat wirklich zum sozialen „Lieferanten" geworden, so ist mit der Empfangnahme der von der Verwaltung hervorgebrachten Leistung ebensowenig eine besondere Unterordnung oder Unterwerfung verbunden wie mit der Empfangnahme von Leistungen anderer Lieferanten (etwa von Kohlen, die ebensogut als Wärmespender verwandt werden können wie Strom oder Gas).

2. Zu einem allgemeinen Leistungsverhältnis

Diese Folgerung wurde praktisch bereits in dem Augenblick gezogen, als sich bei den Verwaltungsjuristen in Deutschland die Ansicht durchsetzte, daß das Verhältnis der Anstalt zu ihren Benutzern „auch privatrechtlich" geregelt werden könne[14]. Daß die Anstalt ihre Beziehung zu den einzelnen nach öffentlichem Recht *oder* nach Privatrecht ausgestalten kann, ist heute Allgemeingut geworden[15]. Auch die Rechtsprechung hat sich dem nicht verschlossen[16]. Wird aber eine derartige Alternativmöglichkeit überhaupt anerkannt, so liegt schon darin zumindest ein

---

[14] Anders noch das RG, etwa Urteil v. 6. 5. 1920, RGZ 99, 96 ff. (100), wo das RG die Auffassung vertritt, daß das Verhältnis zwischen Leistungsempfänger und öffentl. Anstalt nach öffentl. Recht ausgerichtet sein müsse. Dagegen schon Köttgen, Die erwerbswirtschaftliche Betätigung der öffentlichen Hand, S. 7.

[15] Forsthoff, Verwaltungsrecht, § 24 II 3 (S. 437); Hans J. Wolff, Verwaltungsrecht II, § 99 V (S. 274); Hans Schneider, Zur Haftung der Gemeinden für ihre öffentlichen Anstalten, NJW 1962, S. 705 ff. (706).

[16] BVerwG v. 21. 2. 1958, BVerwGE Bd. 6, 200 (201); BGH v. 14. 2. 1962, DVBl. 1962, 485 (486) (betr. die Versorgungsbetriebe einer Gemeinde).

„Indiz" dafür, „daß ein besonderes Gewaltverhältnis *nicht* gegeben ist"[17]. Denn damit rückt die Beziehung zu den Empfängern vergleichbar in den Kreis der üblichen Leistungsverhältnisse des allgemeinen—privatrechtlich ausgestalteten — Verkehrs zwischen Wirtschaftssubjekten, der sich regelmäßig an rein sachlichen Gegebenheiten orientiert[18].

In der Tat ist der Begriff eines besonderen Gewaltverhältnisses nur von einem zwischen Staat und Gesellschaft bestehenden Dualismus her zu verstehen. In dem Maße, in dem dieser Dualismus sich mehr und mehr abschwächte, mußte sich auch der Begriff der öffentlichen Anstalt — der von O. Mayer an dem besonderen Gewaltverhältnis institutionell ausgerichtet worden war — entscheidend wandeln. Davon ist schon im ersten Kapitel dieser Darstellung gesprochen worden. Wenn weiter versucht worden ist, den Anstaltsbegriff auf reine Sachnotwendigkeiten zurückzuführen, so muß ein Gleiches auch für das Verhältnis zu den einzelnen gelten[19]. Das ist bereits von Ernst *Forsthoff* klar formuliert worden: Nach seiner Auffassung läßt sich die „Sachlogik der leistenden Verwaltung mit dem Begriff des besonderen Gewaltverhältnisses *nicht vereinigen,* weil bei der leistenden Verwaltung eine ,Gewalt' im Sinne eines Gewaltverhältnisses auch bei öffentlich-rechtlicher Gestaltung nicht ins Spiel tritt . . ."[20].

Für diesen Zusammenhang hat Herbert *Krüger* wohl mit Recht dargelegt, daß besondere Gewaltverhältnisse „von Personen her bestimmt" seien[21]. Der Inhaber der Gewalt, so sagt Krüger, sei ein „Herr", etwa als Dienstherr oder als Anstaltsherr. Derartige herrschaftsrechtliche Beziehungen sind dem modernen Staat — oder man kann sagen: dem industriell-bürokratischen System — aber durchaus fremd[22]. Sie sind auch keineswegs begriffsnotwendig für die Einordnung der Anstalt als Insti-

---

[17] Werner Weber, im Diskussionsbeitrag in VVDStRL Heft 15 „Das besondere Gewaltverhältnis" (1957), S. 187 (Hervorhebung vom Verf.)

[18] Wobei man bedenken muß, daß auch das privatrechtlich bestimmte Vertragsverhältnis in seinem Inhalt vielfach „bis in die Einzelheiten festliegt" (Forsthoff, Die Verwaltung als Leistungsträger, S. 40), so daß der wesentliche Unterschied gegenüber dem „besonderen Gewaltverhältnis" — wie Forsthoff ausführt — nur noch in der „Verschiedenartigkeit der Zuständigkeiten" liegen würde. Im gleichen Sinne auch Ule, Das besondere Gewaltverhältnis, VVDStRL Heft 15 (1957), S. 133 ff. (139).

[19] Vgl. auch Bachof, Begriff und Wesen des sozialen Rechtsstaats, VVDStRL, Heft 12 (1954), S. 37 ff. (59), der zur Unterstützung der auch hier vertretenen Ansicht auch hinweist, daß die Verwaltung mit öffentlichen Mitteln arbeitet, die ihr nur zur „sachgerechten" Verwendung gegeben seien.

[20] Forsthoff, Verwaltungsrecht, § 7 A 1. (S. 118, mit Sperrung vom Verf. der Arbeit). Anders offenbar Lerche, Übermaß und Verfassungsrecht, S. 222.

[21] Herbert Krüger, Das besondere Gewaltverhältnis, VVDStRL, Heft 15, 1957, S. 109 ff. (117). Ähnlich Ule, im gleichen Heft, S. 145.

[22] Vgl. schon oben, II Kapitel, § 5 II 1 (Fußnoten 89 und 92).

tution des öffentlichen Rechts. So hat etwa Arnold *Köttgen* schon in einer frühen Schrift betont, daß „in der dem Staat verliehenen *Herrschergewalt kein Begriffsmerkmal* des öffentlichen Rechts erblickt werden" könne[23]. Das besondere Gewaltverhältnis ist — wenn man Herbert Krüger weiter folgen will — im modernen Staat „zum Untergang verurteilt". „Es verwandelt sich unmerklich... in einen Kunstgriff der staatlichen Verwaltung...[24]."

Damit wird die Frage aufgeworfen, ob es richtig ist — wie das die herrschende Lehre unter Führung von Ernst *Forsthoff* tut — an dem Begriff des besonderen Gewaltverhältnisses für die Beziehungen zu der Anstalt überhaupt festzuhalten. An sich wäre es auch in diesem Falle durchaus angängig, den Begriff als solchen unter der Voraussetzung beizubehalten, daß er seine Rechtfertigung nur aus den Sachnotwendigkeiten empfängt. Die herrrschende Lehre hat dem sogar schon in weitem Umfang dadurch Rechnung getragen, daß sie den Begriff des „Anstaltszwecks" — der das besondere Gewaltverhältnis tragen soll — den veränderten Umständen angepaßt hat[25]. Denn dieser Zweck ist es ja gerade, der sich entscheidend gewandelt hat[26]. Immerhin ist gegen eine Beibehaltung des besonderen Gewaltverhältnisses schon das Bedenken geltend zu machen, daß dieser Begriff einer bestimmten, geschichtlich festgelegten Situation zuzurechnen ist[27]. Der tiefgreifende Wandel, der sich demgegenüber inzwischen vollzogen hat, sollte aber auch terminologisch nicht unbeachtet gelassen werden.

Es sollte daher die Beziehung der Anstalt zu den Empfängern durch ein *allgemeines Leistungsverhältnis* bestimmt werden, daß nach den jeweiligen Sachnotwendigkeiten ausgerichtet ist[28]. Dieser Gedanke steht nun allerdings — worauf bereits hingewiesen wurde — im Widerspruch zu der Auffassung von Ernst *Forsthoff* und Werner *Weber*, die sich nachdrücklich für die Beibehaltung des Instituts des besonderen

---

[23] Köttgen, Die erwerbswirtschaftliche Betätigung der öffentlichen Hand und das öffentliche Recht, 1928, S. 9 (mit Sperrung vom Verf. der Arbeit).

[24] Herbert Krüger, Das besondere Gewaltverhältnis, a. a. O., S. 109 ff. (117).

[25] Hier ist besonders auf die von Ule vorgeschlagene Unterscheidung von „Grundverhältnis" und „Betriebsverhältnis" zu verweisen, VVDStRL, Heft 15, 1957, S. 133 ff. (152 ff.). Dazu sogleich mehr.

[26] Auch Lerche, Übermaß und Verfassungsrecht, S. 221, hebt mit dem von ihm verwandten „Erforderlichkeitsgedanken" auf den „besonderen Zweck einer besonderen Gewalt" ab.

[27] Nicht ganz zu Unrecht ist das besondere Gewaltverhältnis als ein „Relikt des Obrigkeitsstaats" angesehen worden, Becker, Verwaltung und Verwaltungsrechtsprechung, VVDStRL, Heft 14, 1956, S. 96.

[28] Dem aber die „wechselseitige Verbindung von Leistung und Gegenleistung" zumindest nicht im Prinzip vorgegeben ist, Köttgen, Die erwerbswirtschaftliche Betätigung der öffentlichen Hand und das öffentliche Recht, S. 14.

Gewaltverhältnisses einsetzen[29]. So verweist Werner Weber darauf, daß, wer das besondere Gewaltverhältnis aufgebe, damit zugleich auch voraussetze, daß die „öffentliche Lebensordnung" durch die „atomisierten Einzelnen" zu charakterisieren sei[30]. Diese Aussage ist schon im Hinblick auf die Erkenntnisse der modernen Soziologie[31] mehr im Sinne einer rechtspolitischen Forderung zu verstehen als als Feststellung. Auch Webers Hinweis, wer das besondere Gewaltverhältnis aufgebe, leugne, „daß es in unserem Staats- und Volksleben Institutionen gibt", dürfte sein Anliegen nicht rechtfertigen. Denn, so müßte man fragen, haben Institutionen besondere Gewaltverhältnisse zur Voraussetzung? Demgegenüber ist hier versucht worden, die öffentliche Anstalt als eine Institution zu zeigen, die auf den aus ihrer Aufgabe folgenden Gegebenheiten beruht, die aber besondere Gewaltverhältnisse nicht implizieren.

Dem Gedanken, die Rechtsbeziehungen zwischen Anstalt und Benutzer (Empfänger) nach allgemeinen Leistungsbezügen zu gestalten, wird im wesentlichen eine Auffassung gerecht, die neuerdings von Hans J. *Wolff* vertreten wird[32]. Auch Wolff hatte allerdings zunächst die Lehre von dem besonderen Gewaltverhältnis uneingeschränkt auf die Benutzer öffentlicher Anstalten angewandt, indem er diese einem — von ihm so genannten — Sonderstatus unterstellte[33]. Diese Ansicht der „überlieferten Lehre" hat Wolff nunmehr aufgegeben. Zwar hält er an Anstaltsgewalt und besonderem Gewaltverhältnis als einem „gesteigerten Abhängigkeitsverhältnis" fest[34], beschränkt dieses aber auf die Statusverhältnisse im Ausnahmefall der sog. geschlossenen Anstalten[35]. In allen übrigen Fällen aber spricht Wolff jetzt von einem „Lei-

---

[29] Außer den zitierten Stellen vgl. Forsthoff, Können Angehörige schlagender Verbände vom Studium an westdeutschen Hochschulen ausgeschlossen werden? S. 22/23; Werner Weber, „Das besondere Gewaltverhältnis", VVDStRL, Heft 15, 1957, Aussprache, S. 191/192.

[30] W. Weber, a. a. O., S. 191.

[31] Freyer, Das soziale Ganze und die Freiheit der einzelnen unter den Bedingungen des industriellen Zeitalters; ders., Theorie des gegenwärtigen Zeitalters, insbes. S. 79 ff.; das dort entwickelte Modell eines „Sekundärsystems" beruht gerade auf der Erkenntnis, daß der Mensch funktionalisiert worden ist (S. 103).

[32] Im gleichen Sinne auch Hans Schneider, Zur Haftung der Gemeinden für ihre öffentlichen Anstalten, NJW 1962, S. 705 ff., der von einem „vertragsähnlichen, öffentlich-rechtlichen Sonderverhältnis" spricht (S. 707) und Baur, Neue Verbindungslinien zwischen Privatrecht und öffentlichem Recht, Juristenzeitung 1963, S. 41 ff.

[33] Verwaltungsrecht I, 1. Aufl., 1956, § 32 IV 3 (S. 126).

[34] Verwaltungsrecht II, § 99 IV (S. 270).

[35] Also Schulen, geschlossene Krankenanstalten und Strafanstalten, vgl. Wolff, Verwaltungsrecht II, § 99 IV (S. 271). Auf diese Anstalten wird sogleich noch einzugehen sein.

stungsverhältnis der Anstalt zu ihren Benutzern", weil die Benutzung
der Anstalt nicht ohne weiteres einen besonderen Status begründe,
„sondern nur die *vertragliche* oder *vertragsähnliche* Pflicht, die recht-
mäßigen Anordnungen der Anstaltsgewalt zu befolgen"[36]. Erscheint
damit die Erkenntnis von der Sachbezogenheit aller Leistungsverhältnisse auch noch nicht konsequent durchgeführt, weil sich Leistungsverhältnis und besonderes Gewaltverhältnis — im Sinne eines gesteigerten
staatsbürgerlichen Pflichtverhältnisses[37] — schwerlich vereinbaren lassen, so deutet sich immerhin durch den Gedanken von Wolff in der Verwaltungsrechtslehre ein grundsätzlicher Wandel an, der bedeutsame
Folgen haben kann.

3. Inhalt des Leistungsverhältnisses

Auch nach seinem Inhalt richtet sich das hier angenommene allgemeine Leistungsverhältnis nach den jeweiligen sachlich-technischen Gegebenheiten, durch die die öffentliche Anstalt bestimmt wird. Dieser
Grundsatz leuchtet zunächst ohne weiteres in allen Fällen ein, wo es
sich um das Verhältnis des Empfängers zu den typischen Versorgungsanstalten der Verwaltung handelt, zumal in diesem Bereich das allgemeine Leistungsverhältnis besonders häufig in einem privatrechtlich ausgestalteten Vertrag seinen Ausdruck findet[38]. Gilt ein Gleiches aber auch
für die anderen Anstalten, die sog. „geschlossenen Anstalten" (Wolff)[39],
also insbesondere für Schule, Krankenanstalt und Gefängnis? Es handelt sich insoweit um die typischen Fälle, wo die herrschende Verwaltungsrechtslehre ohne das Institut des besonderen Gewaltverhältnisses
nicht auszukommen glaubt und in denen sie deshalb — „unter vielfach
gewagter Überdehnung"[40] — den Grundsatz „volenti non fit iniuria"
anwenden will[41].

Will man aber überhaupt den Begriff einer freiwilligen „Unterwerfung" einführen, so gilt es, sich zunächst einmal darüber Klarheit zu

---

[36] Verwaltungsrecht I, 3. Aufl., 1959, § 32 IV 4 (S. 148, m. Sperrung vom
Verf. d. Arbeit). Das gilt für alle „offenen Anstalten", also insbes. Versor-
gungs- und Verkehrseinrichtungen, Bibliotheken, Museen u. a. m.

[37] Wolff, Verwaltungsrecht II, § 99 IV (S. 270).

[38] Nämlich bei allen öffentlichen Anstalten in Privatrechtsform, vgl. dazu
oben, im II. Kapitel, § 5 II 3.

[39] H. J. Wolff, Verwaltungsrecht I, 3. Aufl., § 32 IV 3 u. 4 (S. 148), Verwaltungsrecht II, § 99 IV 3 (S. 271).

[40] Forsthoff, Verwaltungsrecht, § 24 II 3, (S. 434).

[41] Forsthoff scheint inzwischen von der Anwendbarkeit des Satzes „volenti
von fit iniuria" überhaupt abgerückt zu sein, vgl. DÖV 1962, 500. Ablehnend
auch Bachof, Begriff und Wesen des sozialen Rechtsstaats, VVDStRL, Heft 12,
1954, S. 59/60.

verschaffen, wem sich der einzelne eigentlich unterwirft. Das ist aber *nicht* die *Gewalt* irgendeines Anstalts-„Herren" im Sinne einer übergeordneten, mit höherer Macht ausgestatteten Stelle, sondern kann doch wohl nur der Sachverstand des in seinem Bereich speziell ausgebildeten und erfahrenen Technikers, Mediziners, Pädagogen sein. Gerade dieser Sachverstand gibt den Grund ab, weshalb sich der einzelne in den Bereich der Anstalt begibt oder seine Kinder dorthin schickt. Es fehlt jeder Grund, weshalb sich damit ein Verhältnis der Unterordnung, ein Verlust von Freiheit, ein gesteigertes staatsbürgerliches Pflichtverhältnis[42] verbinden soll, da der Anlaß für den Eintritt in die Anstalt allein in dem nur dort vorhandenen und institutionalisierten Sachverstand der Fachleute begründet ist[43].

Damit ein Arzt dem Patienten in der Klinik Bettruhe aufgeben kann, braucht dieser nicht in ein „besonderes Gewaltverhältnis" versetzt zu werden. Die vom Arzt aufgrund seiner Fachkunde in bezug auf den Heilungsprozeß getroffene Entscheidung führt zu einer Anerkennung der besseren Einsicht des Fachmanns durch den Anstaltsbenutzer (Patienten), und es bedarf keiner gesteigerten „staatsbürgerlichen" Pflichtigkeit zur Legitimation für die Entscheidung[44]. Selbst wenn ein Patient etwa durch die Fürsorgebehörde in ein Krankenhaus eingewiesen wird und damit ein nach öffentlichem Recht zu beurteilendes Rechtsverhältnis entsteht (das hier als Leistungsverhältnis verstanden wird), so kann doch bei der Durchführung der Behandlung im Krankenhaus von einem Unterordnungsverhältnis nicht die Rede sein[45].

Ebenso bilden sachlich-technische Erfordernisse den Grund, weshalb es einem Fahrgast der Bundesbahn — also einem Empfänger einer öffentlichen Beförderungsleistung — verwehrt ist, an jeder nur gewünschten Stelle der Strecke, etwa in der Nähe seines Wohnhauses, den Zug nach eigenem Wunsch zum Halten zu bringen und zu verlassen.

---

[42] Wolff, Verwaltungsrecht II, § 99 IV (S. 270).

[43] Unter diesen Umständen dürfte es deshalb schon aus terminologischen Gründen nicht zweckmäßig sein, von einer „Befehlsgewalt" der Anstalt zu sprechen, wie es Forsthoff tut, Verwaltungsrecht, § 24 II 3 a. E. (S. 444). Schon Köttgen betont demgegenüber, daß die Anstalt gerade durch den *„Verzicht auf die Inanspruchnahme staatlicher Befehlsgewalt"* gekennzeichnet werde, Köttgen, Subventionen als Mittel der Verwaltung, DVBl. 1953, 485 (Hervorhebung vom Verf.).

[44] Ähnlich Ule, Das besondere Gewaltverhältnis, VVDStRL, Heft 15, 1957, S. 146: „Weisungen ... werden in ihrem Inhalt natürlich (!) durch die Eigenart des besonderen Gewaltverhältnisses bestimmt". Ule verweist auch auf die Bewertung einer Schulaufgabe, die nach „pädagogischen Maßstäben" erfolge. Das sind rein sachliche Gesichtspunkte, oder sollten es doch wenigstens sein. Darauf ist sogleich zurückzukommen.

[45] BGH v. 13. 12. 1951, BGHZ 4, 138 ff. (152). Folgerichtig wendet der BGH auf das Verhältnis zum Anstaltbenutzer, hier mit Bezug auf die Stellung des Arztes, § 278 BGB analog an.

Auch hierfür bedarf es der Ausbildung eines besonderen Gewaltverhältnisses nicht, weil die dem allgemeinen Leistungsverhältnis zugrunde liegenden Sachnotwendigkeiten einen ausreichenden Grund darstellen, die sich aus den technischen Erfordernissen des Betriebes (etwa der Bundesbahn) ergeben. Nicht ohne begründeten Anlaß wird daher in diesem Zusammenhang auch von „Betriebsverhältnissen" gesprochen. So betont Carl Hermann *Ule*, daß die Eingliederung eines „Arbeitnehmers" in einen Betrieb bei einem privatrechtlichen „Gewaltverhältnis" (d. h. in einem Unternehmen der Privatwirtschaft) nicht nach anderen Regeln erfolge als die Eingliederung der Schüler, Kranken und Gefangenen innerhalb einer öffentlichen Anstalt[46]. Mit der Einführung des „Betriebsverhältnisses" ist der Gedanke des besonderen Gewaltverhältnisses indessen praktisch bereits aufgegeben, denn diesem liegt der Gedanke „verminderter Freiheit" zugrunde, die aber der Betriebsbegriff von der Sache her nicht erfordert.

Ein Vorbehalt gilt insoweit allenfalls noch für das *Gefängnis*. Hier darf jedoch nicht übersehen werden, daß es sich um eine „Strafvollzugsanstalt" handelt, die ihre eigentliche Erklärung vom Sinn der Strafe her empfängt. Die Rechtsstellung des Strafgefangenen wird daher vor allem dadurch bestimmt, daß die Strafvollstreckung auf dem rechtskräftigen *Urteil* eines ordentlichen *Gerichts* beruht[47]. Bei den Gefängnissen handelt es sich um „öffentliche Exekutiveinrichtungen"[48]. Sie sind nicht als Einrichtungen der öffentlichen Verwaltung, sondern der Justiz anzusehen[49]. Deshalb ist die Entscheidung über Maßnahmen im Strafvollzug auch nicht Sache der Verwaltungsgerichte, sondern gehört in die Zuständigkeit der ordentlichen Gerichte[50].

Bei den Leistungsverhältnissen zwischen der öffentlichen Anstalt und den einzelnen als Empfängern dürfen andere als die aus den sachlich-technischen Gegebenheiten sich notwendig ergebenden Bedingungen im Verhältnis zu den einzelnen nicht mehr ins Spiel kommen[51]. Die veränderten Umstände haben darüber hinaus dazu geführt, daß neue

---

[46] Ule, a. a. O., VVDStRL Heft 15, 1957, S. 151/152.

[47] OLG Bremen v. 31. 7. 1959, NJW 1959, 2176.

[48] Heymann, Wesen und Notwendigkeit der öffentlichen Anstalt, S. 72.

[49] Auch Heymann, a. a. O., S. 71, lehnt die Anerkennung der Gefängnisse als öffentliche Anstalten ab, da sie unter „völlig anderen finalen Gesichtspunkten" ständen als die echten Anstalten.

[50] § 23 EGGVG in der Neufassung durch § 179 Verwaltungsgerichtsordnung v. 21. 1. 1960, BGBl. I, 17.

[51] Deshalb bestehen Bedenken gegen die Meinung, seitens einer Schule könne ein Verbot an Schülerinnen ausgesprochen werden, „auf Herrenfahrrädern zu fahren oder in Hosen zur Schule zu kommen", so Ule, Das besondere Gewaltverhältnis, a. a. O., S. 161. Aufgabe der Schule ist die Ausbildung ihrer Schüler, nicht aber der Erlaß von Kleiderordnungen.

Schutzbedürftigkeiten des einzelnen anerkannt werden müssen[52]. Einmal ist zu betonen, daß jede Maßnahme der Verwaltung unzulässig wäre, die eine bestehende Abhängigkeit des einzelnen einseitig ausnutzen würde[53]. Denn die Anstaltsleistungen sollen gleichmäßig sein und dürfen nicht aus unsachlichen Gründen versagt werden[54]. Der Begriff der öffentlichen Verwaltung wird in der Gegenwart ganz wesentlich auch dadurch gekennzeichnet, daß er zum Objekt erhöhter Verantwortlichkeiten geworden ist, die dem Staat im Interesse der einzelnen übertragen sind. Ein wohlverstandenes Sozialstaatsprinzip bedeutet im Bereich einer öffentlichen Leistungsverwaltung für den einzelnen eine feste *Teilhabe* an den für seine Existenz wichtigen Leistungen[55]. Ernst *Forsthoff* hat mit Recht darauf hingewiesen, daß in diesem Sinne der Begriff der Teilhabe für die leistende Verwaltung zu einem ebenso zentralen Bezugspunkt geworden ist wie für die Eingriffsverwaltung die Freiheit des einzelnen[56].

Nach dem Gedanken der Teilhabe der einzelnen an den öffentlichen Leistungen erscheint es nicht nur unzulässig, wenn die Verwaltung einzelne als Empfänger willkürlich ausschließt, es kann der Verwaltung auch nicht gestattet sein, die Stellung von bestimmten Gruppen, die von ihren Leistungen abhängig sind, ohne sachlichen Anlaß zu verschlechtern. Daher müssen Bedenken geltend gemacht werden, wenn etwa ein städtisches Elektrizitätswerk die privaten Haushaltungen durch Einräumung eines besonders günstigen Tarifs zur Anschaffung elektrischer Haushaltsgeräte veranlaßt, nach einiger Zeit aber den Tarif zu deren Ungunsten wieder anhebt[57]. Eine solche Maßnahme könnte nur durch sachlich begründete Notwendigkeiten — etwa durch ein unvorhergesehenes Ansteigen des Kohlenpreises — gerechtfertigt werden.

---

[52] Forsthoff, Die Umbildung des Verfassungsgesetzes, Festschrift für Carl Schmitt, S. 45; ferner Kern, Aspekte des Verwaltungsrechts im Industriezeitalter, ebda., S. 89/90.

[53] Etwa wenn Versorgungsleistungen von politischen Bedingungen bei dem Leistungsempfänger abhängig gemacht werden. Auch hierfür enthält die neuere Verwaltungsgeschichte Beispiele.

[54] Wolff, Verwaltungsrecht II, § 99 V d) (S. 275).

[55] Forsthoff, Begriff und Wesen des sozialen Rechtsstaats, VVDStRL, Heft 12, 1954, S. 20.

[56] Forsthoff, Rechtsfragen der leistenden Verwaltung, 1959, S. 9. Damit stimmt auch die Bemerkung von *Ernst Kern* überein, daß im 19. Jahrhundert die Sorge des einzelnen darum ging, „von der öffentlichen Hand möglichst *unbehelligt* zu bleiben", heute aber darum, möglichst „nicht von der *Teilhabe* an dem von der öffentlichen Hand gesteuerten Darreichungssystem ausgeschlossen zu werden", Kern, Zur heutigen Grundlagenproblematik des Verwaltungsrechts, ARSP, 43. Bd., 1957, S. 505 ff (515/16).

[57] Dieser Fall wird aus einer süddeutschen Großstadt berichtet. Es läßt sich nun nicht etwa einwenden, die Abnehmer könnten ja nunmehr mit Gas kochen; denn mit der Anschaffung eines Elektroherdes sind sie bereits endgültig festgelegt.

Von gleichartigen Erwägungen ist auch im Falle der Leistungsbewertung in der Schule auszugehen. Die Rechtsprechung der Verwaltungsgerichte läßt hier die durchaus zu billigende Tendenz erkennen, die gerichtliche Prüfungsbefugnis auf die Frage zu beschränken, ob seitens der Anstalt ein Maßstab eingehalten worden ist, der durch sachliche Erwägungen gerechtfertigt war (ohne aber an die Stelle einer solchen Sachentscheidung eine eigene — gerichtliche — Entscheidung zu setzen)[58]. Nicht zuzustimmen ist, wenn die Gerichte zur Begründung anführen, die Entscheidungen im Schulbereich seien als „Ermessensentscheidungen" anzusehen und aus diesem Grunde von ihnen nicht nachzuprüfen[59]. Auch hier handelt es sich vielmehr darum, daß sich eine durch Sachverstand qualifizierte Entscheidung (Leistungsbewertung) nicht durch eine andere ersetzen läßt[60]. Insoweit kann auf Feststellungen im II. Kapitel zurückgegriffen werden[61], die nun auch unter anderem Gesichtspunkt ihre Bestätigung finden.

Wenn demnach die Forderung zu erheben ist, daß das Verhältnis der Anstalt zu den einzelnen als Empfängern von daseinsnotwenigen Leistungen einer Neuorientierung bedarf, so soll im letzten Abschnitt nunmehr einer Erscheinung nachgegangen werden, die tatsächlich bereits ein neues Element in die Institution der Anstalt gebracht hat: die zahlreichen Gremien und Beiräte, in denen gesellschaftliche Gruppen an der Verwaltung der Anstalt mitwirken.

§ 8. Die Beteiligung der Einzelnen
an der Verwaltung der Anstalt

Überblickt man die in den Jahren seit der Beendigung des letzten Krieges errichteten öffentlichen Anstalten, so fallen innerhalb ihrer Organisation alle möglichen *Gremien* auf, die teilweise als „Organe" der Anstalt bezeichnet werden, jedenfalls aber in irgendeiner Weise an der Verwaltung der Anstalt beteiligt sind. In ihnen haben auch zahlreiche Vertreter einzelner gesellschaftlicher Gruppen, der sog. Interessengruppen — wie man heute üblicherweise sagt — Sitz und Stimme be-

---

[58] BVerwG v. 24. 4. 1959, BVerwGE 8, 272; BVerwG v. 19. 10. 1960, BVerwG E 11, 165. Für einen Fall, wo die Prüfungsentscheidung wegen unsachlicher Erwägungen aufgehoben wurde s. BVerwG v. 14. 7. 1961, BVerwGE 12, 359.

[59] So die Rechtspr. des BVerwG, vgl. BVerwGE 11, 165. Weitere Nachweisungen bei Ule, Das besondere Gewaltverhältnis, VVDStRL, Heft 15, 1957, S. 169.

[60] In diesem Sinne auch Forsthoff, Verwaltungsrecht, § 21, 5 (S. 373/4) mit weiteren Nachweisungen; Ule, a. a. O., beurteilt die Rechtsprechung ebenso, ferner Hans Schneider in einer Urteilsbesprechung DVBl. 1953, 82 und Rehmert, NJW 1958, 232/233.

[61] Vgl. § 6, 4 (Bildungsanstalten).

kommen. Es handelt sich hier um ein Phänomen, das für die öffentliche Anstalt ein ganz neues Moment bedeutet und das schon deshalb besonderer Hervorhebung bedarf. Mit der Einrichtung derartiger Gremien wird eine nach 1945 allgemein zu beobachtende Entwicklung aufgenommen, wobei an Vorgänge zu denken ist, die mit dem Schlagwort von der „Beteiligung des Volkes an der Verwaltung" gekennzeichnet sind und die gelegentlich sogar verfassungsrechtlichen Rang erhalten haben[1].

1. Mitwirkung der sog. Interessengruppen

Nun hat es allerdings auch im 19. Jahrhundert schon Ausschüsse in der *Post-* und *Eisenbahnverwaltung* gegeben, die sich damals aus „ständischen" Vertretern zusammensetzten[2]. Aber diese Gremien waren ausschließlich dazu eingerichtet, Wünsche der beteiligten Standesgruppen im Hinblick auf den Ausbau der Eisenbahn- und Postverbindungen vorzubringen. Eine Mitwirkung an der Beschlußfassung selbst war ihnen versagt, sie waren auf ausschließlich *beratende* Funktionen beschränkt. Erst in der Zeit der Weimarer Verfassung änderte sich das Bild, indem Ausschüsse bei der Reichsbahn, Reichspost und in der Arbeitsverwaltung gewisse Mitwirkungsrechte erhielten, die insbesondere die Gewerkschaften gefordert und durchgesetzt hatten[3].

Die damit angebahnte Entwicklung ist nun mit der Einrichtung von Verwaltungsräten, Rundfunkräten, Beiräten und anderen Gremien, denen echte Mitverwaltungsfunktionen zugewiesen sind, voll zum Durchbruch gelangt. Bei ihrer Zusammensetzung überwiegen gegenüber den Vertretern von Bundesregierung, Länderregierungen und Bundesrat zahlenmäßig meist die Abgesandten von Interessengruppen[4]. Hier, in der

---

[1] Verfassung der Freien und Hansestadt Hamburg vom 6. 6. 1952, GVBl. 117, Art. 56 S. 1: „Das Volk ist zur Mitwirkung an der Verwaltung berufen." Diese Bestimmung stellt allerdings eine Ausnahme dar, die sich daraus ergibt, daß in Hamburg Staat und Gemeinde sozusagen zusammenfallen, so daß der Grundsatz in erster Linie unter kommunalpolitischen Gesichtspunkten zu sehen ist, worauf auch v. d. Groeben, Mitwirkung von Ausschüssen in der staatlichen Verwaltung, „Verwaltungsarchiv, 49. Bd., 1958, S. 231 ff. (236) hinweist.

[2] Ihnen gehörten Vertreter der Land- und Forstwirtschaft, sowie Vertreter der Industrie und des Handelsstandes an. Sie traten in der Regel zweimal im Jahre zusammen. Vertreter der Arbeitnehmer fehlten. Näheres bei Loening, Lehrbuch des Verwaltungsrechts, S. 617 (f. Württemberg und Bayern) und S. 633 (f. Preußen).

[3] Drewes, Die Gewerkschaften in der Verwaltungsordnung, S. 29.

[4] Der wohl kaum als besonders glücklich zu bezeichnende Ausdruck wird hier in dem gleichen Sinne verwandt, wie er gemeinhin verstanden wird, etwa wenn von „Gewerkschaften, Arbeitgeberorganisationen, Bauernverbänden und anderen Interessengruppen" die Rede ist, so bei Kaiser, Die Repräsen-

Benennung von Mitgliedern für diese Gremien innerhalb der öffentlichen Verwaltung, eröffnet sich ein mehr und mehr legalisiertes Betätigungsfeld für die Interessengruppen. Nicht zu Unrecht ist daher darauf hingewiesen worden, daß diese Verbände längst über den Bereich der Privatrechtsordnung, der sie an sich verhaftet waren, hinausgewachsen sind. Da sie Rechte öffentlicher Repräsentation in Anspruch nehmen — die in dem hier interessierenden Bereich als öffentliche Präsentationsrechte anerkannt werden —, sind sie auch als „öffentliche Verbände" bezeichnet worden[5]. Das ist nur terminologisch insofern mißverständlich, als dieser Begriff — wenigstens im Verwaltungsrecht — nur auf Gebilde Anwendung finden kann, die integrierender Bestandteil der öffentlichen Verwaltung sind. Das aber läßt sich von den Interessenverbänden (noch) nicht sagen[6].

Bis heute ist die Beteiligung von Vertretern von Interessengruppen bei der Verwaltung von Anstalten nicht unangefochten geblieben und als Eingriff in einen dem Staat vorbehaltenen Wirkungsbereich empfunden worden. So hat sich etwa Werner *Weber* immer wieder mit großem Nachdruck gegen diese Einrichtung gewandt[7]. Inzwischen ist aber die Beteiligung der Interessengruppen (Verbände) wenigstens für den Bereich des Rundfunks nun auch vom Bundesverfassungsgericht anerkannt worden, denn im Urteil vom 28. 2. 1961 (Fernsehstreit) hat das Gericht den Grundsatz aufgestellt, daß „in der öffentlich-rechtlichen Anstalt alle gesellschaftlich relevanten Kräfte zu Worte kommen"[8]. Nach der Lage der Dinge können diese „Kräfte" aber nur über das Medium der Verbände repräsentiert werden.

Während an der sog. Mitbestimmung der Arbeitnehmer in der Wirtschaft fast ausschließlich die Gewerkschaften interessiert sind, sind an der Besetzung der Gremien in den Anstalten Verbände mit den verschiedensten Interessengebieten beteiligt. So ist der Verwaltungsrat der Bun-

---

tation organisierter Interessen, S. 1. Häufig wird auch nur von „Verbänden" schlechthin gesprochen, etwa in dem Gegensatzpaar „der Staat und die Verbände".

[5] Altmann, Zur Rechtsstellung der öffentlichen Verbände, Zeitschrift für Politik, Bd. II, 1955, S. 211 ff.

[6] In diese Richtung weisen allerdings Strömungen, auf die Altmann, a. a. O., S. 211, hinweist und die darauf abzielen, für diese Verbände die Bezeichnung „öffentliche Korporation" einzuführen, wobei es indessen mehr als fraglich erscheint, ob die Vertreter dieses Vorschlags auch bereit sind, die unabweisbaren Konsequenzen anzuerkennen und derartige öffentliche Korporationen der Staatsaufsicht zu unterstellen.

[7] Etwa in „Der Staat und die Verbände", hrsg. von Beutler u. a., (Gespräch, veranstaltet vom Bundesverband der deutschen Industrie) S. 24/25 und „Das politische Kräftesystem in der wohlfahrtsstaatlichen Massendemokratie", in: Zum Problem des Gleichgewichts zwischen Wirtschaftspolitik und Staatspolitik, S. 35 ff. (43, 50).

[8] BVerfGE 12, 205 (262, 263) = NJW 1961, 547 (553).

desbahn — wie das Gesetz formuliert — aus vier „Gruppen" zusammen-
gesetzt: Vertretern des Bundesrats, Vertretern der „Gesamtwirtschaft",
Vertretern der Gewerkschaften und sonstigen Mitgliedern[9]. Die Ernennung erfolgt bei der zweiten Gruppe auf Vorschlag „der Spitzenver-
bände der gewerblichen Wirtschaft, des Handels, der Landwirtschaft,
des Handwerks und des Verkehrs". Zwar heißt es ausdrücklich, die Mitglieder sollten „erfahrene Kenner des Wirtschaftslebens oder Eisenbahn-
sachverständige" sein[10], doch wird man den Verwaltungsrat der Bundesbahn gleichwohl *nicht* als ein Sachverständigengremium ansehen dürfen, vielmehr dürfte die genannte Bestimmung — die zudem reine Soll-
Vorschrift geblieben ist — aus einem gewissen gesetzgeberischen Mißtrauen gegenüber den Vertretern der Interessengruppen zu erklären
sein[11]. Dabei mag hier offen bleiben, inwieweit dieses Mißtrauen auch
gerechtfertigt ist. Man ist oft vielleicht zu sehr geneigt zu übersehen,
daß auch bei der Auswahl der Vertreter eines Verbandes die Frage der
Sachkunde eine nicht zu unterschätzende Rolle spielt[12]. Auch ist es den
Verbänden in weitem Umfang möglich, sich der Pflege eines besonderen
Fachwissens zu widmen und dieses durch die von ihnen benannten Repräsentanten zur Geltung zu bringen. Es ist bekannt, daß dies auch bei
der parlamentarischen Arbeit, insbesondere im Hinblick auf Gesetzes-
entwürfe, eine erhebliche Rolle spielt[13]. Man wird daher die Abgesandten der Interessengruppen nicht immer und ohne weiteres als „bloße
Interessenvertreter" ansprechen können.

In einigen Gesetzen und Satzungen wird auch ausdrücklich festgestellt, daß auch die Vertreter der Interessengruppen „an keinerlei Aufträge oder Weisungen gebunden" sind[14]. Allerdings dürfen die Auswirkungen dieses Grundsatzes nicht überschätzt werden, denn die Gruppen-
vertreter werden grundsätzlich die Meinung der von ihnen repräsen-
tierten Verbände zum Ausdruck bringen, auch ohne daß sie diesen gegenüber weisungsgebunden sind[15]. Immerhin sind die Interessengruppen

---

[9] Der Verwaltungsrat der Bundesbahn wird von Eschenburg deshalb für
„institutionswidrig" gehalten, weil in ihm auch die Lieferanten und die Kon-
kurrenten der Bundesbahn vertreten seien (Diskussionsbeitrag in „Der Staat
und die Verbände", hrsg. von Beutler u. a., S. 31).
[10] Bundesbahngesetz v. 13. 12. 1951, BGBl. I, 955, § 10 Abs. 3.
[11] Anders Kaiser, Die Repräsentation organisierter Interessen, S. 280/281.
[12] Darauf hat auch Werner Weber wiederholt hingewiesen, s. etwa in „Der
Staat und die Verbände", hrsg. v. Beutler u. a., S. 19, ferner in „Zum Problem
des Gleichgewichts zwischen Wirtschaftspolitik u. Staatspolitik", S. 37.
[13] Kaiser, Die Repräsentation organisierter Interessen, S. 270.
[14] Bundesbahngesetz v. 13. 12. 1951, BGBl. I, 955, § 10, Abs. 4 Satz 2;
Güterkraftverkehrsgesetz v. 17. 10. 1952, BGBl. I, 697 i. d. F. v. 3. 6. 1957,
BGBl. I, 593, § 63 Abs. 4.
[15] So betont Drewes, Die Gewerkschaften in der Verwaltungsordnung,
S. 247, daß die Vertreter der Gewerkschaften „die Interessen der Gewerkschaften zur Darstellung zu bringen und zu vertreten" hätten.

bei der Bestimmung der Mitglieder der Gremien auf ein bloßes *Vor-schlagsrecht* beschränkt, während die endgültige Ernennung in der Regel der Aufsichtsbehörde der jeweiligen Anstalt vorbehalten bleibt[16]. Diese kann allerdings auch sämtliche vorgeschlagenen ablehnen und die Benennung neuer Vertreter erbitten[17].

Im Gegensatz dazu ernennen die Bundes- und Landesbehörden ihre Vertreter *selbst*, diese sind ihnen gegenüber auch weisungsgebunden. Nur in einigen Fällen sind sie wie die Interessenvertreter von Weisungen ausdrücklich freigestellt[18]. Auch der *Bundesrat* ernennt seine in zahlreichen Gremien auftretenden Vertreter selbst. Durch die damit geschaffene Beteiligung ist dem Bundesrat eine direkte Mitwirkung bei der Bundesverwaltung eingeräumt[19]. Er hat seine Vertreter durch § 24 Abs. 2 seiner Geschäftsordnung[20] gleichfalls ausdrücklich seinen Weisungen unterstellt[21]. Auch hier gelten wieder die von den Gesetzen vorgesehenen Ausnahmen.

Bei einer Beurteilung der Funktion der Gremien ist ihre Tätigkeit, soweit es sich um die Beteiligung von Vertretern mit Fachwissen handelt, schon deshalb positiv zu bewerten, weil ihre Mitwirkung sich günstig auf die mit Bezug auf die sachlich bestimmte Aufgabenstellung der Anstalt zu treffenden Entscheidungen auswirken muß. Im übrigen aber sind gewisse Bedenken gegen die Mitwirkung von Gremien gerade bei den öffentlichen Anstalten nicht ganz unberechtigt, insofern nämlich, als sich die Anstalten als Erscheinungen der Leistungsverwaltung der Bewältigung sachlich-technischer Aufgaben zu widmen haben, die sich einer Beurteilung durch Außenstehende von der Sache her in hohem Maße entziehen[22]. Das Fragwürdige liegt also darin, daß gegen Ent-

---

[16] D. h. die Aufsichtsbehörde ist „an die Listen, nicht an die Reihenfolge gebunden", Drewes, a. a. O., S. 196.

[17] Hein-Eichhoff-Pukall, Güterkraftverkehrsgesetz, Kommentar (Loseblattausgabe), zu § 62 Anm. 2.

[18] Vgl. etwa die oben (FN 14) angegebenen Gesetze.

[19] Dazu Köttgen, Der Einfluß des Bundes auf die deutsche Verwaltung und die Organisation der bundeseigenen Verwaltung, Jahrbuch des öffentlichen Rechts, N. F., Bd. 3, 1954, S. 74 ff. (105). Köttgen verweist dazu auf Art. 50 Grundgesetz: „Durch den Bundesrat wirken die Länder bei der Gesetzgebung und Verwaltung des Bundes mit".

[20] Abgedruckt bei Forsthoff, Öffentliches Recht, A/9.

[21] Wobei sich auch von diesem Gesichtspunkt her der Bundesrat wiederum als eine Versammlung von Behördenvertretern erweist, da eine gleiche Vorschrift für Mitglieder des Bundestags undenkbar wäre (Art. 38 GG). Schon aus diesem Grunde wird man den Bundesrat nicht als ein echtes Parlament ansehen können. Dazu Friesenhahn, Parlament und Regierung im modernen Staat, VVDStRL Heft 16, 1958, S. 50 ff., Fußnote 117, dort weitere Nachweisungen.

[22] Vgl. dazu grundsätzlich Schelsky, Demokratischer Staat und moderne Technik, „atomzeitalter", 1961 S. 99 ff.

scheidungen der Techniker und Experten eine Berufung auf die allgemeine Meinung an sich nicht mehr möglich ist[23]. Das gilt nicht für die Gremien, die von der Sache her die allgemeine Meinung (öffentliche Meinung) zum Ausdruck bringen sollen, wie die Rundfunkräte. Da der Rundfunk als sog. Massenkommunikationsmittel nicht nur meinungs-*bildend* wirken, sondern auch auf bereits *vorhandene* Meinungen Rücksicht nehmen soll[24], war die Errichtung der Rundfunkräte als Institutionalisierung öffentlicher Meinung durchaus sachgerecht. Gleichzeitig üben die Rundfunkräte Kontrollfunktionen aus, die sonst einer Aufsichtsbehörde zustehen würden[25].

2. Körperschaft und Anstalt

Zweifellos bringen die Verwaltungsräte, Rundfunkräte und sonstigen Gremien dieser Art ein *körperschaftliches* Element in die von ihnen mitverwalteten öffentlichen Anstalten. Dies geht schon daraus hervor, daß für die Benennung von Mitgliedern in aller Regel die sog. interessierten Kreise als berufen angesehen werden, also alle jene Gruppen, die die Arbeit der Anstalt in erster Linie angeht oder die im Zusammenhang mit den von der Anstalt bewältigten sachlich-technischen Aufgaben irgendwie „betroffen" sind. Deswegen allein kann aber bei Anstalten mit derartigen Gremien keineswegs schon von echten Körperschaften gesprochen werden. Das Kriterium ist nach wie vor in der Frage nach dem Bestehen der *Selbstverwaltung* zu erblicken. Davon kann in den meisten Fällen keine Rede sein, und zwar schon deshalb nicht, weil gerade durch die Zusammensetzung der Verwaltungsräte usw. aus Repräsentanten der *verschiedensten* Gruppen und insbesondere auch von Vertretern von Bund und Ländern die Möglichkeit verschlossen wird, daß eine Gruppe „selbst" ihre eigenen Angelegenheiten wahrnimmt.

Eine Ausnahme bildet unter diesen Umständen allerdings die *Mühlenstelle*, obwohl auch sie als öffentliche Anstalt errichtet ist[26]. Von den 26 Vertretern, die in ihrem Verwaltungsrat Sitz und Stimme haben, werden allein 14 von einer einzigen Wirtschaftsgruppe (den „Brotgetreide verarbeitenden Mühlen") gestellt, hinzukommen je ein Vertreter der Mühlen der Konsumgenossenschaften und der heimatvertriebenen

---

[23] So Lübbe, Zur politischen Theorie der Technokratie, „Der Staat" Heft 1 (1962), S. 19 ff. (38), der hinzufügt: „Was richtig ist, wird nicht durch Mehrheitsbeschlüsse, sondern durch Gründe entschieden".

[24] Vgl. die Zuteilung von Sendezeiten an die politischen Parteien.

[25] Insoweit kann auf bereits Gesagtes verwiesen werden, vgl. oben, II. Kapitel, § 5 III a. E.

[26] GetreideG v. 4. 11. 1950, BGBl. 721, § 5 Abs. 1.

Müller, so daß das Mühlengewerbe über insgesamt 16 Vertreter verfügt. Die übrigen Mitglieder setzen sich aus Vertretern der Landwirtschaft, des Handels und der Verbraucher zusammen[27]. In diesem Falle ist also der Verwaltungsrat praktisch zu dem Instrument einer einzigen — im übrigen keineswegs besonders umfangreichen — Gruppe geworden, nämlich des Mühlengewerbes, oder genauer gesagt: der Brotgetreide verarbeitenden Mühlen[28]. Durchaus zutreffend wird daher die Mühlenstelle als eine „anstaltlich verkleidete Form der Selbstverwaltung" charakterisiert[29]. Darin liegt jedoch ein Widerspruch. Wenn man anerkennt, daß sich dieses Gebilde funktional gesehen als eine Selbstverwaltungseinrichtung *einer* bestimmten Wirtschaftsgruppe darstellt, so sind begrifflich die Voraussetzungen für eine Anstalt nicht erfüllt. Trotz der anderslautenden Bezeichnung wird man daher die Mühlenstelle als öffentliche *Körperschaft* anzusehen haben, da sie echte Selbstverwaltungsaufgaben zu erfüllen hat[30].

Ähnliche Erwägungen wie für die Mühlenstelle sind auch für die durch das Güterkraftverkehrsgesetz vom 17. 10. 1952 errichtete *Bundesanstalt für den Güterfernverkehr* anzustellen[31], die die Aufgaben fortführt, die früher dem Reichskraftwagenbetriebsverband, einer öffentlichen Körperschaft, übertragen waren. Für die Errichtung einer Bundes„anstalt" dürften im Jahre 1952 in erster Linie politische Erwägun-

---

[27] Satzung der Mühlenstelle, BGBl. 1951, I, 973, § 8.

[28] Nach § 5 Abs. 4 GetreideG obliegt dem Verwaltungsrat die Beschlußfassung „in allen grundsätzlichen Fragen" (!). Dazu gehört die Überwachung der Einhaltung der Vorschriften, die der Bundesernährungsminister zur Regelung der wichtigen Fragen der Getreideausmahlung, der Beimischung usf. erlassen hat (vgl. z. B. die 11. Durchf.-VO zum GetreideG v. 19. 6. 1957, BGBl. I, 643, § 5). Aufschlußreich ist auch § 4 Satz 2 GetreideG: „Die Vermahlungsregelung muß so gestaltet werden, daß ein wirtschaftlicher Leistungswettbewerb unter den Mühlen unter Berücksichtigung der berechtigten Interessen der verschiedenen Betriebsgrößenklassen und Wirtschaftsgebiete möglich ist". Man fragt sich danach, ob der Verwaltungsrat der Mühlenstelle bei seiner eigentümlichen Zusammensetzung wirklich die Gewähr dafür bietet, daß ein freier Wettbewerb auch im Bereich der Mühlenwirtschaft stattfinden kann.

[29] Köttgen, Der Einfluß des Bundes auf die deutsche Verwaltung und die Organisation der bundeseigenen Verwaltung, Jahrbuch des öffentlichen Rechts, N. F. Bd. 3, 1954, S. 130. Auch Modest, Kommentar zum GetreideG betont, die Mühlenstelle werde als „Selbstverwaltungsorgan der Wirtschaft" tätig, Anm. I B 2 zu § 5. Ihm folgt Hamann, Wirtschaftsverfassungsrecht, S. 55.

[30] Ähnliches gilt für den durch G v. 29. 8. 1961, BGBl. I, 1622, als Anstalt errichteten Stabilisierungsfonds für Wein, der der Absatzförderung und der Einlagerung von Wein zur Entlastung des Marktes dient. In seinem Verwaltungsrat entfallen (von 43 Sitzen) 16 Sitze auf Vertreter des Weinbaus, 6 Sitze auf die Winzergenossenschaften und weitere 6 Sitze auf Vertreter des Weinhandels, aber nur 3 Sitze auf die Verbraucher (!) (§ 13 Abs. 1).

[31] §§ 53 ff. i. d. F. v. 3. 6. 1957 (BGBl. I, 593).

gen, nämlich Bedenken gegenüber einer öffentlichen Körperschaft mit Zwangsmitgliedschaft, den Ausschlag gegeben haben[32] — Bedenken allerdings, die den Gesetzgeber dann schon ein Jahr später nicht mehr gehindert haben, für den Binnen*schiffsverkehr* wieder öffentliche Körperschaften mit Zwangsmitgliedschaft vorzusehen[33].

Für die körperschaftliche Struktur der Bundes-„anstalt" für den Güterfernverkehr spricht vor allem das eigentümliche Verhältnis der „Anstalt" zu den Güterverkehrsunternehmern, das sich in besonderen Pflichtigkeiten niederschlägt, vor allem in der Pflicht zur Anmeldung der Fahrzeuge und Anhänger (nach § 60 Abs. 1 des Gesetzes). Der „Anstalt" sind ferner einschneidende Kontroll- und Zwangsbefugnisse gegenüber den Unternehmern eingeräumt (§§ 55, 56), aus deren Umlagen schließlich die „Anstalt" ihre Kosten bestreitet (§ 75)[34]. Unter diesen Umständen kann man auch diese Anstalt nur als einen „verkappten Selbstverwaltungskörper" ansehen[35]. Da die mitgliedschaftlichen Elemente demnach so stark überwiegen, wird man daher diese Prägung als öffentliche Körperschaft anzusehen haben[36], mag auch die Situation hier nicht so eindeutig sein wie bei der Mühlenstelle[37].

Andererseits finden sich in der neuesten Verwaltungspraxis auch Erscheinungen, die nach außen als öffentliche „Körperschaften" auftreten, obwohl für sie die Mitgliedschaft von einzelnen und deren Beteiligung an der Verwaltung bestimmter Aufgaben im öffentlichen Bereich keineswegs mehr eigentümlich ist. So ist der Nord- und Westdeutsche Rundfunkverband, dessen vornehmliche Aufgabe die Übernahme des Fernsehens auf *überregionaler* Basis in Nord- und Westdeutschland ist, als Körperschaft des öffentlichen Rechts errichtet worden. Die „Körperschaft" hat aber überhaupt nur zwei Mitglieder, nämlich die öffentlichen

---

[32] Köttgen, Der Einfluß des Bundes auf die deutsche Verwaltung und die Organisation der bundeseigenen Verwaltung, a. a. O., S. 115.

[33] G über den gewerblichen Binnenschiffsverkehr v. 1. 10. 1953, BGBl. I, 1453, § 12 (betr. die Schifferbetriebsverbände).

[34] Ebenso finanziert sich der Stabilisierungsfonds für Wein durch Abgaben der Weinbergbesitzer, § 16 G v. 29. 8. 1961, BGBl. I, 1622.

[35] Köttgen, Der Einfluß des Bundes auf die deutsche Verwaltung und die Organisation der bundeseigenen Verwaltung, a. a. O., S. 134.

[36] Gegen diese Ansicht W. Weber, Juristische Personen des öffentlichen Rechts, HdSW, Bd. 5, S. 451. Weber meint, es handle sich nicht um die Übertragung körperschaftlicher Selbstverwaltung auf die Anstalt, sondern um die Auslieferung an nebenstaatliche politische Einflußgruppen. Das soll nun nicht bestritten werden, erscheint es doch gerade einem Gebilde wie der Anstalt wenig adäquat. Zuzugeben ist, daß die Abgrenzung gerade im Falle der Bundesanstalt für den Güterfernverkehr schwierig ist.

[37] Im Verwaltungsrat verfügt das Güterfernverkehrsgewerbe nur über 10 (von insgesamt 27) Stimmen, § 62 Abs. 1 GüterkraftverkehrsG.

Anstalten „Norddeutscher Rundfunk" und „Westdeutscher Rundfunk"[38]. Unter diesen Umständen kann von echter Selbstverwaltung nicht im geringsten mehr die Rede sein, zumal dieses Gebilde praktisch die gleichen Funktionen zu erfüllen hat wie die beiden Mitglieder selbst. Ausschließlich *technische* Erwägungen führten zur Schaffung eines neuen Gebildes, vor allem die Tatsache, daß die Durchführung eines eigenen Fernsehprogramms die technischen und finanziellen Möglichkeiten der einzelnen Rundfunkanstalt jedenfalls zur Zeit noch überschreitet. Untersucht man die nunmehr entstandene Einrichtung — wie das hier vorgeschlagen wird — nach funktionalen Gesichtspunkten, so läßt sich auch der Nord- und Westdeutsche Rundfunkverband nur als Anstalt einordnen, mag diese auch in das Gewand einer Körperschaft gekleidet sein. Auch das zweite deutsche Fernsehen ist als überregionale Einrichtung aller Länder der Bundesrepublik als öffentliche Anstalt, nicht aber als Körperschaft, errichtet worden[39]. Dies erscheint auch sachgerecht, denn in der Tat erweist sich die Anstalt als der geeignete Organisationstyp für Rundfunk und Fernsehen[40]. Hierher ist daher auch der Nord- und Westdeutsche Rundfunkverband zu rechnen.

Hat demnach die Unterscheidung zwischen öffentlicher Körperschaft und öffentlicher Anstalt auch für die heutige Situation ihre Gültigkeit behalten, so gilt es allerdings auch zu bedenken, daß die Spannungsverhältnisse, die früher einmal der Unterscheidung zwischen Körperschaft und Anstalt einen politisch zu verstehenden Sinn gegeben haben, inzwischen weitgehend fortgefallen sind, weil Staat und Gesellschaft unter den Bedingungen des industriell-bürokratischen Zeitalters mehr und mehr „zusammenwachsen"[41]. Auch dieser Vorgang — darauf wird mit Recht hingewiesen[42] — gehört mit zum „Hintergrund" für die Formel vom sozialen Rechtsstaat nach Art. 20 GG. Die Verwaltungswissenschaft ist damit aufgerufen, solche Begriffe wie Anstalt und Körperschaft der veränderten Situation anzupassen, um sich nicht dem Vorwurf auszusetzen, die Beziehung zwischen Theorie und Wirklichkeit gehe verloren. Einen Versuch in Richtung auf eine „Wirklichkeitsbezogenheit" verwaltungsrechtlicher Begriffsbildung soll auch diese Untersuchung darstellen.

---

[38] Staatsvertrag über die Liquidation des Nordwestdeutschen Rundfunks und die Neuordnung des Rundfunks im bisherigen Sendegebiet des Nordwestdeutschen Rundfunks v. 16. 12. 1955 s. GVBl. Schleswig-Holstein 89, §§ 11 ff.

[39] Staatsvertrag über die Errichtung der Anstalt des öffentlichen Rechts „Zweites Deutsches Fernsehen" v. 6. 6. 1961, s. etwa GVBl. NRW 269.

[40] Vgl. oben, im II. Kapitel, § 6, 5.

[41] Freyer, Das soziale Ganze und die Freiheit der einzelnen unter den Bedingungen des industriellen Zeitalters, S. 23.

[42] Altmann, Zur Rechtsstellung der öffentlichen Verbände, Zeitschrift für Politik, Bd. II, 1955, S. 220.

Schlußbetrachtung

Im Verlauf der vorangegangenen Darlegungen ist zu Beginn versucht worden zu zeigen, wie die öffentliche Anstalt zunächst von Otto Mayer aus dem französischen Verwaltungsrecht (service public) in das von ihm neu geschaffene System des deutschen Verwaltungsrechts aufgenommen worden ist. So wurde die Anstalt als Institution einbezogen in den Gegensatz von Staat und Gesellschaft, wie er die zweite Hälfte des 19. Jahrhunderts bestimmte.

Heute, nachdem dieser sog. Dualismus zwischen Staat und Gesellschaft weitgehend fortgefallen ist, ist die Anstalt — so lautet die These — als eine sachlich-technisch zu bestimmende Institution in einen neuen Bereich öffentlicher Verwaltung, den der Leistungsverwaltung, hineingewachsen und damit wirtschaftlich nach wie vor von erheblicher Bedeutung.

Darin liegt die eigentümliche Entwicklung eines nicht rein formal bestimmten Anstaltsbegriffs. Entstanden zu einer Zeit, für die die Verwaltung nur als Hoheitsverwaltung zu begreifen ist, da also der Befehl als „die einzige eigentümliche öffentlich-rechtliche Form staatlicher Einwirkung" in Frage kommt[1], ist die Anstalt in jene Verwaltung übernommen worden, deren Eigenart darin liegt, daß ihr der Befehl als Herrschaftsmittel fremd ist. Daraus leitet sich auch die Rolle jener Menschen ab, die die Leistungsaufgaben der Anstalt „steuern", der Experten, wie sie hier genannt werden. An die Stelle der Sozialtechnik des Befehls treten Steuerungsvorgänge, denen der Zwang der „Sache an sich" zugrunde liegt. Ein ungebundener Steuerungsraum begründet ein Moment der Selbständigkeit für die öffentliche Anstalt innerhalb der Gesamtorganisation der Verwaltung. Er ist nicht zu verwechseln mit dem Selbstverwaltungsbegriff, dem er aber als sachlich-technisch bestimmter Komplementärbegriff entspricht.

Die Anstalt ist demnach als Organisationstyp zur Erbringung von Leistungen einzuordnen. Genau wie die Behörde nach wie vor die typische Erscheinung der Hoheitsverwaltung ist, ist die Anstalt die typische Erscheinung einer Leistungsverwaltung geworden, „in der es nicht um Freiheit, sondern um Teilhabe geht"[2].

---

[1] Otto Mayer, Zur Lehre vom öffentlich-rechtlichen Vertrage, AöR, 3. Bd., 1888, S. 4/5.

[2] Forsthoff, Rechtsfragen der leistenden Verwaltung, 1959, S. 52.

Die Beziehungen der Anstalt zu den einzelnen konnten dadurch nicht unbeeinflußt bleiben. Das besondere Gewaltverhältnis, mit dem die Verwaltungsrechtslehre noch heute auch bei der öffentlichen Anstalt arbeitet, hat für eine moderne Leistungsverwaltung keine Daseinsberechtigung mehr, es sollte durch ein allgemeines Leistungsverhältnis ersetzt werden, das nach den jeweiligen Sacherfordernissen, die sich mit dem „Betrieb" der Anstalt verbinden, auszurichten und im einzelnen in seiner Ausgestaltung noch zu entwickeln wäre. Dieser Gedanke wird von der deutschen Verwaltungsrechtslehre praktisch bereits anerkannt, seit das besondere Gewaltverhältnis durch ein privatrechtlich ausgestaltetes Vertragsverhältnis durch die Verwaltung nach Belieben ersetzt werden kann.

Auch hieran erweist sich, daß das Verhältnis der einzelnen zur öffentlichen Verwaltung ganz allgemein in einem tiefgreifenden Wandel begriffen ist. An zahlreichen Stellen dieser Darstellung war daher auf Feststellungen zu verweisen, die von der modernen Soziologie entwickelt worden sind. Dabei lag der Gedanke zugrunde, daß die Veränderungen der sozialen Wirklichkeit nicht ohne Auswirkung bleiben können für eine Wissenschaft, der es in erster Linie um das Verhältnis der einzelnen zum Staat geht. In der Systematik des Verwaltungsrechts stellt die öffentliche Anstalt aber nur einen Einzelbegriff dar. Wenn für die vorliegende Untersuchung der Anstaltsbegriff als Gegenstand ausgewählt worden ist, so ist diese damit von der Sache und vom Ergebnis her von vornherein Beschränkungen unterworfen. Sie kann und soll nicht mehr darstellen als den Versuch eines Beitrags zu einer Betrachtung über moderne Verwaltungstätigkeit, die in größerem Zusammenhang anzustellen wäre.

Schrifttum

Altmann, Rüdiger: Zur Rechtsstellung der öffentlichen Verbände, Zeitschrift für Politik Bd. II (1955), S. 211 ff.

Anders, Günther: Die Antiquiertheit des Menschen, 2. Aufl., München o. J. (1. Aufl. 1956).

Anschütz, Gerhard: Die Verfassung des Deutschen Reichs vom 11. August 1919, 13. Aufl., Berlin, 1930.

Arndt, Adolf: Das Öffentliche, Neue Juristische Wochenschrift 1960, S. 423 ff.

Bachof, Otto: Begriff und Wesen des sozialen Rechtsstaats, Veröffentlichungen der Vereinigung der deutschen Staatsrechtslehrer, Heft 12 (1954), S. 37 ff.

— Teilrechtsfähige Verbände des öffentlichen Rechts, Archiv des öffentlichen Rechts, Bd. 83 (1958), S. 208 ff.

Bagier, Guido: Die neue Ehe zwischen Fernsehen und Film, Handelsblatt Nr. 120 v. 31. 7. 1959, S. 14.

Bahrdt, Hans Paul: Die Krise der Hierarchie im Wandel der Kooperationsformen, Soziologie und moderne Gesellschaft, Verhandlungen des 14. deutschen Soziologentages, Stuttgart, 1959.

Ballweg, Ottmar: Zu einer Lehre von der Natur der Sache, Basel, 1960.

Baur, Fritz: Neue Verbindungslinien zwischen Privatrecht und öffentlichem Recht, Juristenzeitung 1963, S. 41 ff.

Becker, Erich: Anstalten des öffentlichen Rechts, Handwörterbuch der Sozialwissenschaften, Bd. I, S. 208 ff., Stuttgart, Tübingen, Göttingen, 1956.

— Verwaltung und Verwaltungsrechtsprechung, Veröffentlichungen der Vereinigung der deutschen Staatsrechtslehrer, Heft 14 (1956), S. 96 ff.

Bernhardt, Wolfgang: Der Rechtscharakter des Deutschen Patentamtes, Neue Juristische Wochenschrift 1958, S. 1851 ff.

Blaum, Kurt: Öffentliche Verwaltung und wirtschaftliche Unternehmen, Deutsches Verwaltungsblatt 1958, S. 666 ff.

Bluntschli, J. C.: Artikel „Gesellschaft", Bluntschlis Staatswörterbuch, Bd. II (1876) S. 33 ff.

Böckenförde, Ernst-Wolfgang: Gesetz und gesetzgebende Gewalt, Berlin, 1958.

Böhm, Gustav: Zur Rechtsstellung der Bundesoberbehörde, Deutsches Verwaltungsblatt 1950, S. 746 ff.

Bornhak, Conrad: Geschichte des Preußischen Verwaltungsrechts, 3 Bde, Berlin, 1885—1886.

— Grundriß des Verwaltungsrechts in Preußen und dem Deutschen Reiche, 5. Aufl., Leipzig, 1916.

Brohm, Winfried: Rechtsschutz im Bauplanungsrecht, Stuttgart, 1959.

Bullinger, Martin: Die Mineralölfernleitungen, Stuttgart, 1962.

Dahrendorf, Ralf: Industrie- und Betriebssoziologie, Berlin, 1956.

Dernburg, Heinrich: Lehrbuch des Preußischen Privatrechts, 2. Aufl., Bd. I, Halle a. d. S., 1879.

Drewes, Günter: Die Gewerkschaften in der Verwaltungsordnung, Heidelberg, 1958.

Drews, Bill: Probleme der Verwaltungsreform, in: Recht und Staat im neuen Deutschland, Bd. II, S. 19 ff. Berlin, 1929.

Duez, Paul und Guy *Debeyre:* Traité de Droit Administratif, Paris, 1952.

Ebersbach, Harry: Die Stiftung des öffentlichen Rechts, Göttingen, 1961.

Ellul, Jaques: La technique ou l'enjeu du siècle, Paris, 1954.

Eschenburg, Theodor: Staat und Gesellschaft in Deutschland, 2. Aufl., Stuttgart, 1956.

v. Eynern, Gert: Die Unabhängigkeit der Notenbank, Berlin, 1957.

Fink, Ortwin: Rettung vor der Anstalt, Die ZEIT Nr. 41 v. 12. 10. 1962, S. 40.

Fleiner, Fritz: Institutionen des deutschen Verwaltungsrechts, 8. Aufl., Tübingen, 1928.

Forschungsanstalten: des Bundesministeriums für Ernährung, Landwirtschaft und Forsten, hrsg. von diesem Bundesministerium, Hiltrup b. Münster, 1952.

Forsthoff, Ernst: Lehrbuch des Verwaltungsrechts, Bd. I, Allgemeiner Teil, 6. Aufl., München und Berlin, 1956; 7. Aufl., München und Berlin, 1958; 8. Aufl., München und Berlin, 1961.

— Die öffentliche Körperschaft im Bundesstaat, Tübingen, 1931.

— Die Verwaltung als Leistungsträger, Stuttgart — Berlin, 1938.

— Rechtsfragen der leistenden Verwaltung, Stuttgart, 1959.

— Zur Problematik der Verfassungsauslegung, Stuttgart, 1961.

— Können Angehörige schlagender Verbände vom Studium an westdeutschen Hochschulen ausgeschlossen werden? Rechtsgutachten (fotomechanische Vervielfältigung), 1956.

— Begriff und Wesen des sozialen Rechtsstaats, Veröffentlichungen der Vereinigung der deutschen Staatsrechtslehrer, Heft 12 (1954), S. 8 ff.

— Die Umbildung des Verfassungsgesetzes, Festschrift für Carl Schmitt, S. 35 ff. Berlin, 1959.

— Öffentliches Recht, Sammlung staats- und verwaltungsrechtlicher Gesetze, Stuttgart, 1956.

— Rechtsfragen der Werbesendungen im Fernsehen, Die öffentliche Verwaltung 1957, S. 97 ff.

— Norm und Verwaltungsakt im geltenden und künftigen Baurecht, Deutsches Verwaltungsblatt 1957, S. 113 ff.

— Die Bundesrepublik Deutschland, Umrisse einer Realanalyse, Merkur 1960, S. 807 ff.

Freyer, Hans: Theorie des gegenwärtigen Zeitalters, Stuttgart, 1955.

— Das soziale Ganze und die Freiheit der einzelnen unter den Bedingungen des industriellen Zeitalters, Göttingen, Berlin, Frankfurt, 1957.

Freyer, Hans: Die Idee der Freiheit im technischen Zeitalter, Festschrift für Carl Schmitt, S. 63 ff., Berlin, 1959.

Friedmann, W.: The new public corporations and the law, The modern Law Review, vol. 10 (1947), S. 233 ff. u. S. 377 ff.

Friedrich, Carl J.: Foreign Policy in the making, New York, 1938.

Friesenhahn, Ernst: Parlament und Regierung im modernen Staat, Veröffentlichungen der Vereinigung der deutschen Staatsrechtslehrer, Heft 16, Berlin, 1958.

Gehlen, Arnold: Urmensch und Spätkultur, Philosophische Ergebnisse und Aussagen, Bonn, 1956.

— Soziologische Voraussetzungen im gegenwärtigen Staat, Staatszeitung Rheinland-Pfalz, Beilage Nr. 1 (15. Januar 1956).

v. Gierke, Otto: Genossenschaftsrecht, Bd. I—IV, Berlin 1868—1913.

— Artikel „Juristische Personen", Holtzendorffs Rechtslexikon, Bd. II, Leipzig, 1881.

Gönnenwein, Otto: Die Kommunalaufsicht als Rechtsaufsicht, Gedächtnisschrift für W. Jellinek, S. 511 ff., München, 1955.

v. Gottl-Ottlilienfeld: Wirtschaft und Technik, 2. Aufl., Grundriß der Sozialökonomik II, Tübingen, 1923.

Griffith, J. A. G. and H. *Street:* Principles of administrative law, 2nd edition, London, 1957.

v. d. Groeben: Mitwirkung von Ausschüssen in der staatlichen Verwaltung, Verwaltungsarchiv, 49. Bd. (1958), S. 231 ff.

Grotefend, G. A.: Lehrbuch des Preußischen Verwaltungsrechts, Bd. I u. II, Berlin 1890, 1892.

Haas, Dieter: Ausschüsse in der Verwaltung, Verwaltungsarchiv, 49. Bd. (1958), S. 14 ff.

Habermas, Jürgen: Strukturwandel der Öffentlichkeit, Neuwied, 1962.

Hamann, Andreas: Deutsches Wirtschaftsverfassungsrecht, Neuwied, Berlin, Darmstadt, 1958.

— Wirtschaftswerbung im Rundfunk und Fernsehen, Neue Juristische Wochenschrift 1957, S. 1422 ff.

Hatschek, Julius: Lehrbuch des deutschen und preußischen Verwaltungsrechts, 2. Aufl., Leipzig u. Erlangen, 1922.

Haueisen, Fritz: Juristische Personen des öffentlichen Rechts, Die Verwaltungspraxis 1952, S. 147 ff. u. S. 162 ff.

Hein — *Eichhoff* — *Pukall* — *Krien:* Güterkraftverkehrsgesetz, Kommentar (Loseblatt-Ausgabe), Berlin, 1953 ff.

Heymann, Wilhelm: Wesen und Notwendigkeit der öffentlichen Anstalt, Berlin, 1950.

Holböck, Carl: Handbuch des Kirchenrechts, Bd. I u. II, Innsbruck, Wien, 1951.

Huber, Ernst R.: Wirtschaftsverwaltungsrecht, 2. Aufl., Bd. I u. II., Tübingen, 1953 u. 1954.

Jecht, Horst: Formen der Finanzsoziologie, Zeitschrift für die gesamte Staatswissenschaft, 115. Bd. (1959), S. 403 ff.

Jellinek, Georg: System der subjektiven öffentlichen Rechte, Freiburg i. Br., 1892.

Jellinek, Walter: Verwaltungsrecht, 3. Aufl., Berlin, 1931, Neudruck, Offenburg, 1950.

Jèze, Gaston: Das Verwaltungsrecht der Französischen Republik, Tübingen, 1913.

Johns, Rudolf: Artikel „Öffentliche Betriebe", Handwörterbuch der Sozialwissenschaften, Bd. II, S. 48 ff., Stuttgart, Tübingen, Göttingen, 1959.

Kaiser, Joseph H.: Die Repräsentation organisierter Interessen, Berlin, 1956.

Keller, Theo: Die Eigenwirtschaft öffentlicher Gemeinwesen, Handbuch der Finanzwissenschaft, Bd. II, S. 161 ff., Tübingen, 1956.

Kern, Ernst: Aspekte des Verwaltungsrechts im Industriezeitalter, Festschrift für Carl Schmitt, S. 81 ff. Berlin, 1959.

— Zur heutigen Grundlagenproblematik des Verwaltungsrechts, Archiv für Rechts- und Sozialphilosophie, 43. Bd. (1957), S. 505 ff.

Koeck, Wolfgang: Existenzfragen der Industriegesellschaft, Düsseldorf — Wien, 1962.

Köllner, Lutz: Notenbanken im Dienste staatlicher Beschäftigungsfinanzierung, Zeitschrift für die gesamte Staatswissenschaft, 111. Bd. S. 473 ff.

Köttgen, Arnold: Die erwerbswirtschaftliche Betätigung der öffentlichen Hand und das öffentliche Recht, Tübingen, 1928.

— Deutsche Verwaltung, 3. Aufl., Berlin, 1944.

— Das Verwaltungsrecht der öffentlichen Anstalt, Veröffentlichungen der Vereinigung der deutschen Staatsrechtslehrer, Heft 6, 1929.

— Die rechtsfähige Verwaltungseinheit, Ein Beitrag zur Lehre von der mittelbaren Reichsverwaltung, Verwaltungsarchiv, 44. Bd. (1939), S. 1 ff.

— Der Einfluß des Bundes auf die deutsche Verwaltung und die Organisation der bundeseigenen Verwaltung, Jahrbuch des öffentlichen Rechts, Neue Folge, Bd. III (1954), S. 73 ff.

— Die Organisationsgewalt, Veröffentlichungen der Vereinigung der deutschen Staatsrechtslehrer, Heft 16, 1958, S. 154 ff.

— Subventionen als Mittel der Verwaltung, Deutsches Verwaltungsblatt 1953, S. 485 ff.

— Bundesregierung und Oberste Bundesbehörden, Die öffentliche Verwaltung 1954, S. 4 ff.

Kratzer, Jakob: Die Bundesoberbehörde, Die öffentliche Verwaltung 1950, S. 529 ff.

Krüger, Herbert: Das besondere Gewaltverhältnis, Veröffentlichungen der Vereinigung der deutschen Staatsrechtslehrer, Heft 15, 1957, S. 109 ff.

Krüger, Hildegard: Juristische Personen des öffentlichen Rechts, Die öffentliche Verwaltung 1951, S. 263 ff.

Küppers, Heinz (Hrsg.): Sachverstand und Politik in der Demokratie (10. Europäisches Gespräch), Düsseldorf, 1962.

de Laubadère, André: Traité élémentaire de droit administratif, deuxième édition, Paris, 1957.

Lenz, Hans: Privatisierung wird fortgeführt, Bulletin des Presse- und Informationsamtes der Bundesregierung, Nr. 222 (1. 12. 1962), S. 1890.

Lerche, Peter: Übermaß und Verfassungsrecht, Zur Bindung des Gesetzgebers an die Grundsätze der Verhältnismäßigkeit und der Erforderlichkeit, Köln-Berlin-München-Bonn, 1961.

Leuthold, C. E.: Das Königlich Sächsische Verwaltungsrecht, Leipzig, 1878.

Löffler, Martin: Private Wirtschaftswerbung durch öffentliche Rundfunkanstalten? Betriebsberater 1956, S. 729 ff.

Loening, Edgar: Lehrbuch des deutschen Verwaltungsrechts, Leipzig, 1884.

Lübbe, Hermann: Zur politischen Theorie der Technokratie, Der Staat (Zeitschrift für Staatslehre, öffentliches Recht und Verfassungsgeschichte) Bd. I (1962), S. 19 ff.

Lüthy, Herbert: Frankreichs Uhren gehen anders, Zürich-Stuttgart-Wien, 1954.

Luhmann, Niklas: Der Funktionsbegriff in der Verwaltungswissenschaft, Verwaltungsarchiv, 49. Bd. (1958), S. 97 ff.

v. Mangoldt, Hermann: Das Bonner Grundgesetz, Kommentar (1. Aufl.), Berlin und Frankfurt, 1953.

Maunz, Theodor: Verwaltung, Hamburg, 1937.

— Deutsches Staatsrecht, 7. Aufl., München u. Berlin, 1958.

— Der Streit um die Körperschaft des öffentlichen Rechts, Deutsche Verwaltungsblätter 1936, S. 1 ff.

Mayer, E.: Artikel „Juristische Personen", Wörterbuch des deutschen Verwaltungsrechts (Hrsg. v. Stengel), Bd. I, Freiburg i. Br., 1890.

Mayer, F. F.: Grundsätze des Verwaltungsrechts, Tübingen, 1862.

Mayer, Otto: Theorie des französischen Verwaltungsrechts, Straßburg, 1886.

— Deutsches Verwaltungsrecht, 2 Bde. (1. Aufl.) Leipzig, 1895 u. 1896; 2. Aufl., München und Leipzig, 1914—1917; 3. Aufl., München und Leipzig, 1924.

— Zur Lehre vom öffentlich-rechtlichen Vertrag, Archiv für öffentliches Recht, 3. Bd. (1888), S. 1 ff.

— Die juristische Person und ihre Verwertbarkeit im öffentlichen Recht, Festgabe für Laband, Bd. I, 1908, S. 1 ff.

Mey, Abram: Die Entwicklung der Verwaltung und der Stand der verwaltungsrechtlichen Forschung in den Niederlanden, Verwaltungsarchiv, 49. Bd. (1958), S. 33 ff.

Meyer, Georg und Franz *Dochow:* Lehrbuch des deutschen Verwaltungsrechts, 3. Aufl., Leipzig, 1910.

Mitteis, Heinrich und Heinz *Lieberich:* Deutsches Privatrecht, 3. Aufl., München u. Berlin, 1959.

Modest, Fritz: Kommentar zum Getreidegesetz, Heidelberg, 1953.

v. Mohl, Robert: Geschichte und Literatur der Staatswissenschaften, Erlangen, 1855—1858.

Neumann, Peter: Wirtschaftslenkende Verwaltung, Stuttgart, 1959.

*Nikisch,*Arthur: Arbeitsrecht, 2. Aufl., Tübingen, 1955.

Peters, Hans: Die Wandlungen der öffentlichen Verwaltung in der neuesten Zeit, Krefeld, 1954.

— Zentralisation und Dezentralisation, zugleich ein Beitrag zur Kommunalpolitik im Rahmen der Staats- und Verwaltungslehre, Berlin, 1928.

Planitz, Hans (Hrsg.): Die Rechtswissenschaft der Gegenwart in Selbstdarstellungen, Leipzig, 1924.

Plewnia, Hansjörg: Die Vorratshaltung der Einfuhr- und Vorratsstelle für Getreide und Futtermittel, Neue Juristische Wochenschrift 1959, S. 1404 ff.

Popitz, Heinrich, *Bahrdt*, Hans Paul, *Jüres*, Ernst August und Hanno *Kesting:* Technik und Industriearbeit, Tübingen, 1957.

Reimann, Horst: Neue Organisationsformen bei Kernreaktorbetrieben, Ruperto-Carola, Mitteilungen der Freunde der Studentenschaft der Universität Heidelberg, 27. Bd., S. 226 ff.

Rietdorf, Fritz: Zum staatsrechtlichen Lehrbegriff der „mittelbaren Staatsverwaltung", Die öffentliche Verwaltung 1959, S. 671 ff.

Rittershausen, Heinrich: Die Zentralnotenbank, ein Handbuch ihrer Instrumente, ihrer Politik und ihrer Theorie, Frankfurt a. M., 1962.

Rivero, Jean: Le régime des Entreprises nationalisées et l'évolution du Droit administratif, Archives de Philosophie du Droit, Nouvelle Série, Paris, 1952, S. 147 ff.

Robson, William A.: The public corporation in Britain today, Harvard Law Review 63 (1949—1950), S. 1321 ff.

Salzwedel, Jürgen: Die Grenzen der Zulässigkeit des öffentlich-rechtlichen Vertrages Berlin, 1958.

Schacht, Hjalmar: 76 Jahre meines Lebens, Bad Wörishofen, 1953.

Schelsky, Helmut: Demokratischer Staat und moderne Technik, atomzeitalter 1961, S. 99 ff.

Schlegelberger: Grenzen der Rechtsfähigkeit preußischer Wassergenossenschaften, Reichs- und Preußisches Verwaltungsblatt 1930, S. 90 ff.

Schlüter, Wolfgang: Behörde und Anstalt, eine begriffliche Unterscheidung, Dissertation Münster 1960 (Fotodruck).

Schmidt, Paul: Statist auf diplomatischer Bühne 1923—1945, Bonn, 1952.

Schmitt, Carl: Verfassungslehre, (unveränderter Neudruck), Berlin, 1954.

Schneider, Hans: Zur Frage der rechtlichen Zulässigkeit von Werbesendungen im Rundfunk- und Fernsehprogramm (insbes. des Südwestfunks), Rechtsgutachten (gedruckt), Heidelberg, 1957.

— Über Einzelfallgesetze, Festschrift für Carl Schmitt, S. 159 ff., Berlin, 1959.

— Körperschaftliche Verbundverwaltung, Archiv des öffentlichen Rechts, 83. Bd. (1958), S. 1 ff.

— Informationsfreiheit und Rundfunkgenehmigung, Neue Juristische Wochenschrift 1961, S. 53 ff.

— Zur Haftung der Gemeinden für ihre öffentlichen Anstalten, Neue Juristische Wochenschrift 1962, S. 705 ff.

Schnur, Roman: Die Krise des Begriffs der services publics im französischen Verwaltungsrecht, Archiv des öffentlichen Rechts, 79. Bd. (1953/54), S. 418 ff.

Siebert, Wolfgang: Privatrecht im Bereich öffentlicher Verwaltung, Festschrift für Niedermeyer, S. 215 ff. Göttingen, 1953.

Soergel-Siebert: Bürgerliches Gesetzbuch, Kommentar, 9. Aufl., Bd. I, Stuttgart, 1959.

v. Spindler, Joachim, *Becker,* Willy und O.-Ernst *Starke:* Die deutsche Bundesbank, Grundzüge des Notenbankwesens und Kommentar zum Gesetz über die Deutsche Bundesbank, Stuttgart, 1957.

v. Stein, Lorenz: Die Verwaltungslehre, Erster Teil, 2. Aufl., Stuttgart, 1869.

Sternberger, Dolf: Ekel an der Freiheit?, Frankfurter Allgemeine Zeitung Nr. 14 (17. 1. 1959), S. 1.

— Obrigkeit, Untertan, Bürgerstaat und Nächstenliebe, Frankfurter Allgemeine Zeitung Nr. 262 (11. 11. 1959), S. 1.

Thieme, Werner: Deutsches Hochschulrecht, Berlin-Köln, 1956.

Thoma, Richard: Der Polizeibefehl im badischen Recht, Erster Teil, Tübingen, 1906.

de Tocqueville, Alexis: Das Zeitalter der Gleichheit, Eine Auswahl aus dem Gesamtwerk, hrsg. von Siegfried Landshut, Stuttgart, 1954.

Tornow, Werner: Die Entwicklungslinien der landwirtschaftlichen Forschung in Deutschland, Hiltrup (b. Münster), 1955.

Triepel, Heinrich: Die Reichsaufsicht, Berlin, 1917.

— Delegation und Mandat im öffentlichen Recht, Stuttgart und Berlin, 1942.

Tuor, P.: Das schweizerische Zivilgesetzbuch, eine systematische Darstellung, Zürich, 1953.

Ule, Carl Hermann: Das besondere Gewaltverhältnis, Veröffentlichungen der Vereinigung der deutschen Staatsrechtslehrer, Heft 15, 1957, S. 133 ff.

Verwaltungsrechtsordnung für Württemberg: Entwurf eines Gesetzes mit Begründung, Mit Ermächtigung des Württemb. Staatsministeriums hrsg. von Leopold Hegelmaier, Ergänzungsband, Stuttgart, 1936.

Vialon, Friedrich Karl: Haushaltsrecht, Berlin u. Frankfurt a. M., 1953.

Vocke, Wilhelm: Gesundes Geld, Gesammelte Reden und Aufsätze, Frankfurt a. M., 1956.

Vogel, Klaus: Öffentliche Wirtschaftseinheiten in privater Hand, Hamburg, 1959.

Waline, Marcel: Droit administratif, 8ième édition, Paris, 1959.

Weber, Max: Gesammelte Politische Schriften, München, 1921.

— Wirtschaft und Gesellschaft, Grundriß der verstehenden Soziologie, 4. Aufl., besorgt von Johannes Winckelmann, Tübingen, 1956.

Weber, Werner: Die Körperschaften, Anstalten und Stiftungen des öffentlichen Rechts, 2. Aufl., München u. Berlin, 1943.

— Spannungen und Kräfte im westdeutschen Verfassungssystem, Stuttgart, 1951.

— Staats- und Selbstverwaltung in der Gegenwart, Göttingen, 1953.

— Die Verfassung der Bundesrepublik in der Bewährung, Göttingen, 1957.

— Das politische Kräftesystem in der wohlfahrtsstaatlichen Massendemokratie; Zum Problem des Gleichgewichts zwischen Wirtschaftspolitik und Staatspolitik, Heft 39 der Schriftenreihe des Industrie- und Handelstags, 1956, S. 35 ff.

— Der Staat und die Verbände (Referat) hrsg. v. W. Beutler, G. Stein, H. Wagner (Bundesverband der deutschen Industrie), Heidelberg, 1957.

Weber, Werner: Artikel „Juristische Personen des öffentlichen Rechts", Handwörterbuch der Sozialwissenschaften, 5. Bd., 1956, S. 449 ff.

Werner, Fritz: Das Problem des Richterstaates, Berlin, 1960.

Westermann, Harry: Person und Persönlichkeit im Zivilrecht, Köln und Opladen, 1957.

Wolf, Ernst und Hans *Naujoks:* Anfang und Ende der Rechtsfähigkeit des Menschen, Frankfurt a. M., 1955.

Wolff, Hans J.: Verwaltungsrecht I, (1. Aufl.) München u. Berlin, 1956; 3. Aufl., München u. Berlin, 1959; 4. Aufl., München u. Berlin, 1962.

— Verwaltungsrecht II, Organisations- und Dienstrecht, München u. Berlin, 1962.

— Die Rechtsgestalt der Universität, Köln und Opladen, 1956.

— Der Unterschied zwischen öffentlichem und privatem Recht, Archiv des öffentlichen Rechts, 76. Bd. (1950/51), S. 205 ff.

Zeidler, Karl: Über die Technisierung der Verwaltung, Karlsruhe, 1959.

Personenregister

Sachregister

MIX
Papier aus verantwortungsvollen Quellen
Paper from responsible sources
FSC® C105338

Printed by Libri Plureos GmbH
in Hamburg, Germany